KB119855

서울대학교 사회과학연구원 학제간연구총서 04

기본소득의 사회과학

안상훈 엮음

학지사

머리말

『기본소득의 사회과학』은 서울대학교 사회과학연구원이 발간하는 네 번째 학제간연구총서이다. 이 책의 목적은 분명하다. 첫째, 주요한 사회적 이슈에 관해 사회과학의 다양한 시각에서 정밀한 분석을 시도한다. 둘째, 정치적 파급력이 큰 이슈에 관해서 우리 시민들이 쉽게 이해할 수 있게끔 정리된 정보를 제공한다. 학자들만의 고담준론을 넘어서서 대중과 함께 소통하고 미래를 함께 준비하는 것, 이것이 바로 우리가 모여 이 책을 쓰게 된 공통의 목표이다.

이 책을 기획할 당시는 제20대 대통령 선거를 앞두고 '기본소득'이 정치권의 중심 이슈로 떠오르던 때이다. 기본소득론의 배경으로는 불평등과 양극화, 4차 산업혁명으로 인한 노동의 종말 등이 주로 이야기되고 있었다. 작금의 문제해결과 미래에 관한 준비로서 일견 그럴듯해 보이는 이슈이기는 했다. 하지만 한국 사회를 일거에 바꿀 정책 대안으로서 거론되려면 보다 정교하고 심도 있는 논의가 필요해 보였다.

기본소득으로 대표되는 변화는 일자리와 소득 간의 관계를 넘어서는 전 사회적 문제라는 것이 우리 필진의 진단이다. 경제학, 사회복지학, 사회학, 정치학, 인류학, 심리학, 언론정보학, 지리학을 전공하는 사회과학대학의 교수들이 머리를 맞대게 된 이유이다. 기본소득에 대해 각 분과 학문의 시각에서 바라보고 이를 나누는 과정은 각자의 전공에 파묻혀 공부하는 것과는 또 다른 즐거움을 우리에게 주었다. 전공이 다른 학자들 간의 토론 과정에서 글들이 조금씩 이해하기 쉬운 방식으로 수정될 수 있었고, 그 결과물인 이 책은 이제 대중과 소통할 준비가 어느 정도 이루어졌다고 여겨진다.

책 출간을 앞둔 지금, 기본소득의 이슈화는 잠시 소강 상태로 접어든 것처럼 보인다. 하지만 우리 정치권 일각에서 여전히 기본소득의 도입을 주장하고 있음을 보면, 이슈의 불씨가 언제 다시 살아날지 모를 일이다. 한편, 이 책은 일관된 하나의 답을 만들어 내고자 하는 책은 아니다. 기본소득이 오늘날과 미래의 우리 사회에 어떤 의미를 지니는지, 무엇이 이슈의 핵심인지, 바람직한 정책 방향은 무엇인지에 대한 다양한 학문 분야에서의 다소 다른 입장을 객관적으로 모은 결과물이 이 책이다. 우리는 각 분과 학문별로 취하는 특유의 관심에 따라 기본소득이라는 코끼리를 총체적으로 조망할 계기를 제공하려 한다. 이 책의 독자들이 정치권의 정파적 주장에 휘둘린 채 이루어지는 단순한 찬반을 넘어서서 건설적인 의견 제시자로 거듭나기를 기대한다. 이편저편으로 갈린 정치적 대결 구도를 넘어서서 중요한 이슈에 대해 다양한 입장을 가진 사람들이 열린 토론을 이어 갈 수 있을 때, 우리의 미래는 과학적이면서 민주적인 방향으로 작성될 수 있을 것이다.

이 책은 8개의 장으로 구성된다. 1장을 쓴 안상훈은 복지국가와 기본소득의 관계를 거시적으로 조망한다. 한국에서 주로 제기되는 중도좌파 버전의 '부분적, 과도적 기본소득' 논의가 현실 복지정치와 연결된 채 복잡하게 전개되면서 학문과 정치의 경계에 서 있다는 점을 지적하고, 지속 가능한 복지국가 전략의 관점에서 기본소득에 대한 논의를 비판적으로 검토한다. 사회정책학의 이론적 관점에서 기본소득론이 주로 문제가 되는 부분은 '부분적·과도적 기본소득' 논의가 개념적 혼탁을 야기할 가능성이 높다는 점이다. 인구 범주를 제한하는 형태의 기본소득 제안은 전통적 개념 범주상 '사회수당'에 해당하는데도 이를 굳이 별도의 용어로 규정한다는 측면에서, 학술용어라기보다는 정치상품이라 결론짓는다. 사회보험과 공공부조를 주요 제도로 활용하는 복지국가는 노동의 가치를 강조하지만, 기본소득론은 노동과 능력에 기반을 둔 자본주의의 종언이나 대체를 지향한다는 면에서 복지국가와 무관한 체제 전환의 이슈임을 논증한다. 이에 대한 명확한 입장을 제시하지 않는 중도좌파적 기본소득론은 학술적으로 정밀하지 못하다는 평가에서 벗어나기 어려워 보인다. 한편, 역사적으로 복지국가가 활성화된 시기에는 기본소득 논의가 약화하였고, 현재도 대부분의 수준 높은 복지국가에서는 기본소득에 관한 관심이 낮은 편이다. 또한 기본소득이 현재 복지국가가 직면한 난제인 고용격차와 고용 없는 성장, 젠더 간 격차와 노동시장 내 젠더 불평등, 소득 및 자산 격차와 불평등 심화를 해결할 수 있을지에 대해서는 회의적인 진단을 도출하고 있다. 지속 가능한 한국형 복지국가 전략의 방향으로, 현금복지는 취약계층을 두텁고 촘촘하게 지원하는 데 집중하고, 전 국민을 대상으로 확대할 복지는 일자리 창출, 여성 경제활동 참여, 인적자본의 고른 투자 등에서 효과가 큰 서비스 방식으로 설정할 것을 제안한다. 결국 복지국가의 방향은 국민들의 선택에 의해 정치적으로 결정될 것이니, 지속 가능한 한국 복지자본주의를 만들어 내기 위해 국민적 학습과 정치권의 합리적 토론, 좋은 복지국가 만들기에 대한 사회적 합의가 필요하다고 결론 내린다.

2장을 쓴 최인철, 이국희, 구자일은 기본소득에 대한 일반 국민들의 태도에 관한 심리학적 분석을 제공한다. 저자들은 기존 연구의 한계를 극복하기 위해 기본소득에 대한 태도를 동의 정도, 바람직성, 실행 가능성의 세 가지로 측정하고 3,000명에게 설문을 시행한 후 그 결과를 분석하였다. 분석 결과, 사람들은 지급 대상에 대한 정보를 구체적으로 제시했을 때 기본소득에 대한 태도가 전반적으로 부정적으로 변했고, 비소멸성 지역화폐로 지급하는 경우 기본소득에 대한 태도가 가장 호의적이었다. 기본소득 지출 가능 항목에 대해서도 정보를 제시하지 않은 경우보다 유흥비, 가상자산 구매, 주식 구매에 사용할 수 있다고 명시한 경우 기본소득에 대한 태도가 유의미하게 부정적으로 변화했다. 그리고 정치적으로 진보적일수록, 사회계층이 낮을수록, 남성일수록, 그리고 40대와 50대에서 가장 많이 기본소득을 복지 정책으로 인식하는 것으로 나타났다. 사람들이 기본소득을 복지 정책으로 인식할수록 기본소득을 더 지지하며, 반시장경제 정책으로 인식할수록 기본소득을 덜 지지하는 것으로 나타났다. 친자기적 성향이 강한 사람일수록 사회적 지배경향성이나 우익권위주의적 성향을 강하게 갖고, 정치적 보수성도 강하게 갖게 되며, 결과적으로 기본소득에 대해 부정적인 태도를 보이는 것으로 나타났다. 이는 기본소득에 대한 태도가 단순히 정치적 보수와 진보의 문제라기보다는, 개인이 사회와 개인을 바라보는 근본적인 관점과 밀접하게 연결되어 있음을 시사한다. 2장에서는 이처럼 기본소득에 대한 태도가 개인의 세계관과 밀접한 관련이 있다는 점에서, 이와 관련된 논쟁에 전문가들 이외의 일반 국민들도 참여할 여지가 매우 크다고 주장한다.

3장을 쓴 장용성, 한종석, 김선빈은 기본소득 도입이 경제에 미치는 효과를 일반균형모형을 이용하여 분석한다. 경제학에서는 정부 정책이 경제의 전반적인 가격에 영향을 미치는 것을 일반균형 효과라고 부른다. 기본소득이 매년 혹은 매월 지급되면, 그것은 가계의 항상소득을 증가시켜 개별 가계 차원에서 노동 공급뿐만 아니라 저축 등의 의사결정에 영향을 미치고, 궁극적으로 이자율, 임금 등 경제 전체의 주요 가격에 영향을 미치며, 다시 경제 주체의 의사결정에 영향을 주게 된다. 이러한 점에서 기본소득은 일반균형 효과를 고려할 필요가 있는 정책이다. 기존 연구들이 주로 기본소득의 노동 공급에 대한 효과에만 초점을 두고 일부 인구에게 실험적으로 시도된 사례를 분석한 한계를 가졌음을 논박한 3장의 저자들은 현실경제와 유사한 모형경제를 만든 후 여기에 기본소득 도입 효과를 컴퓨터 모의실험을 통해 분석하고 있다. 일반균형모형을 적용해 우리나라의 모형경제에 기본소득을 도입하는 다섯 가지 정책 실험 시나리오를 적용한 3장의 저자들은, 컴퓨터 시뮬레이션 결과를 거시경제적 효과, 소득재분배 효과, 후생 효과라는 세 가지 측면으로 구분하여 분석한다. 1인당 월 30만 원씩 지급하는 기본소득을 도입하게 되면 막대한 재원이 필요하다. 그런데 우리나라와 같이 부가가치 생산에 의존하는 경제의 경우, 근로소득세나 자본소득세와 같이 생산요소에 부과되는 세율을 올리면 장기적으로 노동 공급이 줄어들고 자본 축적이 저해되어 총생산이 감소한다고 결론짓는다. 또한 기본소득을 도입하면 세후소득의 불평등은 세전소득 불평등에 비해 크게 개선되지만, 세전소득의 불평등 수준이 기본소득 도입 이전보다 크게 높아짐으로 인해서 오히려 세후소득 불평등 수준이 기본소득이 도입되지 않은 경우의 세후소득 불평등 수준보다 높아질 것으로 예측한다. 경제 주체들의 소비로 환산한 평균 후생 역시 기본소득 미도입 시와 비교했을 때 악화되는 것으로 나타났다. 기본소득의 경제적 효과에 관한 기존 연구에서는 장기 자본 축적 효과는 많이 다루고 있지 않은데, 이를 비롯한 경제적 성과에 대한 과학적 논의가 필요하다는 것이 3장의 결론이다.

4장에서 한규섭, 김상범, 노선혜는 우리나라 정치권에서 제시된 기본소득 담론을 분석하면서 이에 대한 사회적 논의를 다루는 언론 보도에 주목한다. 정책에 대한 뉴스 프레임은 크게 정책 자체의 내용을 다루는 '정책 프레임'과 정책의 내용보다는 정치인이나 후보자들이 해당 정책을 제안하는 전략적 배경과 정치적 유불리에 미칠 잠재적 영향에 초점을 맞추는 '전략적 프레임'으로 구분된다. 기본소득에 대한 보도는 '전략적 프레임'을 적용하여 보도할 가능성이 높고, 따라서 유권자들은 기본소득과 관련한 균형 잡힌 논의에 노출되기보다는 각 진영별로 자신들의 논리만 부각시키는 프레임에 노출될 가능성이 높다. 또한 '정책 프레임' 중에서도 정책 자체에 초점을 맞추는 '일반적 정책 프레임'을 적용하면 정책을 시행하는 정부에 대한 태도가 정책에 대한 찬반 여부에 중요하게 영향을 미치고, 정책 추진 시 수혜자가 되는 집단이 누구인지에 초점을 맞추는 '구체적 정책 프레임'을 적용하면 해당 정책의 수혜자가 되는 집단에 대한 태도가 정책에 대한 찬반 여부에 중요하게 영향을 미친다. 따라서 기본소득 도입을 주장하는 측에서는 '구체적 정책 프레임'을, 반대하는 측에서는 '일반적 정책 프레임'을 적용하여 기본소득에 대한 사회적 토론이 진행될 가능성이 크다. 이처럼 프레임 전쟁이 정책 담론의 주를 이루게 될 경우, 기본소득에 대해 대립하는 견해를 지니는 양 진영이 일방적 주장만을 되풀이할 가능성이 크다고 결론짓는다. 실제 우리나라의 언론보도를 분석하면 우리나라에서는 2016년 이후, 선거를 앞두고 기본소득에 관한 기사 수가 늘어나는 양상을 보인다. 또한 연관어 분석 결과를 보더라도 기본소득에 대한 논의는 선거 정치의 전략적 도구로서만 주로 다루어져 왔고, 재정이나 재원을 비롯한 정책으로서의 진지한 논의는 거의 자리 잡지 못했다. 국회 회의록을 분석한 결과에서도 유사한 양상을 보인다. 4장에서는 선거라는 국면에서 기본소득과 같은 정책적 의제가 면밀하게 검토되지 못하는 경향이 반복되는 양상은 바뀌어야 한다고 지적한다.

5장을 쓴 권현지, 황세원은 디지털 전환을 중심으로 하는 기술 발전이 '노동 없는 사회'로의 전환을 낳기보다는 불평등 재생산을 심화할 수 있다는 문제의식을 토대로 기본소득 논의를 비판적으로 검토한다. 저자들은 지식-창의 경제 중심의 산업 고도화가 계층적 차등화로 연결되는 고리를 세금 재분배를 통한 소득 보전책인 기본소득이 끊기는 어렵고, 기본소득이 오히려 차등화를 용인할 수 있다는 우려를 인정한다. 동시에, 기본소득이 생존하기 위해 일해야 하는 것으로부터의 자유를 제시함으로써 '의미 있는 행위'로서 '일'이 갖는 가능성을 환기한다는 점에도 주목한다. 기본소득과 '일'을 연결해서 논의할 때 중요한 점은 '사람들이 본질적으로 어떤 일을 하고 싶어 하는가'이다. 기존 연구를 종합하면, 사람들은 소득뿐만 아니라 일의 내재적 측면도 중요하게 생각한다. '의미 있는 일'의 요소로 공히 제시되는 것들에는 일하는 사람이 작업 과정과 결과를 통제할 수 있는 결정권을 갖는지, 일에서 자신이 소외되지 않는다고 느끼는지, 일을 통해 사회적으로 인정받고 공동체에 기여한다는 효능감을 느끼는지가 포함된다. 따라서 일자리 정책은 소득보장을 넘어, 사람들에게 개인적·사회적 차원에서 '의미 있는 일'을 제공하는 것을 목표로 해야 한다. 그런데 기본소득은 일과 소득의 연결고리를 약하게 하는 데에 그치므로, 모든 사람이 '의미 있는 일'을 할 수 있게 보장하는 정부의 역할이 추가적으로 필요하다고 본다. 이 관점에서 대안으로 제시 가능한 것이 '소득을 위해 일하고자 하는 사람들에게 국가가 고용자로서 일자리를 제공하고 공동체가 필요로 하는 일자리를 국가가 적극적으로 만들어 내어 사회적으로 가치 있는 노동에 사람들을 적절히 배치'하는 정책인 '잡개런티(job guarantee)'이다. 5장에서는 일자리와 관련해 궁극적으로 중요한 것은 일자리가 갖는 '사회적 필요와 가치'를 개인들이 생각하는 '일의 의미'와 연결시키는 것이고, 이에 대한 사회적 합의를 가능하게 할 거버넌스를 구축하기 위해 국가가 시민사회를 복원하고 시민사회의 작동을 더욱 적극적으로 포용하는 기획자이자 조정자로서 역할을 해야 함을 강조한다.

이승철은 6장에서 기본소득에 대한 찬반 논의에서 살짝 벗어나, 전통적 좌·우파의 정치적 지형을 넘나들며 새로운 찬반 전선을 만들어 내고 있는 기본소득의 정치적 포용성과 인기가 어디에서 비롯된 것인지 해석하고, 기본소득 논의에 내재된 '신자유주의적 사회연대' 관점의 한계와 '공유부'에 대한 문제의식에서 도출 가능한 적극적 전망을 검토한다. 1945년 이후 서구 자본주의 질서는 노동에 기반을 둔 포드주의적 사회안전 체계를 중심으로 유지되었으나, 1970년대 세계 자본주의 불황기 이후 이것이 무너지고 신자유주의적 전환이 나타난다. 기본소득론은 대체로 고용노동, 정상가족, 사회보험이라는 포드주의적 사회안전 체계의 세 축이 붕괴하고 이를 대체하는 신자유주의적 조건이 자리 잡았다는 공통의 현실인식에 기반을 둔다. 기본소득론은 현금과 시장을 통해 최소한의 생활수준을 보장받는 것을 강조한다. 이는 완전고용에 중점을 둔 사회안전 체계보다 덜 관료적이고 덜 규율적이지만, 사회와 국가의 역할을 축소시켜, 상대빈곤의 문제에 무관심하고, 다수 인구를 언제든 값싸게 쓸 수 있는 산업예비군으로 환원시킨다는 우려를 받기도 한다. 한편, 소유 문제에 대해서는 기본소득론 내에서도 우파적 입장과 좌파적 입장의 견해가 구분된다. 좌파적 기본소득론의 일부인 '공유부 기본소득론'은 기본소득의 재원이자 기본소득을 정당화하는 기반으로 공유부를 제시하는데, 공유부는 기본소득의 다른 원리들을 규정하는 근본적 가치로 제시되기도 한다. 하지만 공유부에 대한 문제의식을 기본소득 아이디어와 연결시키기 위해서는, 기본소득이 수용하는 신자유주의적 조건들인 화폐 및 시장에 대한 의존과 원자화된 개인의 자율성 강조라는 측면이 공유부 기본소득론과 충돌하는 지점이 없는지 검토해야 하고, 공유부에 대한 강조가 의도치 않게 소유권에 대한 자유주의적 모델을 재생산하고 강화하는 것은 아닌지, 공유부를 증대하기 위해 정치공동체 간의 시장 내 경쟁 심화가 발생하지 않을지도 고려해야 한다. 6장에서는 그럼에도 불구하고 공유부 기본소득론이 전후 포드주의적 사회안전 체계가 수립한 사회적 '안전-노동' 간의 연결고리를 고전 자본주의에서의 '안전-재산' 패러다임으로 되돌리는 대신, '안전-공유'의 패러다임으로 대체하려는 기획이라는 점에서 주목할 만한 가치가 있다고 강조한다.

　7장을 쓴 김용창은 생활의 불안정과 불평등의 세습을 극복하고 기본 생활조건과 기회의 균등을 추구하여 공정과 정의를 달성하기 위해서는 지리적 공간의 차별을 극복해야 한다는 점을 강조한다. 즉, 보편적 기본소득이나 보편적 기본서비스, 보편적 기본 바우처 접근과 같은 대안적 복지 정책이 전제해야 하는 것이 공간적 복지 시스템 실현을 위한 '공간정의' 관점이고, 이 관점의 토대는 도시와 국토에 대한 권리를 확보하는 것이 현대 시민이 온전히 존재하기 위한 기본 조건이라 본다. '공간정의'는 엘리트 전문가주의를 넘어 도시계획과정의 민주화를 실현하는 것이자 일상생활 공간의 변화나 해방을 꾀하는 것을 의미한다. 보편적 기본소득이든 기본서비스이든 보편성과 기본성을 추구하는 제도를 구성할 때 중요한 측면은, 각자 자신이 살고 있는 장소에서 필수 기본 생활자원에 접근할 때 실질적으로 어떤 차별도 받지 말아야 한다는 점이다. 이를 위해서는 가령 신도시와 같이 삶의 만족도를 높이는 새로운 공간의 창출이 공간 불평등을 심화시키지 않아야 한다. 그러나 우리나라에서는 지역소멸 위험, 기본생활서비스 접근성, 일자리 접근성, 보건의료서비스 접근성과 건강 불평등의 측면에서 지역 불균등과 불평등이 심화되고 있다. 이를 해결하려면, 적어도 주거와 같은 기본 생활자원에 대해서는 배타적 점유 및 소유와 같은 근대의 '사적 소유권' 개념보다는 해당 물건의 본래적 기능에 맞는 실질적 이용을 중심으로 하는 '공유와 접근 기반 재산권 체계'로의 전환이 필요하다. 그런데 현재 논의되는 기본소득 논의는 공간적 관점이 부족하고, 기본서비스 논의 역시 구체적인 공간적 관점의 대안은 결여되어 있다. 7장은 실질적 기회 균등을 공간구조에서 구현하기 위해서는, 공간정의 실현 차원에서 보편적 기본 서비스를 보장하는 전략을 새로운 복지 패러다임의 중심에 놓고, '기회 균등의 지리' 관점을 국토에 대한 정책과 제도를 통해 일상적으로 구현하며, '흐름의 공간 시대'에 부합하도록 기본생활서비스 공급체계를 구성하여 '공간 민주주의'를 추구할 필요가 있다고 결론 내린다.

강원택은 마지막 8장을 통해 앞의 논의들을 총괄적으로 조망하면서 기본소득에 대한 정치적 논의가 '누가, 무엇을, 어떻게 갖는지'에 대한 사회적 가치의 분배 과정과 직결되는 것임을 보여 준다. 우리나라에서 기본소득에 대한 사회적 관심은 대통령 선거나 총선 등 선거 때 높아지는 양상을 보인다. 그런데 선거 공약으로서 기본소득은 그 정책을 시행함으로써 발생할 결과에 대한 선행 자료나 경험적 근거가 충분하지 않은 데 비해 재원 마련의 부담이 매우 크다는 문제점을 갖는다. 특히 선거 공약은 '정치적 상품'으로서 강한 정치적 속성을 지니는데, 기본소득 역시 특정 후보자가 이슈 소유권을 갖는 공약으로 제시되는 순간 차분하고 합리적인 토론의 대상이 아닌 정파적 논쟁거리가 된다. 또한 이처럼 정파적 색채가 강해진 정책은 실제 추진되는 과정에서도 큰 정치적 갈등을 불러올 위험이 크다. 게다가 기본소득은 개별화된 각 개인에게 보편적이고 무조건적으로 주어진다는 특성상, 복지정치의 실현을 위해 필수적인, 조직화된 사회 세력과 정당을 매개로 한 사회세력 간의 타협 구조를 도출하기 어렵다. 그렇다면 엘리트와 대중을 구분하며 대중에게 호소하는 포퓰리즘에 호소하는 방법밖에 남지 않는데, 이것은 지속성이나 추진력을 갖기 어렵다. 기본소득은 기술 발전과 그에 따른 사회경제적 환경의 변화에 대응하기 위한 방안 중 하나로 제시되었으나, 현실적으로 넘어서야 할 난관이 많은 정책이다. 결국, 대중이 지닌 막연한 불안감에 기대어 성급하게 기본소득을 추진하기보다는, 시간이 걸리더라도 기본소득에 대한 경험과 정보를 축적하고 그를 토대로 제도 추진을 위한 정치적·사회적 합의 도출 방안을 구상할 필요가 있다는 것이 8장에서 제시하는 결론이다.

　선거가 잦은 탓에 대중의 입맛에 맞는 새로운 정치상품의 경연이 수시로 벌어지는 한국의 현실을 보면, 기본소득과 같은 새로운

'공약'들은 앞으로도 속속 등장할 것이 명약관화하다. 민주주의가
작동하는 나라의 운명은 결국 시민의 선택에 좌우된다. 정치적 수
사 속에 감춰진 진실을 가늠하고 우리 공동의 미래를 옳은 방향으
로 선택하려면, 결국 지식인 사회의 깊은 고민이 시민사회 전반에
공유되어야 한다. 기본소득에 관해 지난 2년간 이 책의 저자들이
함께했던 노력의 결과물이 시민적 학습과 토론을 위한 건설적인
마중물로 기억되기를 소망한다.

2022년 겨울의 문턱에서
엮은이 안상훈 씀

차례

01

복지국가와 기본소득

안상훈(서울대학교 사회복지학과 교수)

기본소득, 학문과 정치의 경계선

현대 자본주의는 복지국가로의 수정을 통해 성장과 분배의 문제를 동시에 해결해 왔다. 자본주의 등장 이후에는 그 이전과 비교할 수 없을 정도로 부(富)가 창출된 한편, 빈자와 부자의 격차가 벌어지게 되었고 이러한 종류의 시장실패는 복지국가로의 전환을 통해 보정되기 시작한다. 이른바 '복지자본주의'의 탄생이다.

시간이 흘러 이제는 복지자본주의를 넘어서는 또 다른 세상으로의 전환을 이야기하는 사람들이 나타났다. 하나의 패러다임으로서 기본소득을 주장하는 사람들은 지금까지의 복지국가로는 자본주의의 문제를 치유할 수 없다고 일갈한다. Thomas Kuhn이 말한 과학혁명으로서의 패러다임 전환은 하나의 패러다임이 다른 패러다임을 온전히 대체할 때 완성된다. 기본소득이라는 새로운 패러다임이 기존 복지국가의 패러다임을 완벽히 대체할 수 있을 것인가? 새로운 패러다임을 요구하는 기존 복지국가의 위기 요인으로 거론되는 4차 산업혁명 발(發) '노동의 종말' 현상부터 짚어 보자.

AI, 로봇 등이 인간의 능력에 근접하고 있고 곧 인간의 능력을 넘어서는 '특이점(singularity)'에 도달하게 된다는 전망이 쏟아지고 있다(Kurzweil, 2007). 이렇게 되면 인간의 노동은 필요 없는 것이 될 것이라는 암울한 예언의 출발이다. 4차 산업혁명은 과학기술혁명이 촉발하는 인지산업화로 이어지는데, 이는 노동시장의 유연화와 프레카리아트 계급의 증가를 통해 고용격차를 낳게 된다고 한다. 4차 산업혁명의 결과로 노동의 종말 그리고 소비의 종말이 도래할 것이라는 우려는 자본 진영 엘리트들에 의해서도 제기되고 있다

(Schwab, 2016). 다보스포럼[1]에서는 이미 2020년까지 500만 개의 일자리가 감소할 것으로 전망한 바 있다. 미국의 경우 2030년까지 직업의 약 47%가 자동화로 대체될 것이며(Frey & Osborne, 2013), 이러한 자동화에 의해 줄어드는 일자리가 2030년까지 미국 -38%, 영국 -30%, 독일 -35%, 일본 -21%에 이를 것이라는 전망도 있다 (PwC, 2017). 4차 산업혁명 결과로 줄어드는 일자리 수와 늘어나는 일자리 수에 관한 전망은 추론의 근거에 따라 다양하지만, 인간 노동이 적어도 부분적으로는 '잉여화'될 수 있을 것이라는 점에 많은 이가 동의하고 있다. 노동의 종말은 소비의 종말로 이어질 것이기에 결국은 자본주의의 위기가 시작될 것이다. 이를 막기 위한 전쟁에서 복지국가는 무능력하다는 것이 기본소득론자들의 주장이다. 주로 노동시장에 기댄 사회보험으로 영위되는 복지국가는 노동의 종말에 대응할 방법이 없다는 것이 주장의 요체이다. 기본소득이라도 제공해야 소비의 유지가 가능하며 자본주의의 지속이 가능할 것이라는 점에서 좌파뿐 아니라 우파도 기본소득을 주장하고 있다.

이에 더해 저출산·고령화와 비혼의 증가, 여전히 풀리지 않는 총체적 불평등의 처방전으로서 기본소득이 역할을 할 수 있다는 주장이 더해지면서 기존 복지국가를 대체할 새로운 패러다임으로서 기본소득이 이슈화되는 형국이다. 하지만 기본소득과 관련된 현실세계의 담론의 구조는 매우 복잡다단하기에 기본소득을 복지국가와 관련하여 논하는 일은 점점 더 늪에 빠져드는 모습이다. 참여소득이나 부의 소득세 등 기본소득과 연관되는 다양한 개념은

---

1) 세계경제포럼(World Economic Forum: WEF)이 원래 명칭이지만, 포럼이 열리는 지명에서 유래한 다보스포럼이라는 이름이 더 유명하다.

차치하더라도, 기본소득이라는 동일한 용어를 사용하는 경우에도 이념에 따라 다양한 버전이 존재한다(윤홍식, 2017).

기본소득 담론지형이 매우 중층적이고 혼탁함에도 불구하고 이념 정향에 따라 주장의 핵심을 정리하면 다음과 같은 삼분론이 가능해 보인다.

기본소득에 관한 가장 전형적인 주장은 좌파로부터 제기된다. 높은 급여 수준의 보편적 기본소득(Universal Basic Income: UBI)을 통해 궁극적인 결과의 평등을 지향하는 것으로 자본주의에서 공산주의로의 직행이 가능하다는 제안이다(van der Veen & van Parijs, 1986). 이후 조금 완화된 방식으로 결과의 평등이 아닌 기회의 평등에 방점을 찍는 경우도 등장하는데, 누구나 무엇인가 하고 싶을 때 무형의 권리뿐 아니라 실제로 그렇게 할 수 있는 수단까지 가지도록 해 주어야 한다는 소위 '실질적 자유'를 지향한다(van Parijs, 1991). 이들은 기존 복지국가가 이러한 실질적 자유의 구현 도구로서 기능부전 상태에 빠져 있기 때문에 고도의 기본소득 방식의 전면 도입을 통해 대체되어야 할 것으로 본다. 좌파 버전의 기본소득론은 궁극적으로 자본주의 체제를 기본소득에 기반한 다른 종류의 체제로 전환하는 것을 목표로 삼으며, 기존 복지국가는 자본주의의 임시방편적인 수단에 불과하다고 본다는 면에서 매우 선명한 주장이라 할 수 있다. 무엇보다 노동과 상관없이 필요에 따른 삶의 영위가 가능한 사회를 지향한다는 점에서 노동을 중시하는 자본주의, 노동시장과 떼려야 뗄 수 없이 연결되어 있는 기존 복지국가 사회보장 시스템과는 근본적인 지향점이 다르다고 평가할 수 있다.

같은 용어를 사용하면서도 시장주의에 입각해서 우파가 제안하는 기본소득은 지향점이 전혀 다르다. 우파 버전의 기본소득론은 기존 복지국가의 유연화와 효율화를 도모하는 방편으로서 기본소득의 도입과 기존 복지의 폐기를 주장한다. 우파 기본소득의 요체는 한마디로 요약하자면, 복지국가의 비용 저감이라 할 수 있을 것이다. 이들은 낮은 급여 수준의 보편적 기본소득(UBI)으로 기존의 복잡다단한 복지를 대신하자고 주장하는데, 그 이유는 다음과 같다. 첫째, 낮은 수준의 기본소득을 도입해야 시장 임금을 저감하는 효과가 기대된다. 둘째, 심화되는 국제 경제 전쟁 속에서 노동시장을 유연화하는 것이 필요한데, 기본소득의 도입은 노동자 계급의 반발을 무마할 전략적 도구로서 기능할 수 있다. 셋째, 복지국가가 발달하면서 공무원의 양적 증가가 병행되었고 이는 정부의 실패를 야기하는 것으로 기본소득을 도입하게 되면 복지수급자 선정 등에서의 행정비용을 줄이는 효과가 크다. 넷째, 기존의 공공부조 제도 중 많은 요소는 가족해체를 야기하는데, 기본소득을 개인 단위로 지급할 경우 이러한 부작용이 전혀 없다.

　앞의 두 가지 주장이 주로 이념적 혹은 이론적 견지에서 전개되는 경향이 짙은 데 반해, 마지막 유형인 중도좌파 버전의 기본소득 담론은 현실에서의 복지정치와 연결된 채 매우 복잡다단한 담론 전개의 양태를 보인다. Esping-Andersen이 탈상품화를 복지국가의 목표로 천명한 바로 그 맥락에서 기존 복지제도와의 부분적 혼합을 추구한다. 단, 이들이 주장하는 배경은 주로 4차 산업혁명에 따른 고용 없는 성장, 굴뚝 기업이 아닌 구글이나 네이버를 필두로 한 정보 중심 플랫폼으로 이윤을 창출하는 인지자본주의 시대에서의 복지국가 기능부전이다. 4차 산업혁명에 기반한 인지자본주의에서는 기존의 복지국가가 일구었던 사회보장으로는 다차원적인 사회문제를 해결할 수 없으며 기본소득을 중심으로 한 새로운 탈상품화 전략에 의해 복지국가를 업그레이드해야 한다고 주장한다.

기존 복지국가 사회보장 프로그램을 유지하면서 기본소득을 추가하려는 경향 속에서 중도좌파가 제안하는 기본소득은 무수한 유사 기본소득을 확대재생산 중이다. 청년기본소득을 필두로 부분적 기본소득, 과도적 기본소득의 제안이 난무하는데, 이는 아이러니하게도 기본소득의 재원 마련이 쉽지 않음을 스스로 반증하는 듯하다. 한편으로는 기존 복지국가의 유지를 원하면서 기본소득을 추가하려는 시도는 특히 정치적인 전략으로서는 매우 실용적일 수 있다. 정치적인 전략으로서 이러한 시도가 지니는 값어치에도 불구하고 학술적인 견지에서는 무책임하거나 무지한 시도라 평가할 수 있다. 뒤에서 자세히 다루겠지만, 부분적 · 과도적 기본소득으로 제안되는 프로그램들은 사회정책학 분야에서 이미 확고한 개념으로 굳어진 사회수당과의 개념적 혼란 혹은 충돌을 야기한다. 아동수당을 아동기본소득이라 따로 칭해야 하는 이유가 무엇인지, 기초연금이라는 사회수당을 왜 굳이 노인기본소득이라 불러야 하는지, 정치 전략으로서의 가치를 넘어 사회정책학의 이론화에 어떤 기여를 할 수 있을지 의구심이 드는 대목이다.

중도좌파 버전의 부분적 · 과도적 기본소득론은 자본주의와 기본소득의 관계가 조응적인가 갈등적인가에 대한 체제론적 판단을 결여하고 있다는 점에서도 학술적인 비판이 가능하다. 자본주의의 수정으로서 복지국가를 다루어 온 사회정책학의 맥락에서는 양자 간의 관계에 관한 체제론적 판단이 필수적인바, 중도좌파 버전의 기본소득론은 이에 대한 판단을 유보 중이다. 이는 좌파와 우파의 선명한 기본소득론, 즉 자본주의의 종언 혹은 자본주의의 회복을 위해 기존 복지국가의 대체가 필요하다는 논리적 선택을 애써

무시하는 것으로, 사회정책학의 전통적 관점에서 볼 때 무지하거나 무책임한 논리의 전개라는 비판이 가능하다.

이 장에서는 이미 한국 복지정치에서 하나의 현상으로 부상한 기본소득 담론에 관한 사회정책학적 진단을 시도하고자 한다. 논의의 핵심은 두 가지로 요약된다. 첫째는 '사회정책학적 관점에서 볼 때 기본소득론은 어떠한 이론적 가치를 지니는가?' 혹은 '어떠한 맹점을 가지고 있는가?'이고, 둘째는 '현시점 한국의 주요 사회문제 해결이라는 실용적 관점에서 볼 때 기본소득이 기존 복지국가 기능부전의 위기를 일거에 해결할 새로운 정책 패러다임인가?'이다.

정치적 유행 담론과 학술적 용어의 혼탁

가장 본원적인 형식의 기본소득에 관한 정의는 기본소득지구네트워크(Basic Income Earth Network: BIEN)에서 찾을 수 있다. 이에 의하면 기본소득은 주기성, 현금성, 개별성, 보편성, 무조건성의 5대 원칙하에 구성된다. 기본소득은 자산조사나 근로조건 없이 무조건적으로 모든 개인에게 개별적으로 주어지는 주기적 현금급여이다.[2]

이렇게 정의되는 기본소득은 사회정책학의 사회보장제도 구분법과 비교할 때 상당한 차별성을 지닌다. 먼저, 사회보장 프로그램

---

2) 기본소득지구네트워크의 웹사이트(https://basicincome.org/)에 따른 영문 정의는 "a basic income is a periodic cash payment unconditionally delivered to all on an individual basis, without means-test or work requirement"로 명시되어 있다.

의 전통적 구분법을 살펴보자. 급여대상에 따라 구분할 경우, 조세에 기반하여 전 국민이나 특정 인구집단에게 현금 및 현물로 주어지는 보편급여, 사회보험료에 기반하여 보험가입자에게 주어지는 사회보험, 조세에 기반하여 빈곤층에 주어지는 공공부조로 나뉜다. 다른 구분의 축으로는 현금, 현물 혹은 사회서비스, 조세지출이라는 급여형태에 따른 구분도 가능하다. 이 중 사회보험, 공공부조, 사회서비스는 명확하게 기본소득과 구분되지만 사회수당(social allowance)이라는 기존 용어와는 상당한 혼란이 초래될 여지가 있다. 사회수당은 특정 인구학적 집단에게 주어지는 무조건적 현금급여로서 아동수당, 기초연금 등이 현존하는 대표적인 프로그램의 예이다. 물론 기본소득을 '전 국민'에게 주어지는, 즉 인구학적 범위가 특정되지 않은 사회수당으로 볼 여지도 다분하다. 하지만 전통적으로 사회수당이 근로 능력이 없는 계층에 대한 최소한의 현금지급으로 작동한 까닭에 전형적인 보편적 기본소득은 새로운 범주로 개념화하더라도 큰 무리가 따르지 않을 수 있다. 문제는 주로 중도좌파에서 주장하는 부분적 · 과도적 기본소득이 사회정책학의 개념적 혼탁을 야기할 공산이 크다는 부분이다. 무릇 새로운 학술적 개념은 새롭고 더 나은 구분법의 창안에 의해서만 기존에 정리되고 통용되는 개념을 대체하는 것이 통례이다. 학술적 이론화(theory building)라는 것이 '거인의 어깨 위에 올라탄 난쟁이'로서 현대 사회과학자들이 견지하고 있는 자기검증과 학술적 겸허함을 표상한다면, 마구잡이식으로 던져지는 개념으로 인한 담론의 혼탁화는 그 자체로 비판받을 여지가 크다. 이런 면에서 보자면, 최근 우리 복지정치에서 부상하고 있는 기본소득 담론이 정치적 상품으로서가 아니라 학술적 용어로서도 굳건히 서고자 할 경우에는 개념의 정리부터 비판적 자기검증에 충실할 필요가 있다고 여겨진다.

　개념적 혼탁의 원죄는 본연의 보편적 기본소득보다는 우리 사회
에서 난무하고 있는 부분적·과도적 기본소득에 관한 제안들과 결
부되어 있다. 인구학적 범주를 제한하는 '부분적' 혹은 '과도적' 기
본소득은 전통적 개념 범주상 사회수당에 해당하며, 학술적인 용
어라기보다는 정치 전략에 내포된 정치상품으로 볼 수 있다. 기본
소득에 관한 논쟁의 단면을 보면 부분적·과도적 기본소득이 다분
히 정치적 용어로 활용되고 있음이 여실히 드러난다. 아니다. 부
분적·과도적 기본소득은 기본소득이 아니라는 주장은 '조악한 정
치적 실수(crude political errors)'에 불과하다는 기본소득론자들의
지적이 있다(Raventós, 2007). 부분적·과도적 기본소득에 관한 이
러한 옹호에서 학술적인 공박은 존재하지 않는다. '정치적' 판단만
이 있을 뿐이다. 거꾸로 말하면, 완전 보편 기본소득만 기본소득
이라 하는 것 혹은 전형적인 기본소득(UBI)마저도 '전 국민 사회
수당'이라는 방식으로 기존의 학술적 용어를 활용하는 것이 오히
려 학술적 논의에서 불필요한 혼탁함을 제거하는 정밀성(academic
rigorousness)의 구현이 아닐까 한다.

　설상가상으로 기본소득과 함께 얽혀서 논의되고 있지만 명백히
구분되는 연관 용어들은 기본소득에 관한 사회정책학적 개념화의
혼돈을 가중시키고 있다. 참여소득, 부의 소득세, 사회적 지분 급
여 등이 그것인데, 개념들 사이의 혼란을 피하기 위해서는 기본소
득과 비교하고 구분해서 정리해 둘 필요가 있다.

　참여소득(participation income)이란 사회적으로 유용하고 가치
있다고 판단되는 다양한 형태의 활동을 하고 있는 시민들을 대상
으로 주어지는 금전적 지원을 의미한다(Atkinson, 1996). 정보화로

인한 노동시장의 전반적인 변화 속에서 전통적인 고용의 기회와 의미가 퇴색하면서 소위 '근로자성'을 명확하게 부여하기 힘든 비 전형적인 일의 형태가 늘고 있는 가운데 새롭게 주목받고 있는 제 안이다. 임금제 고용에 기초한 노동시장에서의 전통적 고용방식이 아니더라도 비자발적으로 새로운 일의 방식이 속속 도입되고 있으 며, 예술이나 봉사 등 사회적 가치가 상당함에도 불구하고 제대로 대접받지 못하는 일은 도처에 널려 있다(Stiegler & Kyrou, 2018). 어 떤 일, 어떤 활동이 사회적으로 유용하며 가치 있는가, 이러한 일 이나 활동에 대해 어느 정도의 보상이 주어져야 하는가에 관한 사 회적 합의가 가능하다면, 변화하는 노동시장 환경에서 일을 중심 으로 한 새로운 생활보장의 방식으로서 참여소득의 가능성은 열 려 있다. 기본소득이 노동과 관계없이 무조건적 급여를 제공한다 는 면에서 노동의 가치에 천착해 온 인류의 보편적 공정성에 일대 도전을 가하는 반면, 참여소득은 보상의 대상으로서 가치 있는 일 이나 활동을 전제한다는 면에서 사회적 수용 가능성이 상대적으로 높다고 평가할 수 있을 것이다. 최근에 제안된 일자리보장제(job guarantee)도 일의 가치를 유지하면서 개인들의 생활을 보장하는 방편을 지향한다는 면에서 참여소득의 맥락으로 이해할 수 있을 것이다(Wray, 2015).

부의 소득세(Negative Income Tax: NIT)도 기본소득과 혼란스 럽게 엮여 있으면서도 방법론적으로 분명히 구분되는 대안이다 (Friedman, 2002). 면세점(tax exemption limit) 이상의 사람들에게는 정의 소득세를, 면세점 이하의 소득계층에게는 일정 세율의 조세 환급을 주자는 주장으로, 기존 사회복지제도를 대체하여 관리비용 을 낮출 수 있다고 주장하는 우파의 제안이다. 한국 우파 정치권에서도 '안심소득' '공정소득' 등의 이름하에 부의 소득세 방식으로 공공부조제도를 대신하자는 논의가 활발하게 벌어지고 있다. 행정 효율의 이름으로 기존의 복지 프로그램의 정리를 주장한다는 면에서 우파 버전의 낮은 보편기본소득론과 일정 정도 맥이 닿는 제안이다. 문제는 현존하는 공공부조제도를 전면적으로 폐지한다는 것이 정치적으로 가능할 것인지, 실업의 덫이나 빈곤의 덫을 해결하는 방책으로서 근로장려세제(Earned Income Tax Credit: EITC)와 연동된 공공부조의 운용보다 어떤 점에서 우월한지는 여전히 논란의 대상으로 남아 있는 정책 대안이라는 점이다. 고세율에 기반한 기본소득과 달리 상대적으로 낮은 세율하에서 적용 가능한 방안이라는 점은 이 제도의 장점일 수 있다.

사회적 지분 급여(stakeholder grant)는 예컨대 법적 성인이 된 시점에 주어지는 일회성 현금지급으로서, 최근에 Piketty가 기본자산이라는 명칭으로 다시금 제안하면서 주목을 받는 대안적 프로그램이다(Piketty, 2020). 인간사회가 획득한 부는 공유하여야 하는 것으로서 마치 부모로부터 부를 상속받는 것처럼 사회가 지닌 부를 일정 정도 특정 시점에 개인들에게 나누어 주어야 한다는 인식에서 출발하는 제안이다. 기본소득은 평생 매달 받는 현금급여인 데 반해, 사회적 지분 급여 혹은 기본자산은 생애 특정 시점, 주로 성인이 되는 날 일회성으로 거액을 지급한다는 면에서 차이가 있다. 성인이면 누구라도 부여 받은 기본자산을 현명하게 운용할 수 있다는 전제를 깔고 있는 제안이지만, 현실에서도 가능할 것인지는 논란의 여지를 남긴다. 예컨대, 2021년 기준으로 우리나라에서 부모의 이혼이나 방임 등의 이유로 보육시설에서 생활하다가 만 18세가 될 때 시설에서 나오게 되는 보호종료아동들에게 일시불로 자

표 1-1 사회보장 프로그램의 개념적 범주

범주		대상 범위	재원	정책의 예
급여 대상	보편급여	전 국민/ 인구학적 기준	조세	현금[demogrant(사회수당: 아동수당, 기초연금, 기본소득)], 현물[전 국민 무상 서비스(NHS, 의무교육, 보편보육)]
	사회보험	보험가입자	보험료	연금보험, 실업보험, 의료보험
	공공부조	빈곤자(일반적)/ 특정 빈곤집단 (범주적)	조세	국민기초생활보장제도(구 생활보호제도)
급여 형태	현금	사회적 약자(선별)/ 욕구담지자 (보편)	조세/보험료	연금, 실업급여, 생계급여
	현물 (사회서비스)		조세/보험료/ 서비스이용료	보육, 교육, 주거, 고용, 장기요양
	조세지출		조세	연말정산 시 조세 감면, EITC

립정착금 500만 원을 지원하는 제도를 보자. 언론에 종종 보도되듯이 사기의 희생양으로 전락해 버리거나 불요불급한 목돈 사용으로 자립정착금을 조기에 소진하는 사례들이 속속 보고되고 있다. 이러한 경우가 보편적으로 지급되는 기본자산의 경우에 벌어지지 않을 것이라는 기대는 비논리적이다. '일회성 목돈이냐, 매월 일정액의 급여냐'의 논쟁에서 기본자산이 해결해야 할 중요한 아킬레스건이 아닐 수 없다.

노동의 가치와 체제 전환으로서의 기본소득

기본소득론, 특히 좌파 버전의 기본소득론은 인류사적으로 자명한 노동의 가치에서 일정 정도의 이탈을 표방한다. 노동은 역사적으로 종교적 의무와 결합하는 방식으로 문화적 가치를 부여받아 왔고 대부분의 사람들은 여전히 그 가치를 존중한다. 일할 능력이 있는 사람이라면 일을 하는 것이 정상이요, 일하지 않는 것은 비정상이라 보는 것이다. "일하지 않는 자, 먹지도 말라."로 요약되는 언명은 노동의 가치에 관한 인류사적 태도를 응축하는 표현일 것이다.

노동을 신성시해 온 이러한 역사 속에서 노동과 소득을 연계시키는 것은 자본주의의 윤리적 기반이기도 하다. 근로 능력이 있음에도 일하지 않는 빈자에 대한 반감이 있듯이, 일하지 않고도 부를 챙겨 가는 부자들의 '불로소득'이 사회적 비판의 대상이 되는 것도 우리가 일상적으로 경험하는 자본주의 사회의 윤리적 판단들이다.

흥미로운 사실은 노동의 가치를 중심에 둔다는 면에서는 주류경제학이나 마르크스 경제학이 전혀 차이를 보이지 않는다는 것이다. 주류경제학의 '효용가치론'을 보면, 노동 측이건 자본 측이건 각각의 한계생산성만큼의 소득을 임금이나 이윤의 형태로 보상받는 것을 당위로 여긴다. 마르크스 경제학의 '노동가치론'에서는 자본을 잉여가치만 수탈해 가는 악으로 여긴다는 점을 빼고는 노동에 의한 가치 창출을 부의 근원으로 보고 있음이 명백하다. 양자 간의 공통점은 노동의 가치를 중심에 두고 이에 대한 보상을 당연시한다는 사실이다. 자본주의 시대, 근대화와 산업화의 중심에 '근로

윤리(work ethic)'가 자리하였고, 노동은 생계와 자존감의 원천으로
작동해 온 것이 우리의 경험이기도 하다.

  자본주의에 대한 좌파와 우파의 입장 차이에도 불구하고 노동을
중심에 두고 가치를 부여해 온 것은 인류사의 윤리적 측면을 관통
하는 현상이다. 자본주의 수정의 대표적인 표현형으로서 복지국가
를 상정할 경우, 복지국가 역시 노동을 중심으로 한 수정자본주의
라 정의할 수 있다. 이는 복지국가 발달의 역사 속에서 고스란히 투
영된다. 초기 자본주의의 시장 중심 노선은 어느 순간 시장실패를
노정했고, 자본주의는 대공황이라는 극한의 상황과 맞닥뜨리게 된
다. 이후 케인즈주의적 정부개입이 구원투수로 등장하게 되고, 국
민의 생활보장을 위해 국가의 역할이 적극적으로 용인되는 방향으
로 자본주의가 수정되기에 이른다. 이른바 복지국가의 탄생이다.

  복지국가의 태동기, 영국의 자유주의에 기반한 베버리지형 사
회보장은 노동을 조건으로 하는 기초보장의 공고화로 이어진다.
1942년 「베버리지 보고서」에 따라 노동과 복지의 강한 연계를 전제
로 해서 사회보험과 공공부조가 추진되었다. 이 과정에서 근로 능
력이 있는 사람들의 경우 일을 해야만 복지국가의 기초보장에 편
입되었다는 면에서 노동의 중심성은 고스란히 적용되었다.

  한편, 독일의 보수주의 복지국가는 비스마르크형 사회보험을 발
달시킨다. 1880년대 비스마르크 사회입법에 의해 1883년에 의료
보험이, 1884년에 산업재해보험이, 1889년에 노령 및 폐질보험이
차례로 실시되기에 이른다. 사회보험에 강제 편입된 노동시장 참
여자들은 본인의 소득에 비례해서 사회보험료를 내고 실업이나 퇴
직과 같은 욕구의 발생 시점이 되면 그때까지 자기가 낸 사회보험
료에 연동되어 지급되는 보험급여를 받게 되었다. 노동시장에서의

성과에 복지급여가 연동되는 소위 '소득비례'형 사회보험 역시 노동이 복지국가 운용 원칙의 한가운데에 자리함을 웅변한다.

이와는 달리, 대부분의 기본소득론은 '노동과 능력'에 기반한 자본주의의 종언 혹은 대체를 지향한다. 기본소득의 원형적 주장은 노동과 소득의 무관함을 주장하는 것에서 시작된 것이다. 이들은 모든 부의 원천으로서 지구를 상정하고 지구 및 그에서 비롯된 모든 부를 인류의 공유재산으로 본다. 지구가 공유재산인 까닭에 지구를 개발해서 얻은 이익은 모든 사람에게 평등하게 분배되어야 한다는 것이 기본소득 본류의 전통적인 주장의 요체라 할 수 있다. Guy Standing은 패러다임론에 입각해서 복지국가를 포함한 지금까지의 자본주의가 다른 체제로 패러다임적 전환을 겪을 것이라 천명했다(Standing, 2018). 그의 논리에 따르면 노동을 중심으로 하는 기존 사회보장과 자본주의는 하나의 정상과학이다. 그리고 이러한 정상과학은 유급노동과 자본주의로부터의 이탈로 요약되는 과학혁명의 대상으로 치부된다.

기본소득론자들에게 부의 분배 과정에서 노동은 필수적인 것이 아니다. 노동 여부와 관계없이 모든 사람은 지구라는 공유재산의 상속자이므로 기본소득에 대한 불가침의 권리를 소유한다고 본다. 이로써 노동은 더 이상 소득창출을 위한 선행조건이 될 수 없다는 것이 기본소득론의 출발이다. 기존의 복지국가가 노동이 자본주의적 상품으로 전락하면서 소외되고 수탈을 겪기에 사회보장 프로그램을 통한 탈상품화(decommodification)를 추구하였다면, 새로운 패러다임으로서의 기본소득은 노동과 관계없이 일정 수준의 생활 영위가 가능한 소득에 대한 배타적인 권리를 확보하는 이른바 '탈노동화(de-laborization)'를 지향한다(윤홍식, 2017). 탈노동화는 노동 없이도 생활보장을 부여받는 것을 의미하므로 탈상품화가 필요한 체제적 상황 자체를 무력화하는 코페르니쿠스적 전환이다. 정리하건대, 기본소득론의 전통적인 주류론은 자본주의 수정으로서 복지국가의 고도화 혹은 발전과는 상관이 없다. 기본소득론은 이제 자본주의를 수정하는 것이 아니라 아예 자본주의를 넘어서고자 하는 새로운 세상으로의 체제전환론인 것이다.

하지만 최근 우리 복지정치에서 화두로 떠오른바, 낮은 수준의 과도적 기본소득, 아동, 노인 혹은 청년 대상으로 범위가 국한된 부분적 기본소득은 자본주의와 노동에 관한 명확한 입장 표명과는 거리를 두고 전개되는 양상이다. 바로 이 점이 현실 정치와 연결되어 이루어지는 중도좌파적 기본소득론이 과연 학술적 진지함에 기초한 것인지 아니면 학술의 외피 속에서 지향점을 숨기고 진행되는 사실상의 정치 행위인지에 관한 의구심이 생성되는 이유이다. 새로운 담론이 사회변혁을 향한 열정 속에서 탄생한 사례는 역사적으로 하나둘이 아니다. 하지만 특정 담론이 진지한 학술 영역에서 이루어지는 것이라면 분석적인 견지에서 중요한 질문들에 답할 의무는 피할 수 없다. 좌파 버전의 기본소득론은 노동이나 자본주의에 관한 매우 명확한 태도와 논리를 전개한다는 면에서 급진적이기는 하나 학술적으로 진지하다. 한편, 현존하는 복지국가에 관한 궁극적 입장이 무엇인지, 자본주의는 수용하자는 것인지 혹은 배제하자는 것인지와 같은 질문을 피하려 한다는 점에서 중도좌파적 기본소득론은 학술적으로 정밀하지 못하다는 평가에서 헤어나기 힘들어 보인다.

기본소득 논쟁의 역사적 사례

사실 기본소득에 관한 주장은 역사적으로 오래 지속되어 왔다.[3] 이 개념이 최초로 등장한 것은 1516년 영국의 Thomas More가 쓴 소설 『유토피아(Utopia)』에서라는 것이 정설이다(More, 2009). 당시 영국은 인클로저운동에 의해 중세 장원이 붕괴하고 상공업으로의 경제변혁이 일어나던 시기이다. 모직물 공업의 발달 속에서 일반 농사에 비해 양털을 얻는 목장이 경제적으로 훨씬 이윤을 남기게 되자, 농경지를 목장으로 만들어 울타리를 치는 인클로저운동이 시작되었다. 이후 Thomas More가 일갈했듯이 '양이 사람을 잡아먹는 상황'[4]이 전개되기에 이른다. 목장화된 농경지에서 쫓겨난 농민들은 소요를 일으키기도 했으나 대부분 빈민으로 전락해 버렸고 살기 위해 도시로 나가게 된다. 이제 농지에서 쫓겨난 사람들은 값싼 노동력을 공장주에게 제공하면서 하루하루 가난하게 살아가는 신세로 내던져졌다. 이러한 상황에서 제안된 것이 바로 최소생계보장(guaranteed minimum income)이며 기본소득의 원형적 주장이다. 하지만 이러한 상황은 기본소득의 도입이 아닌 1601년의 「엘리자베스 구빈법」으로 정리된다. 구빈법은 근대 복지국가의 기원

---

[3] 여기에서 정리한 사례들은 지식공유지대에서 제공하는 '박형준(2021), 4차 산업혁명과 기본소득의 미래 I', LAB2050, 스탠퍼드대 기본소득실험실 등의 자료들과 다양한 언론 보도를 중심으로 사례를 수집하고 주요 논자들의 원전을 정리하는 방식으로 재구성하였다.

[4] 최근 4차 산업혁명에 의한 노동의 종말 현상을 이에 견주어 AI와 로봇이 사람을 잡아먹는 상황이라고 이야기하는 경우도 있다.

으로 종종 묘사되는데, 병자, 장애인, 노인 등과 같이 근로 능력이
전혀 없는 경우를 제외한 빈민들은 수용소 강제노역을 대가로 최
소생계를 보장받게 되었다.

  기본소득에 관한 주장의 두 번째 파도는 Thomas Paine이 1792년
에 발간한 책『인간의 권리(Rights of Man)』에서 시작된다(Paine,
1984). 개간되지 않은 지구는 원래 인류의 공동자산이라는 인식에
서 출발하는 그는 토지를 소유한 사람들이 사실상 빌린 것에 다름
없고 따라서 공동체에 땅값을 낼 의무를 지닌다고 보았다. 여기서
그의 기본소득론이 나오는데, 21세가 된 모든 사람에게 당시 돈으
로 15파운드의 기본증여를 지급하고, 50세가 되는 시점부터는 매년
1파운드의 사회배당을 주자고 주장하였다. 이와 비슷하게 18세기
Thomas Spence는 토지소유권은 교구에 귀속되는 것이어야 하며 사
회적 배당을 모든 교구민에게 지급해야 한다고 하였다. 20세기에 들
어 Bertrand Russell도 이러한 논의에 합류했는데, 그는 무정부주의
적 자유와 사회주의적 평등을 결합한 주장을 제기한다. 살아가면서
꼭 필요한 필수품은 무상으로 제공하고, 그 이상은 노동의 대가로
얻도록 하자는 내용이었다. Dennis Milner와 Mabel Milner도 같은
맥락에서 국가보너스 지급을 제안하였고, 이는 조건 없는 소득 지
급을 골자로 한다. Douglas도 사회신용 및 국민배당이 필요하다고
역설하였는데, 그 이유를 제품가격의 구성상 노동자들이 구매력을
제대로 확보하기가 애초에 불가능하다는 점에서 찾고 있다. 제품의
가격은 임금과 생산비용을 합친 값으로 정해지는데, 이 경우 임금
만으로는 생산된 제품에 대한 구매력이 늘 부족해진다는 논리이다.
Meade도 유사한 방식의 제안을 했는데, 임금이 오르면 물가도 올라
소비자이기도 한 노동자들이 충분한 생활비를 확보하지 못하는 악

순환에 빠질 수밖에 없고, 따라서 이러한 악순환의 고리를 끊는 유일한 방법은 임금노동에 연동되지 않는 사회배당의 지급이라 주장하였다. 다양한 논리와 방법으로 제기된바, 기본소득에 관한 영국에서의 두 번째 논쟁은 영국의 현대 복지국가를 연 시금석으로 평가받는 「베버리지 보고서」가 발간되면서 상황 정리가 되어 버린다. 첫 번째 시기에 「구빈법」에 의해 정리된 것과 마찬가지로 두 번째 시기의 기본소득 논쟁도 결국은 현대 복지국가의 출범을 통해 지금 우리가 아는 복지국가 방식으로의 개혁 과정에서 소멸의 길을 걷고 만다.

자유주의에 경도되었다는 면에서 영국과 대오를 같이하는 미국에서도 기본소득에 관한 제안의 역사는 꽤 오래되었다. 대공황기 정치인이었던 Huey Long은 기본자산에 가까운 정책 제안을 했다. '부를 분배하라(share our wealth)'라는 계획이 그것이다. Robert Theobald는 기계가 중심이 되는 사회에서는 인간노동의 경쟁력이 점차 약화되어 인간의 가치가 떨어지는 문제가 발생한다고 보고, 성인에게 1,000달러를, 아동에게는 600달러를 보장소득(guaranteed income)이라는 정액보조금 형태로 지급하자고 주장했다. Milton Friedman이 제안했던 부의 소득세도 기본소득과 유사한 주장의 하나이다. 유사한 맥락에서 James Tobin은 기존 사회보장의 개혁을 주문한다. 기여에 따른 사회보험은 그대로 두되 사회수당과 공공부조를 환급소득세(credit income)로 바꾸자는 것이 그의 제안이었다. 민주당 대통령 선거 주자였던 George McGovern 진영에서 데모그란트(demogrant)[5]의 지급을 공약화하기도 했는데,

---

5) 데모그란트(demogrant)의 뜻은 특정 인구(demo-)학적 범위에 드는 사람들에게 조건 없이 정액의 현금급여(grant)를 지급하자는 것이다.

이는 모든 이에게 연 1,000달러를 지급하자는 것이었다. 이는 실행되지는 못했으나 서유럽 복지국가들에서의 아동수당 등 사회수당을 전 국민에게 확대 지급하는 것으로 기본소득과 내용이 대동소이한 프로그램이다. Atkinson은 참여소득(participation income)을 제안하였는데, 사회적으로 유용한 활동을 하는 시민들에게 정액의 현금을 지급하자는 것이 주 내용이다. 이와 같이 미국에서도 다양한 버전의 기본소득에 관한 제안이 이어졌으나, 결과적으로는 복지국가의 방식인 뉴딜 사회보장정책의 도입으로 상황이 정리되기에 이른다. 자본주의의 근본 틀을 건드리지 않는 선에서 근로 능력이 있는 사람들의 노동시장 참여를 조건으로 인정하는 복지국가 사회보장 전략에 의해 기본소득론이 잠재워진 것이라 평가할 수 있다.

이후 선진국에서 복지국가가 속속 내용적 확충을 경험하면서 불평등과 관련된 주요 사회문제들이 완화 과정을 겪게 된다. 소득 부족을 완화하는 기제로서 무조건적 정액 현금지급으로 요약되는 기본소득론은 이와 함께 사회정책학 논의의 장에서 사라지게 된다. 그러나 근자에 들어서 저출산·고령화와 가족구조의 변화, 4차 산업혁명 기술 발전으로 인한 일자리 부족 및 노동시장 격차 문제 등으로 복지국가의 기능부전론이 대두되자 복지국가의 대안으로서 기본소득에 관한 관심이 조금씩 살아나게 되었다. 최근에는 세계 도처에서 기본소득 제안이나 실험이 이어지고 있기도 하다.

근자에 목도된 현실에서의 사례들은 꽤 많다. 많이 알려진 것으로 미국의 알래스카주는 주 헌법에 의거하여 1976년에 석유 등 천연자원에서 나오는 돈을 활용해서 영구기금을 조성하였고 1982년부터는 영구기금배당(Permanent Fund Dividend)을 1년 이상 거주한 주민 모두에게 지급 중이다. 지급액은 기금 운용실적의 5년 평균으로 결정된다. 카지노 산업에 기반한 마카오의 경우에도 지급액이 그룹별로 차등이 있고 1년짜리 법안에 의거한다는 면에서 알래스카보다는 기본소득의 원칙에서 좀 떨어지기는 하지만 '부참여계획(wealth partaking scheme)'을 통해 현금 지원을 실시 중이다. 두 사례 모두 일반적 적용가능성에 관해서는 논란의 여지가 존재한다. 한 가지 사례는 석유와 가스라는 엄청난 부존자원, 혹한의 긴 겨울이라는 혹독한 기후 탓에 인구 유지가 쉽지 않은 지리적 상황인 알래스카이고, 다른 사례는 카지노를 통해 벌어들이는 수입이 막대하고 카지노 산업 유지를 위한 기본 인력 확충이 필요한 마카오이다. 두 경우 모두 해당 지역이 당면하고 있는 특수한 환경이 기본소득의 필요성을 담보하는 특별한 사례들이다.

프로그램을 본격적으로 실시하는 것은 아니지만 기본소득 실험 또한 다양하게 이루어져 왔다. 실리콘밸리의 기본소득 실험이 그것인데, Sam Altman이 대표로 있는 와이콤비네이터가 캘리포니아 오클랜드의 수십 가구를 대상으로 1년 동안 1,000달러에서 2,000달러에 이르는 기본소득 지급 실험을 한 바 있다. 이 프로젝트에는 트위터 창업자 Jack Dorsey가 500만 달러를 기부하고 Elon Musk가 지지를 표명한 것으로 알려졌다. 캐나다의 경우, 1970년대 도핀 지역에서 민콤(Mincome)이라는 이름으로 유사한 실험이 있었고, 온타리오 지역에서는 2017년에 4,000명을 선정하여 최고 1만 6,989달러부터 시작해 차등적으로 지급하는 부의 소득세 실험이 있었다. 독일경제연구소도 2020년 8월부터 기본소득 시범 프로젝트를 시작했다. 18세 이상 성인 122명에게 3년에 걸쳐 월 1,200유로를 지급하는 이 실험에서는 실험군 대비 1,300여 명에 이르는 대조군과의 비교를 통해 기본소득의 효과를 검증하는 실험을 진행 중이다. 보다 대규모 실험이 이루어진 곳은 핀란드이다. 2017년에 실업수당 대신 기본소득을 지급하는 실험을 실시하였는데, 무작위로 선정된 실업자 2,000명에게 560유로를 지급하고 기본소득이 고용을 촉진하는지 여부를 확인하였다. 갑론을박 끝에 정부가 중간에 실험을 조기 종료하였는데, 기본소득이 개인의 행복을 증진시키는 효과는 있었지만 가장 중요한 관심사였던 노동유인효과는 없는 것으로 보고된 바 있다.

기본소득에 관한 가장 뜨거웠던 뉴스 중 하나는 스위스에서 실시된 기본소득 국민투표이다. 2016년에 성인들에게 월 2,500프랑, 아동·청소년에게 월 650프랑을 지급하는 내용의 기본소득안이 국민투표에 부쳐졌다. 국민투표 결과는 77%라는 압도적 반대로 부결되었는데, 부결된 주요 이유로는 기존 복지 축소에 대한 반감과 기본소득 실시로 인한 이민자의 대량유입에 관한 우려 등이 꼽혔다.

개발도상국에서도 기본소득 관련 사업의 사례들이 다수 발견된다. 나미비아에서 실시한 기본소득 시범사업은 범죄율 감소, 최하위계층의 근로소득 증가 등 긍정적인 효과가 다수 있는 것으로 결론이 난 바가 있다. 우간다, 케냐에서는 민간 자선단체가 '직접 주라(Give directly)'라는 이름으로 기본소득을 지급하였고 효과가 일부 인정되었다. 인도 마디아 프라데시주에서의 기본소득 시범사업도 유사한 결과를 낳았다. 기본소득 성격의 정책이 시범사업을 넘어 광범위한 제도 시행으로 이루어진 경우로 브라질에서 룰라 대통령 임기에 실시한 기본생활비 지급 정책인 '보우사 파밀리아(Bolsa Familia)'를 들 수 있다. 자녀 학교 등교와 백신 접종을 조건으로 지급되었는데, 많게는 5,500만 명이 수혜를 입은 제도로서 브라질의 빈곤을 절반으로 감소시키고 교육참여율을 증가시켰다는 평가를 받는다. 한편, 빈민들의 국가에 대한 의존성을 높였다는 반대 의견도 상존한다. 우리나라에서는 성남시에서 청년 배당의 명목으로 분기별 12.5만 원 어치의 상품권을 지급하였다. 경기도에서는 도내 만 24세 청년으로서 3년 이상 계속 거주한 경우 또는 합산 10년 이상 거주한 경우에 1인당 분기별 25만 원의 청년기본소득을 지역화폐로 지급하고 있다. 2021년 10월부터는 경기도 일부 시·군에서 농민기본소득의 이름으로 1인당 분기별 15만 원을 지급하고 있다.

최근에 목도되는 기본소득의 사례들은 주로 개발도상국 혹은 복지수준이 상대적으로 낮은 자유주의 복지체제에 속하는 나라에서의 경험들이다. 흥미롭게도 북유럽 등 사민주의와 보수주의 복지국가 등 대부분의 수준 높은 복지국가에서는 기본소득에 관한 관심이 거의 없다. 복지국가가 양적·질적으로 발달한 선진 복지국가에서는 대부분의 국민이 현행 사회보장에 대한 만족도가 높아서 기본소득이 들어설 여지가 상대적으로 적기 때문이라고 할 수 있다. Esping-Andersen에 의하면, 서구의 복지국가는 영미권의 자유주의, 대륙유럽의 보수주의, 북유럽의 사민주의로 구분된다(Esping-Andersen, 1990). 자유주의 복지국가는 빈자들에 대한 공공부조를 중심으로 하기에 국내총생산(Gross Domestic Product: GDP) 대비 복지지출의 크기가 다른 두 유형에 비해 낮은 20% 선을 기록한다. 대륙유럽의 보수주의 복지국가는 노동시장에서의 성과에 복지가 연동되는 사회보험을 위주로 발달하였으며 상대적으로 현금복지의 소득대체율이 높다. 북유럽 복지국가는 전 국민을 대상으로 하는 아동수당과 기초연금 등 사회수당과 보편적 사회서비스

복지가 발달했다. 보수주의와 사민주의 복지국가는 GDP 대비 복지지출의 크기가 30%를 상회한다.

복지자본주의의 난제와 기본소득

기본소득은 4차 산업혁명에 의한 노동의 종말, 가부장제의 온존으로 인한 노동시장에서의 양성 불평등과 그로 인한 여성들의 결혼과 출산 보이콧, 복지국가조차 해결할 수 없었던 소득 격차와 불평등의 해결책으로서 스스로의 정당성을 확보하고자 한다. 수정자본주의로서 자본주의를 근본적으로 고칠 수 없는 복지국가의 태생적인 한계를 보면 모두가 평등한 세상을 향한 진보 프로젝트로서 기본소득이 복지국가의 유일한 대안이라는 것이다. 복지국가에 대한 장엄한 도전으로서 기본소득을 상정한다면, 복지국가가 진작 풀었어야 할 자본주의의 난제들이 무엇이었는지 그 실체부터 들여다볼 필요가 있다.

기본소득 논쟁을 보면, 복지국가가 풀어야 할 자본주의의 난제들 중 대표적인 세 가지는 고용격차와 노동의 종말 혹은 고용 없는 성장, 양성격차와 남성과 여성에 불평등한 노동시장, 소득 및 자산 격차와 불평등을 들 수 있다. 이 중에서 먼저 고용 없는 성장 문제부터 들여다보자. 오일쇼크 이후 세계 경제는 혁신이 관건이 되었고, 혁신은 자동화와 지식 중심 경제로의 체질 전환으로 대표된다. 1973년과 1979년 두 차례에 걸쳐 발생한 오일쇼크는 서구 자본주의의 작동 방식을 크게 변모시켰다. 이전에는 기름값을 서구 메이저 석유회사들이 좌지우지하면서 생산비용에서 에너지 가격이 그

다지 높지 않았다. 양차 대전 이후 서구 국가들이 자본주의의 황금
기를 구가하는 동안 벌어들인 엄청난 부는 복지국가 확대 과정에
서 상당 부분 노동계급의 임금으로 지급되었고, 이른바 노동계급
의 중산층화가 속속 진행되었다. 계급 타협이 가능할 정도로 확보
된 이윤이 있었기에 가능한 일이었다. 하지만 오일쇼크 이후에는
상황이 180도 달라진다. 이제 생산비용에서 에너지비용이 차지하
는 상대 비중이 치솟게 되었고, 기업들이 제어할 수 있는 생산비용
은 노동비용의 절감밖에 남지 않게 된다. '혁신'이라는 아름다운 이
름으로 포장되었지만, 기술 중심의 지식산업화와 첨단산업화의 실
상은 생산라인에서 값이 비싼 인간의 노동을 기술로 대체하는 자
동화였다. 그 결과는 전반적인 노동수요의 축소와 노동계급의 축
소였다. 고용 없는 성장이라는 노동의 종말 현상이 시작되었고, 다
른 한편에서는 고학력·고기술 노동자 그룹과 저학력·저기술 노
동자 그룹 사이에 본격적인 계급의 분화가 발생하게 된다. 정규직
과 비정규직 혹은 프레카리아트 사이에 발생한 노동시장에서의 격
차는 사회보장 사각지대의 확대 재생산으로 이어지게 된다. 이러
한 일은 특히 사회보험 시스템을 위주로 사회보장을 마련한 복지
국가들에서 더욱 문제가 되었는데, 사회보험은 노동시장에서의 성
과를 고스란히 반영하는 방식으로 설계된 것이기 때문이다.[6]

---

[6] 사회보험은 사회수당이나 공공부조, 사회서비스와 달리 노동시장 참여자들이 각자
의 소득에 따라 사회보험료를 내고 나중에 실업이나 은퇴로 인한 소득상실을 겪을 때
각자의 기존 사회보장 기여도에 비례하여 급여를 보장받는 시스템이다. 노동시장에
서의 승자가 복지에서의 승자가 되는 이른바 '보수주의적' 제도가 바로 사회보험이다.
비정규직이나 프레카리아트의 경우에는 애초에 사회보험에서 배제되는 경우가 적지
않아, 이들 그룹이 노동시장에서 참여하는 비중이 커지면 사회보험 사각지대는 자연
히 증가하는 경향이 있다.

고용 없는 성장과 그로 인한 사회보장 사각지대의 확대 문제는 4차 산업혁명에 의해 점점 더 큰 문제로 이어지고 있고 앞으로도 그럴 소지가 다분해 보인다. 우리나라에서는 이세돌이 알파고에게 패배하면서 기술에 의한 인간노동 대체 문제가 곧 다가올 미래의 사회문제로 크게 부각되기도 했다. 노동을 대체하는 방식으로 기술 발전이 지속될 경우, 소위 특이점(singularity)[7]을 넘는 순간 사실상 인간의 노동을 자본주의 작동 과정에서 불요불급한 잉여로 전락시킬 공산이 있다. 이른바 노동의 종말 혹은 '고용 디스토피아(dystopia)'[8]에 관한 암울한 논리적 전망이다.

인간 노동이 잉여가 되어 버리는 특이점 이후의 세상에서는 우리가 익숙한 복지국가는 더 이상 존재할 방도가 없다. 노동시장에 참가하는 사람이 줄면 소득활동을 이어 가는 사람이 줄어드는 것이다. 소득이 있는 사람의 수가 줄면 납세자의 숫자도 동시에 줄어든다. 소득이 없거나 부족한 사람이 늘어나면 복지수급자는 늘어만 갈 것이다. 세금 낼 사람은 적어지는데 세금으로 먹여 살려야 하는 인구는 늘어 가면서 사회보험을 필두로 한 복지 사각지대는 확대일로를 걷게 될 것이고, 장기실업자가 빈곤층으로 전락하는 순간에 세금으로 감당해야 할 공공부조의 대상자는 폭증할 것이 예상된다. 국가복지가 있어야 먹고 살 수 있는 사람이 폭발적으로 늘어나는데 사회보험료나 세금을 낼 사람은 줄어드는 상황, 신좌파가 말했던 복지국가의 재정 위기가 현실이 되는 순간이다.

노동시장에 참여하지 못해 복지로 근근이 생활을 영위하는 사

---

7) 특이점이란 인공지능이나 로봇의 능력이 인간의 능력을 초월하는 순간을 말한다.
8) 디스토피아(dystopia)는 유토피아(utopia)의 반대말이다.

람이 늘면 인공지능과 로봇이 만들어 내는 상품을 제대로 소비할 사람들도 줄어들게 되고, 결국 기업들도 버티기 힘든 지경에 이를 수밖에 없게 된다. 노동비용을 줄이거나 노동조합 상대가 귀찮아 자동화 혁신을 추진하는 기업들은 매우 합리적인 선택을 하고 있는 것이지만, 그러한 선택의 장기적인 결과는 소비자의 실종이자 기업들의 도산밖에 없다. 자본주의 첨병들이 모여서 자본주의의 영속적인 발전을 논의하는 다보스포럼에서 4차 산업혁명으로 인한 고용 디스토피아 문제가 논의되거나, Elon Musk, Mark Zuckerberg 등 글로벌 IT 거인들이 기본소득을 거론하는 이유가 바로 고용 없는 성장, 노동의 종말이 야기할 궁극적인 결과로서 '소비자의 실종' 문제이다. 기본소득이라도 지급해야 소비가 유지되며, 소비가 없이는 기업이 더 이상 존재할 방법이 없는 것이다.

[그림 1-1]은 4차 산업혁명의 진전에 따라 진짜로 고용이 사라질 것인지를 추계한 결과이다(서용석 외, 2017). 기술 발전의 속도가 빠를 경우와 점진적일 경우, 정부의 대응이 적절할 경우와 부적절할 경우를 상정하면 전환(transformation), 과도(transition), 위기(crisis), 붕괴(collapse)라는 네 가지의 시나리오가 가능하다. 예측 결과, 네 개의 시나리오는 사실상 크게 둘로 갈린다. 어느 정도 선방하는 경우와 '폭망'하는 경우의 두 가지가 그것이다. 기술 발전 속도가 아무리 빨라도 정부가 제대로 대응하면 선방이 가능하다. 교육, 고용, 복지 차원에서 정부 대응이 부실하면 기술 발전 속도와 별 상관 없이 고용 디스토피아가 현실이 된다. 이 연구 결과가 시사하는 점은 정부 대응에서 소득보전뿐 아니라 교육, 고용, 복지 등 다차원적인 면에서 적절한 수준의 예산 투입이 필요하다는 사실이다. 기본소득만 준다고 해서 고용 디스토피아로 가는 길은 막을 길이 없어 보인다.

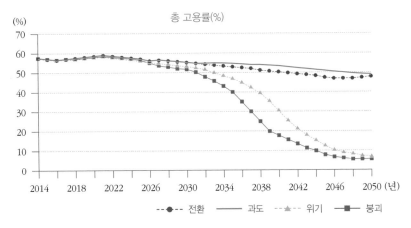

[그림 1-1] 시나리오별 고용률 예측값

자료: 서용석 등(2017)을 재구성.

복지국가의 역할과 관련된 두 번째 자본주의의 난제는 양성 격차 문제이다. 자본주의는 그 이전부터 작동해 온 가부장주의 (patriarchy)와 결합되어 발전하면서 노동시장에서의 양성 불평등 을 고착시켜 왔다는 비판을 받는다. 자본주의의 사상적 토대가 되 는 자유시장경제의 원칙은 공정한 시장 참여와 경쟁이다. 하지만 지난 시기 우리가 목도한 자본주의는 다양한 방식의 불공정 현상 을 노정하였고, 특히 노동시장에서 양성 간 불평등한 구조의 온존 이라는 면은 서구 선진 자본주의도 상당 기간 몸살을 앓았던 분야 이다. 정치적 차원에서 벌어지는 젠더 갈등의 문제는 차치하더라 도 자유로운 시장경제가 제대로 굴러가기 위해서는 남자건 여자건 개인의 역량을 최대화할 수 있어야 하며, 이를 위해서는 모든 시장 참여자의 자유와 게임의 공정성이 실질적인 토대로 작동해야만 한 다. 서구 선진 복지국가들이 이 문제를 풀기 위해 다양한 방식의 노 력을 경주하였고, 북유럽을 위시한 몇몇 복지국가에서는 가부장적인 노동시장의 질곡을 풀어내는 방향으로 사회보장 개혁을 추진해 왔다. 남성에게 유리한 사회보험보다는 여성의 일자리이자 고학력 여성들의 노동시장 참여를 가능케 해 주는 돌봄 관련 사회서비스에 힘쓰고, 여성들의 시장 참여를 독려하는 방향으로 가구 단위보다는 개인 단위 과세로 조세시스템을 수정하며, 가사노동의 민주적 분담이 유리한 방향으로 사회보장 프로그램을 설계하는 등 복지국가를 잘만 쓴다면 노동시장 양성격차와 그로 인한 저출산 문제 정도는 해결이 가능했다는 것이 그러한 나라들의 공통된 경험이다. 복지국가는 하나의 종류가 아니며 어떤 전략을 택하는가에 따라서 노동시장의 양성격차와 저출산 문제의 해결 가능성이 결정된다는 사실, 반드시 기억해야 할 복지국가 개혁의 교훈이다.

한국의 상황을 보면 노동시장에서의 양성 불평등 문제 때문에 발생하는 다양한 사회문제가 속속 수면 위로 부상해 왔고 저출산 문제를 정점으로 이제는 임계점에 도달했다고 진단할 수 있는 지경이다. 자유로운 시장경제의 원칙, 자본주의의 원래 정신에도 위배되는 가부장주의의 지속은 한국 사회에서 여성들이 출산과 결혼을 보이콧(boycott)하게끔 만드는 원흉이다. 한국 경제가 지난 시기 구가한 눈부신 경제발전은 사람들이 열심히 일하도록 만드는 데 성공해서였다는 것이 정설이다. 문제는 개발도상 단계에서의 성장과 선진국 도약을 위한 성장의 전략이 달라야 한다는 사실인데, 복지국가를 효과적으로 활용하지 않고서는 이를 풀어낼 묘수가 별로 없다는 점에서 우리의 고민은 시작된다. 미국 등 나름대로 부존자원이 풍부하고 국제 정치 면에서 상당한 영향력이 있어 국제경제의 전반을 좌지우지할 수 있는 몇몇 나라를 빼고는 선진국으로 도약하거나 선진국 경제를 유지할 방도가 복지국가를 활용한 인적

자원의 고도화 외에 없다는 사실도 직시해야만 한다. 가부장 문화와 얽힌 양성 간 불평등한 노동시장의 방치는 사람밖에 자원이 없는 나라에서 '인적자원의 절반'을 홀대하는 이상한 문화현상이자 한국 경제의 도약을 위한 과정에서의 커다란 걸림돌로 작용한다. 고도성장기 한국에서의 인적자본 투자는 남성 위주로 전개되었다. 이른바 '우골탑(牛骨塔)'으로 불렸던 50여 년 전 한국의 대학 교육. 당시에는 자식이 여럿이더라도 아들 위주로 진학 자금을 대 주었고, 딸들은 교육투자에서 상대적으로 소외되었다. 한정된 자원으로 남성들에 집중투자한 결과, 남성들의 인적자본은 올라갈 수 있었고, 여성들은 노동시장에의 공식적 참여 대신 가사를 돌보며 내조하는 방식으로 가정경제와 국가경제가 유지되었다. 경제적으로 계산하자면 모종의 양성 간 분업이 이루어졌던 것이고, 개발경제 단계에서는 인적자본 투자를 생산으로 회수하는 데 일정 정도 효과가 있었던 것이 '가부장적 교육투자'의 전략이었다고 할 수 있다. 이 과정에서 여성들이 받은 차별은 문화적으로 당연시되었지만, 지금의 관점에서 보자면 눈물겨운 역사가 아닐 수 없다.

　국가경제가 고도성장을 거듭하면서 개별 가구의 소득과 자산도 차곡차곡 올라갔다. 이제 아들만 대학에 보내고 딸들은 못 보내는 상황은 연출되지 않는다. 여성의 대학진학률이 남성의 대학진학률을 추월한 지도 오래되었다. 그럼에도 불구하고 지난 시기 한국의 노동시장을 지배했던 가부장적 관행은 여전한 것이 현실이다. 문제는 과거 개발도상을 위한 고도성장기의 양성 불평등에 대해 현재 세대의 여성들이 동의할 수 없다는 점에서 시작된다. 과거 성장으로 복지까지 해결할 수 있었던 탓에 한국의 복지국가는 다른 선진국들, 예컨대 경제협력개발기구(Organization for Economic

Cooperation and Development: OECD) 회원국들과 비교할 때 명실상부 '작은 복지국가'에 머물고 있고, 이 문제 해결에 동원할 복지국가의 자원이 태부족한 현실이다. 주요국과 비교해 보면, 우리나라의 여성 경제활동참가율은 전형적인 M자형을 보인다. 대략 20대 중반에서 40대 중반까지의 여성들은 노동시장에서 물러날 확률이 다른 선진국과 비교할 때 상대적으로 높은 상황이다. 저학력·저소득 계층의 여성들이 생계 때문에 노동시장에 머무는 한편, 고학력 여성들은 경력 단절을 선택하는 상황에 내몰리는 것이 우리의 현실이다. 여성 경력 단절의 원인은 주로 양성 간에 불평등한 노동시장과 여전히 작동하는 가족 내 가부장 문화 때문인데, 작은 복지국가의 한정된 예산으로 이 문제를 풀어내지 못하는 것이 한국의 현실이다. 특히 젊은 층으로 갈수록 기존 가부장문화를 수용하지 않는 경향이 농후한 상황에서 어머니 세대가 겪었던 노동시장과 가족관계에서의 불합리한 차별에 그들이 출산과 결혼을 회피하는 것은 개인 차원에서는 합리적 선택의 일환이라 볼 수 있다. 그들에게 투입된 교육투자가 노동시장에서 회수될 수 있다는 점에서는 국가적으로도 나쁘지 않은 일일 수 있다. 문제는 여성들의 출산과 결혼 보이콧 현상이 세계적으로도 낮은 출산율로 이어지고 있다는 점이다. 이는 국가 경제의 지속에 적색 신호등으로 작동한다는 면에서 바람직하지 못한 현상이다.

기본소득론자들은 누구에게나 보편적으로 주어지는 기본소득이 노동시장에서 차별받는 여성들에게 상대적으로 더 유리하다고 주장한다. 가정 내 돌봄노동이라는 무급노동에 대한 대가의 제공으로서 여성의 경제적 자립 가능성을 높이며 궁극적으로 양성 평등에 기여할 것이라 말하기도 한다. 하지만 이러한 방책은 여성들의

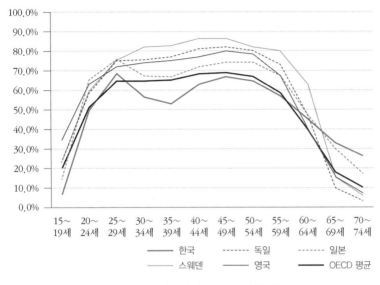

[그림 1-2] 연령대별 여성 노동시장 참가율

자료: OECD Statistics.

노동시장 참여를 증진하는 효과가 없거나 저소득층 여성들의 노동시장 참여를 낮추는 방향으로 영향을 미칠 공산이 크다. 기본소득은 남성은 일하고 여성은 가사를 돌보는 식과 같이 가정 내 성별분업에서 양성 간의 다른 선택을 이끌어 낼 가능성이 높다. 이는 기존의 가부장적 관행을 고착화하는 결과로 이어지게 된다. 노동시장에서의 양성격차를 완화하는 데 성공한 나라들이 돌봄과 관련된 사회서비스를 주요 기제로 삼았던 점, 사회보험 등 혜택에서 '아빠 육아 휴직' 등 가사 분담을 촉진하는 정책을 개혁의 도구로 활용한 점 등 기존의 복지국가를 통해 이 문제를 풀어낸 경험이 축적된 상태에서 기본소득이 복지국가보다 낫다는 주장은 공허해 보인다.[9]

9) 물론 상당한 수준의 기본소득이 복지국가를 전면 대체한다면 또 다른 시나리오가 가

가장 오래된 자본주의의 난제는 소득 격차 문제이다. 불평등, 양극화, 빈곤 등 어떤 방식으로 표현하건 간에 복지국가가 전통적으로 해결하려 했으면서도 계속되고 있는 자본주의의 그늘이다. 이제 이 문제는 4차 산업혁명으로 인한 일자리 종언으로 나날이 심화될 것으로 예상된다. 기술혁명의 와중에 우리는 슈퍼리치의 출현과 계층 상승의 종언을 목도하고 있으며, 중산층의 감소 또한 진행 중인 것이 작금의 현실이다. 과학기술의 혜택이 소수에게 집중해서 귀착되는 현상은 금전적인 차원을 넘어 의료 분야에서도 이미 진행 중이다. 예컨대, 부유하면 더 건강하게 오래 살고 가난하면 아프다가 더 빨리 죽는다. 의학기술의 혜택으로 암을 치료할 수 있게 되거나 다른 질병을 쉽게 고치게 되더라도 그러한 기술 결과를 구매할 수 있는 계층은 소수에 그치게 된다. 장기적으로는 전 인구에 그러한 혜택이 퍼질 수 있을 만큼 가격 하락이 있을 수 있겠지만, 상당한 시간 동안 그러한 건강 불평등은 현실의 격차로 진행될 수밖에 없는 것이 자본주의이다. 다시 금전적인 빈부격차 문제로 돌아가서 우리의 논의를 단순화하더라도, 현재 진행 중인 4차 산업혁명 발(發) 고용 없는 성장의 문제는 우리가 아는 복지국가에 이중위험(double jeopardy)으로 전개될 것이 분명하다. 특이점을 넘어 인간의 노동이 잉여화되면 실업자는 늘어나게 되고, 대량실업의 장기화는 대량빈곤으로 이어진다. 이로 인한 첫 번째 쇼크는 복지지출의 급증이다. 실업과 빈곤은 납세자와 소비자의 감소를 유발하고, 소비자의 감소는 기업수익 악화와 법인세 감소를 결과하여 복

능할 것이다. 하지만 이러한 방향으로의 변화가 적어도 단기간 내에 가능하다고 보기에는 무리가 따른다.

지국가 재정 위기를 잉태한다. 이른바 복지국가의 재정 위기라는 두 번째 쇼크이다.

이러한 예측 속에서 기본소득론자들은 로봇세나 국토세 등을 걷어 노동과 상관없이 생활이 가능한 수준의 기본소득을 지급하면 된다고 주장한다. 단순한 논리적 추론으로는 쉽게 맞아떨어지는 방책이라 여겨진다. 하지만 조금만 더 주의를 기울여 따져 보면 과연 기본적인 생활이 가능할 수준의 기본소득 지급을 국가가 감당할 수 있을 것인지부터 노동의 종말에 따른 실업발 불평등과 재정 위기의 디스토피아가 절대로 피할 수 없는 현실인지와 관련된 여러 가지 전제조건에 대한 의구심이 증폭된다.

결론부터 말하자면, 노동의 종말로 표현하건 일자리 없는 성장으로 표현하건 기본소득론자들이 상정하는 이러한 상황의 전개가 불확실한 예상이거나 성급한 전제일 수 있다는 사실이다. 최악의 상황을 전제해서 기본소득을 전가의 보도인 듯 말하는 것보다는 최악의 상황을 회피할 방법부터 찾는 것이 대책 마련의 합리적인 순서라 여겨진다. 노동의 종말 혹은 인간 노동 잉여화라는 디스토피아적 미래 예측의 타당성에 관해 말하자면, 정부가 제대로 역할을 할 수 있을 것인가의 여부에 따라 상이한 미래 시나리오 설정이 가능하다. 정부 역할의 견지에서는 산업 정책과 복지 정책의 방향성 두 가지가 중요해 보인다.

먼저, 4차 산업 전략을 위한 연구개발 투자 전략은 크게 두 가지의 선택이 가능하다. 그중 하나는 기술에 의해 노동생산성 향상이 높아지지만 다른 한편에서 노동수요가 감소하는 '노동대체형' 전략이 있다. 다른 하나는 동일한 수준의 기술이지만 인간을 돕고 인간과 협업하는 방향으로 개발이 추진되는 '노동보조형' 전략이다. 전자의 대표적인 예는 인간형 완성체 인공지능 로봇이고, 후자의 예로는 웨어러블 로봇(wearable robot)이나 협업형 인공지능(weak AI)을 들 수 있다.

　민간 부문의 연구개발을 정부가 마음대로 할 수는 없겠지만, 적어도 세금에 기반한 정부 연구개발비의 경우 노동보조형 기술에 집중해서 투자하는 것이 옳아 보인다. 노동자들이 낸 세금으로 노동자들의 일자리를 앗아 가는 노동대체형 기술에 정부가 투자하는 것은 그 자체로 아이러니한 일이다. 시장에 대한 규제를 풀어 민간 기업들의 연구개발은 노동보조형이건 노동대체형이건 개별 기업의 자유로운 판단으로 세계와 경쟁할 여지를 주어야 한다. 정부는 4차 산업 기술혁명의 결과로서 시민들의 일자리 감소 폭을 줄이는 방향으로 연구개발을 지원하고 구현된 상품을 구매하는 등 인간협업형 산업을 활성화하는 방향으로 세금을 써야 한다. 치매나 중증질환 노인을 돌보는 요양기관 종사자들은 엄청난 육체노동에 시달린다. 이들에게 정부 연구개발로 구현된 웨어러블 로봇을 복지예산으로 지원하는 경우를 생각해 보자. 몇 달 일하면 '허리가 나가서' 일을 못할 정도의 중노동을 없애는 효과가 있을 것이고, 돌봄 종사자들이 몸이 편해야 노인들에게 따뜻한 웃음과 말을 건넬 여유가 생길 것이다. 복지국가로 유명한 스웨덴에서는 산업안전 규제와 함께 각종 인간공학적 산업용구, 사무용가구 등에 연구개발을 지원했고, 다양한 관련 상품을 정부 구매를 통해 산업현장에 구현했었다. 이제는 그러한 복지기술의 노하우가 전 세계인들이 비싼 돈을 주고 선뜻 구매하는 산업용품과 가구산업의 활성화로 이어졌고, 복지기술에 대한 투자가 한 나라의 먹거리 산업으로 성장하는 사례로 기억되고 있다.

산업 정책, 특히 정부 연구개발의 방향성 외에도 4차 산업혁명의
기술 발전이 초래하는 노동의 종말을 막을 방책은 복지 정책의 방
향성에서도 찾을 수 있다. 흔히 복지국가가 마치 하나의 종류인 것
처럼 오해하는 경우가 많지만, 현실에서 작동하는 복지국가는 나
라별로 사뭇 다르다. 학자에 따라 여러 가지 구분법이 있으나, 여기
서의 논의와 관련된 것은 복지지출의 구성이 현금복지 위주로 되
어 있는 경우와 서비스복지를 함께 강화하는 경우로 대별되는 복
지국가 전략의 차이이다. 선거에서 인기가 있는 현금복지에 치중
하는 대표적인 유형은 남유럽형 전략인데, 이 유형에서의 경제적
성과, 특히 고용 관련 성적표는 좋지 못하다. 서비스복지 전략으
로 유명한 경우는 북유럽 복지국가들이며, 근자에는 독일이 과거
의 현금복지 우선 노선에서 벗어나 서비스복지를 강화한 것으로
잘 알려져 있다. 고도로 발달하는 기술혁명 속에서 선진경제의 필
연적 운명인 '노동의 종말', 이에 대응하기 위해 고용친화성이 높은
사회서비스 중심으로 복지를 구조조정하는 이들 복지국가의 고용
성적표는 다른 나라들에 비해 우월하다. 동일한 조건을 상정할 경
우, 복지를 현금으로 주는 것에 비해 서비스로 주는 경우에서 고용
성적표가 훨씬 낮다는 것이 사회정책학의 관찰 결과라면, 대표적
인 현금복지인 기본소득을 주장하는 것은 한편으로 성급하거나 다
른 한편으로 논리적이기 힘들다.

　　노동의 종말이 불가피한 미래인지 여부나 노동중심성에 관한 논
란 이외에도 기본소득은 현금복지의 단점을 고스란히 담고 있다.
소득효과에 따른 근로동기 침해가 대표적인 문제일 것이다. 공공
부조와 같이 빈곤층에 집중하는 전통적 복지도 실업의 덫을 유발
하므로 선택의 문제일 뿐이라는 반론이 있기는 하지만, 근로장려

세제(Earned Income Tax Credit: EITC) 등 일할수록 유리한 수정전략이 가능하다는 점도 기억할 만하다. 기본소득을 할 수 있는 규모의 재정 투입이라면 사회적으로 가치 있는 보육, 교육, 간병 등 여러 분야에서 사회서비스 일자리를 만들어 낼 수 있음도 주지할 만하다. 그리고 이러한 분야의 일자리는 사회경제적 취약계층이 상대적으로 용이하게 노동시장에서 기회를 확보할 수 있는 것들이기도 하다. 보편적 기본소득은 실질적 사각지대를 해소하는 효과가 적고 최하계층보다는 중산층 이상에 유리하여 자본주의의 난제로서 불평등을 완화하기 힘든 것으로 표적효율(target efficiency)이 낮은 방책이다.

현금복지와 서비스복지

자본주의를 수정해서 성장의 과실을 골고루 나누는 방향으로 발전한 국가들을 복지국가라고 하는데, 많은 경우 복지국가의 지출만을 가지고 복지국가의 선진과 후진을 나누는 경향이 크다. 하지만 비교사회정책학의 많은 연구가 시사하듯 복지국가는 구체적인 사회보장정책의 방향성과 구성에 따라 다양한 종류로 나뉜다. 결론적으로 말하자면, 복지국가는 크기도 문제이지만 구성이 더 중요한 문제이다. 자본주의의 난제를 풀고 지속 가능한 복지자본주의를 만들기 위해 우리가 작성할 설계도가 크기보다 구성에 집중해야 할 이유이다.

복지국가 구성의 방향성 설정에서 주목해야 할 것이 앞에서 말한 바와 같은 현금복지와 서비스복지의 적절한 활용이다. 복지국가 발전 과정의 초기에는 주로 연금이나 실업급여 등 완전고용 노동시장을 전제로 한 소득보장이 주안점으로 부상하면서 주로 현금복지를 중심으로 한 지출 증가가 이루어졌다. 하지만 세월이 지나면서 완전고용의 목표가 희석되는 상황이 전개되었고 새로운 사회위험들이 복지국가의 과제로 떠오르게 되었다. 고용 없는 성장, 노동시장의 양성격차, 새로운 불평등과 빈곤을 풀어내는 데 현금복지보다는 서비스복지가 더 효과적이라는 경험이 부가되기도 하였다.

　새로운 사회위험들이 등장하자, 복지국가의 사회보장 시스템은 일반적인 현금성 소득보장 정책에 더하여 보육, 교육, 고용, 간병 등 사회서비스 방식으로 제공되는 다양한 생활보장 정책이 속속 필요하게 되었다. 오일쇼크 이후 전개된 복지국가의 사회보장 개혁에서 현금이전 프로그램과 사회서비스 프로그램을 어떠한 방식으로 재구성하는가가 관건이 되었고, 양자 간 최적의 조합을 찾은 나라들의 경제사회적 성적표가 더 좋은 것으로 나타났다. 현금복지에는 연금이나 실업보험 등 현금성 사회보험 급여, 빈자들을 대상으로 한 공공부조 급여와 함께 특정 인구학적 범위에만 들면 제공되는 아동수당이나 기초연금 등 사회수당이 포함된다. 서비스복지에서는 노인, 아동, 장애인 등에 대한 돌봄 문제, 학령기 아동·청소년의 교육 문제, 청장년기의 주거 문제와 고용 문제, 전 국민을 위한 보건의료 문제 등의 해결을 위한 공공서비스가 주요 분야로 발달하였다.

　주류경제학의 전통에서는 현금급여와 사회서비스가 동일한 욕구에 대한 기능적 등가물이며 되도록 현금으로 지급하는 경우에 개인의 효용이 극대화된다는 인식을 공유한다. 오일쇼크 이전에 발전한 복지국가의 사회보장이 현금복지 방식의 소득보장에 치중된 이유 중 하나일 것이다. 새로운 사회적 위험을 현금복지만으로 풀 수 없다는 지적과 현금복지가 복지병이나 유럽병을 잉태한다는 신자유주의적 반감 속에서 20세기 말부터 전개된 복지국가의 개혁 과정은 나라에 따라 크게 두 가지 길 중의 하나를 택하는 방식으로 이루어진다. 하나는 복지병의 원흉인 현금복지를 축소하는 전략이 다. 실업급여 조건의 강화, 대기기간의 연장, 각종 현금급여에서의 소득대체율 하향조정 등의 조치가 대표적인 개혁들이다. 다른 하 나는 현금복지의 합리적 저감과 함께 저학력층 일자리 창출 효과 가 크고 여성의 노동시장 참여를 제고하는 방향으로 각종 사회서 비스를 신설하거나 확대하는 개혁을 추진한 경우이다. 주류경제학 의 단순한 정리와는 달리, 현금복지와 서비스복지는 정치적, 경제 적, 사회적으로 상이한 결과를 보인다는 것이 비교사회정책 분야 경험연구들의 결론이다. 경험연구에 의하면, 사회서비스를 강조하 는 모형에서 자본주의 난제 해결을 위한 성과가 훨씬 좋다. 고용과 생산에 관한 경제적 효과만 보더라도 신자유주의 경제학의 유럽병 가설과는 달리 모든 복지가 경제에 악영향을 주는 것이 아니라는 사실이 쉽게 드러난다. 복지 중에서도 서비스복지는 실업률을 낮 추고, 고용률을 높이며, 특히 배운 여성들의 고용률을 확 높인다.

Esping-Andersen이 제안한 영미 자유주의, 대륙유럽 보수주의, 북유럽 사민주의에 더해 남유럽의 가족주의까지 네 가지의 상호 구분되는 전략에 관한 비교연구는 상당한 양의 증거들을 축적해 왔다(Esping-Andersen, 1990). 이들을 현금복지와 서비스복지의 측 면을 중심으로 비교해 보면, 서비스복지를 강화하는 전략의 우월 함이 확연히 드러난다(〈표 1-2〉 참조).

| 표 1-2 | 복지국가 전략 유형별 경제적 · 사회적 성과 |

유형*	총사회지출 (GDP%)	서비스복지 비중 (현금 대비)	성장률 (%)	서비스 고용 비중 (%)	고용률 (%)	여성 고용률 (%)	지니계수	빈곤율 (%)	합계출산율
영미형	19.5	1.1	2.1	26	60.1	55.0	0.37	22	1.75
북유럽형	25.6	1.1	2.4	36	64.5	62.4	0.27	16	1.70
대륙 유럽형	28.4	0.7	2.4	27	54.7	50.3	0.29	15	1.74
남유럽형	25.8	0.4	2.3	21	46.2	39.2	0.33	21	1.32
출처	OECD	OECD	세계은행	OECD	세계은행	세계은행	OECD	OECD	세계은행

* 영미형에는 영국, 미국, 대륙유럽형에는 프랑스, 독일, 북유럽형에는 스웨덴, 노르웨이, 남유럽형에는 이탈리아와 스페인 자료가 포함되어 있다.

영미형 자유주의는 자유시장을 강조하며, 시장의 역동성을 중요하게 여긴다. 고용과 복지에 관해 정부가 개입하는 것을 되도록 피하기에, 노동시장이 유연화되어 있고 기업들이 편하게 일자리를 만들어 낸다. 이 나라들의 국내총생산(GDP) 대비 사회지출은 다른 유형에 비해 낮은 편으로 약 20% 선이다. 25~30% 선에 이르는 다른 유형에 비해 작은 복지국가를 선호하는 것이 자유주의 복지 전략 유형의 특징이다. 빈곤층의 최저생계를 보장하는 공공부조 프로그램을 중요한 사회보장의 축으로 하며, 소위 선별복지의 대명사로 알려져 있다. 현금복지와 서비스복지의 상대 비중은 상당히 균형적으로 이루어지고 있는 유형이기도 하다.

대륙유럽형 보수주의는 현금복지를 위주로 한다. 실업이나 퇴직과 같은 분야에서 사회보험제도를 위주로 복지국가가 운영된다. 노동시장에서의 성공과 실패가 문제 발생 시점에서의 복지 혜택 수준으로 그대로 연결된다. 결과적으로 계층 질서가 보수적으로 유지되는 유형이라 보수주의로 불린다. 예전에는 노동조합의 강한 영향력하에 내부자·외부자 문제가 컸고, 그 결과 상당 수준의 노동시장 양극화에 시달리기도 했던 나라들이다. 하지만 독일을 필두로 거세지는 세계화 경쟁 속에서 노동시장 유연화를 위한 개혁과 함께 현금복지에서 서비스복지로의 전환을 도모하기도 하였으며, 덕분에 고용 상황과 복지 부담이 나날이 개선 중인 상황이다.

북유럽형 사민주의는 대기업과 공공 부문 노동조합의 대승적인 양보와 사회적 대타협으로 유명하다. 이를 통해 노동시장 참가자들이 공히 혜택을 누리는 노사평화를 구가한다. 기업은 노동조합과 합을 맞추어 일자리를 만들어 낸다. 보육, 교육, 고용, 보건, 간병, 양로 등 생애주기적으로 누구나 해결을 필요로 하는 사회문제에 대해 전 국민 대상의 서비스복지를 발달시킨 나라들이다. 그 덕분에 민간에서는 일부 노동수요의 감소가 이루어졌음에도 불구하고 사회서비스 일자리가 엄청나게 만들어져 일자리 저수지 역할을 톡톡히 할 수 있었다. 돌봄노동에서 벗어난 여성들, 특히 고학력 여성들이 경력 단절 없이 경제활동을 이어 가면서 생산성을 유지하는 유형이다.

남유럽형 가족주의는 도처에서 가부장주의가 만연하다. 남성들은 일하고 여성들은 가족 돌봄을 맡는 전통적인 성역할 구분이 특징적이다. 남유럽 국가들은 서구 복지선진국들보다 뒤처진 복지국가의 후발주자였으나, 최근 20여 년 동안 복지지출을 가파르게 올려 온 나라들이다. 하지만 추가로 확대된 복지지출 대부분이 사회보험 중심의 현금복지였고 그 결과 노동시장 승자가 복지급여의 승자가 되어 버렸기에 불평등 개선 정도는 상당히 미미하다. 독일 등 보수주의 국가들이 21세기 들어 가열차게 추진한 노동시장 개혁을 통해 시장 일자리를 늘리고 서비스복지의 확충을 통해 여성의 생산성을 활용코자 노력한 것과는 달리, 남유럽 국가들은 가족주의에 휘둘린 채 복지국가와 자본주의의 선순환 구조 만들기에는 관심이 없다.

네 가지 유형에 관한 비교사회정책학의 결론은 복지국가를 발달시켜야 불평등과 빈곤이 제어 가능하며 복지에 돈을 쓰더라도 사회서비스 방식을 강화하는 경우에 경제적 성과가 좋다는 사실로 모인다. 첫째, 복지국가를 키우면 복지병이나 유럽병에 빠질 것이라는 신자유주의의 주장과는 달리, 이들 국가군이 보이는 경제성장률은 2% 대에서 별반 차이가 없다. 상대적으로 복지국가가 작은 영미형의 성장률이 특별히 높지 않다는 점을 보면 복지병이나 유럽병 가설은 증거로 뒷받침되지 않는다. 복지국가의 구성을 서비스복지를 균형적으로 키우게 되면 복지국가와 경제성장의 선순환이 가능하다는 점도 기억할 만하다. 둘째, 고용과 관련된 지표들을 보면, 서비스복지의 비중이 큰 나라들의 성적이 확실히 좋다는 점이 발견된다. 북유럽형과 영미형의 고용률이 높고, 대륙유럽형과 남유럽형은 상대적으로 낮다. 여성고용률의 경우 북유럽형 62.4%, 영미형 55.0%, 대륙유럽형 50.3%, 남유럽형 39.2%로 나타나며, 전반적으로 서비스복지 비중과의 상관관계가 분명하다. 셋째, 복지국가의 크기가 작은 영미형이나 노동시장 승자에게 복지를 현금으로 몰아주는 남유럽형에서 불평등이나 빈곤 완화와 관련된 성적이 좋지 못하다. 복지국가의 확대 없이 자본주의의 오랜 난제인 불평등이나 빈곤의 개선이란 불가능한 일인 것이다. 넷째, 가부장적 문화가 온존하고 복지지출이 주로 남성들을 위한 현금복지로 이루어져 복지국가가 노동시장에서의 양성격차를 개선하지 못하는 경우에는 합계출산율이 낮아지는 경향을 보인다. 남성 중심의 노동시장과 현금복지를 고집하는 남유럽형의 합계출산율은 1.32명으로, 1.7명 이상인 다른 유형들과 비교할 때 홀로 낮은 수치를 보인다. 현금복지와 서비스복지의 구성상 차이가 결과하는 각종 경제적 · 사회적 성과를 보면, 서비스복지의 우월함이 돋보인다. 이러한 복지국가의 경험을 볼 때, 대표적인 현금복지인 기본소득이 자본주의의 세 가지 난제를 타개할 패러다임적 개혁 대안이 될 수 있을 것인가에 관해서는 회의적인 전망을 내놓을 수밖에 없을 것이다.

한국형 복지국가 전략, 소득 주도에서 일자리 주도로

복지국가로 발돋움하려는 한국의 경우 선진국들의 경험 속에서 실패는 최소화하고 성공을 극대화하는 방식으로 전략을 마련해야 한다. 자본주의의 난제들을 해결하기 위해서 복지국가의 대폭 확충이 필요하기는 하다. 하지만 현재 한국의 상황을 보면, 유럽 복지 선진국들과 같은 고부담 고복지가 쉽지는 않을 전망이다. 양차 대전 직후 자본주의의 황금기를 구가하면서 넉넉한 복지재원의 확보가 가능했던 상황과 달리, 지금 세계화 시대의 가열되는 경제 전쟁, 경제의 선진화 과정에서 이미 도달해 버린 저성장 국면, 그 와중에 개별 가계가 겪는 생활비 부담의 증가 속에서 과감한 증세를 통한 고복지국가로의 도약은 난망해 보인다.

한국 복지국가의 예산선은 이미 완성된 고부담 고복지 국가들에 비해 낮은 선에서 정해질 공산이 크다. 이렇게 보면 우리가 염두에

두고 추진할 복지국가 전략은 중부담 중복지의 복지국가가 현실적이다. 상대적으로 넉넉지 못한 예산상의 제약 속에서 선진국 경험의 공과를 넘어 자본주의의 난제들을 해결할 수 있도록 하려면 한국 사회보장 시스템을 사회서비스 중심으로 재편해야 한다. 결론부터 말하자면, 현금복지는 취약계층을 두텁고 촘촘하게 지원하는 데 집중하는 선별 전략이 필요하며, 전 국민을 대상으로 확대할 복지는 일자리 창출, 여성의 경제활동 참여, 인적자본의 고른 투자의 면에서 효과가 큰 서비스 방식으로 가는 것이 옳아 보인다.

현금복지가 소득효과에 따른 근로동기 약화를 낳기는 하지만 당장 생활상의 현금 부족에 시달리는 취약계층에게 우선지원하는 것은 국민적 동의를 얻기에도 용이하다. 특히 노인, 아동, 장애인 등 노동시장 참여를 통한 소득 확보가 불가한 사람들을 위한 추가급여를 도입하는 일은 근로동기 문제와 관계가 없기도 하다. 공적연금의 재정 안정화를 위해 특수직역 연금과 국민연금을 연동하는 방향으로의 개혁, 건강수명에 연동해서 건강한 노인의 노동시장 참여를 가능케 하고 연금 수급개시 연령을 상향하는 일도 필요해 보인다. 재정적으로 지속 가능한 연금개혁이 쉬운 일은 아니지만, 그에 관한 사회적 합의를 도출하는 것은 정치 본연의 과제라 여겨진다. 비정규직, 특수고용직, 플랫폼 노동자 등 노동시장의 '외부자'들을 위한 사회보험 사각지대 완화도 현금복지의 강화가 필요한 분야이다.

한정된 예산으로 자본주의의 난제를 잘 풀어낸 복지국가 전략은 단연 서비스복지를 강화하는 데서 찾을 수 있다. 서비스복지는 다른 분야에 비해 고용유발계수가 압도적으로 높아 고용 없는 성장의 시대에 줄어드는 일자리를 대신할 대표적인 일자리 저수지이다.

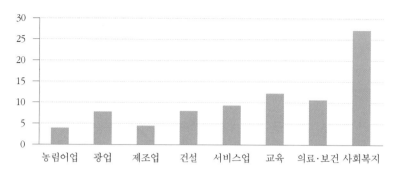

[그림 1-3] 주요 산업별 고용유발계수(2018년 기준)

자료: 산업연구원 산업통계 분석시스템.

　　사회서비스 방식의 보편복지 확대는 사회 정책의 기본 원칙으로
서 보편적인 필요에 대한 보편적인 사회문제 해결이라는 면에서도
정책적 타당성이 높아 보인다. 우리는 모두 생애주기에 따라 누구
나 겪는 생활상의 문제를 안고 산다. 개인이 풀어야 할 문제들은 각
자 해결하는 것이 자본주의 정신에 부합하기는 하지만, 어떤 문제
들은 개인의 힘으로 풀기 힘든 경우가 있고 사회가 공동으로 풀어
줄 경우에 얻어지는 추가적 이득이 큰 것들도 많다. 영유아기의 보
육 문제, 아동·청소년기의 교육이나 활동 문제, 청년기 입직이나
창업까지의 생활 문제, 중·장년기의 주거나 고용 문제, 노년기의
간병이나 의료 문제 등은 이미 개인의 책임을 넘어 사회화된 문제
들이다. 100세 시대 저출산이 한국 경제의 장래를 어둡게 하는 지
금의 상황에서 이러한 문제들을 복지국가가 보편적으로 해결하는
일은 그 자체로 논리적이다. 아동 돌봄과 집 마련, 경력 단절 등의
문제로 결혼이나 출산이 여성 개인의 질곡이 되는 사회, 집안 식구
의 병구완이나 돌봄이 가족의 늪이 되는 사회, 이러한 사회를 방치
하는 순간 한국의 미래를 담보하기는 어려워진다. 한국의 복지국

가를 생애주기적 필요에 대한 서비스복지를 전 국민에게 제공하는 방향으로 개혁한다면, 지금 우리 사회가 앓고 있는 자본주의의 난제들은 생각보다 쉽게 풀릴 공산이 크다. 소위 '집안일의 나랏일화'가 필요한 시점이다. 전 국민 대상의 필요 사회서비스 확대를 통한 포괄간호간병, 보육이나 교육 등 돌봄일자리의 사회적 확충은 가정 내 무급노동을 정규적인 사회적 일자리로 만드는 효과가 있고, 집안일에서 해방된 교육받은 여성인력의 생산성을 그들의 노동시장 참여 유지를 통해 고스란히 지켜 낼 방안들이다.

사회서비스 분야의 복지 기술(welfare technology)에 대한 정부 연구개발 투자로 기술을 구현하고 그렇게 만들어진 노동보조형 교육용 인공지능이나 요양보호사를 위한 웨어러블 로봇 등을 공공이 구매하게 되면 사회적 기술의 차세대 먹거리 산업화도 가능해질 수 있다. 돌봄 노동자들이 겪는 가장 큰 문제가 고강도 육체노동인데, 이러한 기술들은 사회서비스 노동자의 노동 강도를 줄이고 돌봄 대상자들과의 정서적 교감에 몰두할 시간을 남겨 주게 될 것이다.

기본소득이 패러다임이 되기에는 현재 진행 중인 자본주의의 수정개혁에 기회가 남아 있고 노동의 종말이 기본소득의 근본적 이유라면 아직은 때가 무르익지 않았다. 아직 우리에게는 4차 산업혁명과 복지국가에 관한 전략적 수정의 기회가 있는 것이다.

복지국가에 관한 비교사회정책학의 경험연구들이 시사하는바, 복지국가의 대안으로서 기본소득의 가능성에 관한 회의론에도 불구하고 결국 선택은 국민의 몫이요, 정치적으로 결정될 공산이 크다. 기본소득에 관한 국민 인식 조사 결과를 보면, 이에 관한 흥미로운 관찰들이 발견된다. 그리고 상황은 코로나 이후 전개된 전 국민 재난지원금 논쟁을 기점으로 반전되는 양상을 보인다.

표 1-3   기본소득에 관한 국민 인식(%)*

	매우 찬성	찬성	반대	매우 반대
한국 (근로 비연계 기본소득)	3.5	20.2	48.5	27.9
한국(기존 복지제도 유지)	2.1	19.4	53.4	25.1
한국(기존 복지 대체)	2.2	23.5	53.9	20.5
영국	5.8	44.5	38.0	11.7
프랑스	6.5	41.9	37.1	14.4
스웨덴	5.5	32.0	27.1	35.3
스페인	7.4	42.0	37.0	13.6

* 한국은 '사회정책 욕구 및 인식에 대한 조사'(서울대학교 사회정책연구그룹) 2018년 자료를 분석한 결과이고, 다른 나라들은 유럽사회조사(European Social Survey) 2016년 조사 자료를 분석한 결과이다(https://www.europeansocialsurvey.org).

코로나 사태 발생 이전까지 한국인들은 주요국과 비교 시 기본소득을 반대하는 성향이 높은 것으로 나타난다. 기본소득을 지지하는 경향성은 전 국민 정액급여에 익숙한 영국, 현금복지에 경도된 남유럽의 스페인이나 대륙유럽의 프랑스에서 높고, 스웨덴에서 낮게 나타난다. 이들 나라와 비교할 때 한국의 반대 응답은 어느 나라보다 높았던 것으로 확인된다.

2010년경 제18대 대통령 선거를 앞두고 시작된 무상급식 논쟁 국면에서 기본소득 찬성이 살짝 더 많았다가 이후 2018년까지 지속적으로 반대 의견이 증가하여 찬성 의견을 압도하는 양상을 보였다. 하지만 한국인의 복지 태도는 2018년과 2020년 사이 급반전을 보인다([그림 1-4] 참조). 코로나 사태 속에서 2020년 2분기에 지급되었던 전 국민 재난지원금이 하나의 주요 요인이라 여겨지는데, 그와 관련되어 기본소득이 이슈로 부상하면서 이후 2020년 조

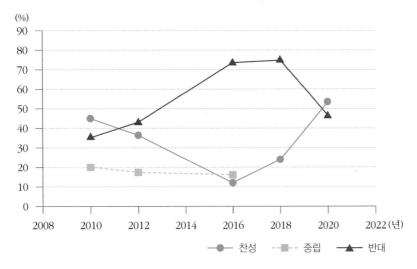

[그림 1-4] 기본소득 도입에 대한 한국인의 복지 태도

2006년부터 격년으로 실시된 '사회정책 욕구 및 인식에 대한 조사'(서울대학교 사회정책
연구그룹) 자료를 토대로 작성하였다. 이 조사는 성인 약 1,200명에 대한 전 국민 조사로
서 무작위추출을 전제로 한 표집오차는 95% 신뢰수준에서 ±2.8%이다. 1(동의)~5(반대)
로 응답이 이루어졌으나, 여기서는 찬성, 반대, 중립으로 요약하여 정리하였다. 2018년과
2020년 조사에서는 중립 항목이 빠져 추세선이 없다.

사에서는 찬성이 반대를 역전하는 것으로 나타났다. 재난지원금
의 성격상 1회성이라는 면에서 기본소득 본연의 의미와는 결이 다
름에도 불구하고 당시 논란이 되었던 전 국민 현금지급은 기본소
득과 연결되어 다수 기사화되고 정치권 논쟁으로 확산되는 과정을
경험하였다. 이러한 논쟁과 실제 전 국민 지급의 현실화 경험을 통
해 기본소득에 관한 국민적 반감이 줄고 찬성이 늘어난 것이라는
해석이 가능할 것이다.

기본소득에 관한 찬성 의견이 급상승한 한편, 재원 마련 방식에
관한 우리 국민의 의식은 대규모 재원 확보에 불리한 상황을 연출
하고 있다. 우리 국민들은 주로 법인세 인상이나 재산세 인상, 상속

증여세 등 부자 증세를 선호한다. 문제는 고부담 고복지 상황이 전
제가 되어야 할 기본소득 전략을 위해서는 소득세, 소비세 등 개세
주의(皆稅主義)로의 전환이 필요하다는 사실이다. 부자 증세의 세
수 증대 효과는 미미하다는 것이 기존 재정학의 정설인바, 모두가
함께 세금을 부담하고 모두가 함께 복지를 받는 복지체제로의 전
환을 위해서는 소득세 면세점 하향 조정, 소비세 세율 인상 등이 필
요하다. 우리 국민들은 기본소득과 같은 현금복지를 선호하지만,
이를 위한 재원 마련에 동참할 의지는 적어 보인다. 대안으로 생각
할 수 있는 것으로 국채발행 등을 통해 빚내서 하는 복지가 있다.
하지만 이러한 대안은 차세대에게 현세대의 복지 부담을 전가하는
것으로, 지속 가능하지 못한 방편이다. 결국 어떤 복지를 누구에
게 얼마나 줄 것인지, 또 이에 드는 국민 부담을 어떤 방식으로 재
구성할 것인지의 문제가 한국 정치의 중요한 과제라 여겨진다. 다
수제를 넘어 합의제 방식의 민주주의를 가동함으로써 지속 가능한
한국 복지자본주의를 만들어 내기 위한 시간이 우리에게는 별로

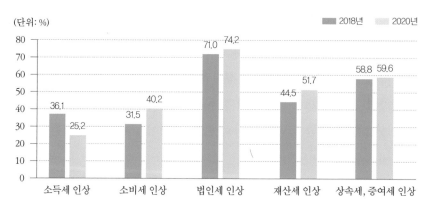

[그림 1-5] 복지 재원 부담 방식 선호도

자료: 서울대학교 사회정책연구그룹.

남아 있지 않다. 자본주의의 난제를 해결하고 지속 가능한 자본주의로의 수정을 위한 길에서 기본소득이 하나의 대안이 될 수 있을 것인지에 관한 논쟁은 사실상 이제부터 본격적인 시작일 것이다. 이에 관한 국민적 학습과 정치권의 합리적 토론, 그리고 좋은 복지국가 만들기에 관한 사회적 합의를 위한 일에 함께 나서야 할 이유이다.

참고문헌

박형준(2021). 4차 산업혁명과 기본소득의 미래 I: 기본소득 사상의 역사. 지식공유지대 웹사이트 자료실 https://www.ecommons.or.kr

서용석 외(2017). 지능정보사회 대비 사회정책 방안 연구. 한국정보화진흥원.

서울대학교 사회정책연구그룹(격년도). 사회정책 욕구 및 인식에 대한 조사. (비공개 자료).

윤홍식(2017). 기본소득, 복지국가의 대안이 될 수 있을까?: 기초연금, 사회수당, 그리고 기본소득. 비판사회정책, 54, 81-119.

Atkinson, A. B. (1996). The case for participation income. *The Political Quarterly, 67*(1), 67-70.

Esping-Andersen, G. (1990). *The three worlds of welfare capitalism*. Princeton: Princeton University Press.

Frey, C. B., & Osborne, M. A. (2013). The future of employment: How susceptible are jobs to computerisation? Oxford Martin School Working Paper. Oxford Martin Programme on Technology and Employment.

Friedman, M. (2002). *Capitalism and freedom*. Chicago: University of Chicago Press.

Kurzweil, R. (2007). 특이점이 온다: 인간은 기계가 되고 기계는 인간이 된다 [*Singularity is near: When humans transcend biology*]. (김명남, 장시혁 공역). 경기: 김영사.

More, T. (2009). *Utopia*. Indianapolis: Hackett Publishing Company, Inc.

Paine, T. (1984). *Rights of man*. New York: Penguin Books.

Piketty, T. (2020). *Capital and ideology*. Cambridge: Harvard University Press.

PwC (2017). https://pwc.blogs.com/press_room/2017/03/up-to-30-of-existing-uk-jobs-could-be-impacted-by-automation-by-early-2030s-but-this-should-be-offse.html

Raventós, D. (2007). *Basic income: The material conditions of freedom*. London: Pluto Press.

Schwab, K. (2016). *The fourth industrial revolution*. Geneva: World Economic Forum.

Standing, G. (2018). 기본소득: 일과 삶의 새로운 패러다임 [*Basic Income*]. (안효상 역). 경기: 창비.

Stiegler, B., & Kyrou, A. (2018). 고용은 끝났다, 일이여 오라!: 베르나르 스티글레르와의 대담 [*Emploi est mort, vive le travail!*]. (권오룡 역). 서울: 문학과지성사.

Van der Veen, R., & Van Parijs, P. (1986). A capitalist road to communism. *Theory and Society, 15*(5), 635-655.

Van Parijs, P. (1991). Why surfers should be fed: The liberal case for an unconditional basic income. *Philosophy & Public Affairs, 20*(2), 101-131.

Wray, L. R. (2015). *Modern money theory*. London: Palgrave Macmillan UK.

산업연구원 산업통계 분석시스템 http://www.istans.or.kr

European Social Survey https://www.europeansocialsurvey.org

OECD Statistics https://stats.oecd.org

02

기본소득의 심리학

최인철(서울대학교 심리학과 교수)
이국희(경기대학교 교양학부 조교수)
구자일(서울대학교 심리학과 박사과정)

심리학의 렌즈로 보는 기본소득

기본소득(basic income)은 급격한 경제성장의 이면에 존재하는 사회·경제적 불평등을 해소하는 방안으로 제안된 개념으로, 현재 전 세계적으로 논쟁거리가 되고 있다. 우리나라에서도 1997년 외환 위기와 2008년 세계 경제 위기로 급증한 실업률에 대한 대책 차원에서 기본소득에 대한 논의가 본격적으로 이루어졌고(김민수, 2020), 2019년 코로나바이러스 감염증-19(이하 코로나19)로 인한 경제적 어려움이 심해지면서 기본소득에 대한 논의가 재점화되었다(노대명, 2020). 특히 정부가 소득에 상관없이 전 국민을 대상으로 코로나19 긴급재난지원금을 지급하면서 기본소득에 대한 국민적 관심사가 증가하였고, 그 결과 기본소득은 다음 대통령 선거의 뜨거운 이슈로 부상하였다.

기본소득은 '지급할 집단을 선별하지 않고 노동 혹은 노동 의지에 대한 요구사항 없이, 모든 개인에게 조건 없이 제공하는 정기적인 현금'으로 정의된다. 기본소득에 관한 학계의 연구들은 주로 기본소득의 내용과 철학적(혹은 법적) 근거를 소개하고(곽노완, 2009; 김교성, 2009; 서정희, 2018), 기본소득의 경제적 효과, 빈곤 및 불평등 감소 효과에 대한 시뮬레이션 분석을 제시하거나(강남훈, 2010; 노정호, 2018; 백승호, 2010; Calnitsky & Latner, 2017; Casassas & De Wispelaere, 2012), 기본소득이 기존의 사회보장제도를 대체할 수 있는지(강남훈, 2019; 서정희, 2017) 등의 주제들을 다루어 왔다(또한 Hoynes & Rothstein, 2019 참조).

기존 연구에서 다루어 온 이러한 주제들은 경제학, 정치학, 법학 및 사회복지학적 전문성에 기초한 전문가들의 관심사에 근거하고 있다. 그러나 기본소득에 대한 일반 국민들의 태도를 이해하는 것도 매우 중요하다. 사회적 수용성이 낮은 정책은 채택되기 어렵고, 채택된다고 하더라도 지속 가능성이 낮을 수밖에 없다. 정치권의 입장에서도 기본소득에 대한 국민들의 태도를 정확하게 이해하고 그에 맞는 선거 전략을 세우는 것이 매우 중요하다. 따라서 이 장에서는 기본소득에 대한 전문가들의 견해가 아니라, 우리 사회의 일반적인 국민들의 태도를 심리학적인 개념과 방법론을 이용하여 밝혀 보고자 한다. 기본소득에 대한 일반 국민들의 인식을 조사한 연구들이 존재하기는 하나, 대부분의 연구가 다음 몇 가지의 한계를 지니고 있다.

첫째, 기본소득에 대한 태도 측정이 지나치게 모호하다. 현재 우리 사회에서 논의되고 있는 기본소득의 형태는 기본소득 원형(아무런 조건 없이 모두에게 현금지급)이라기보다는 지급 대상, 지급 형태, 사용 유형 등을 세분화한 변형들이다. 그런데도 기본소득에 대한 태도 조사는 기본소득 원형에 대한 태도에 집중되어 있어서, 기본소득의 각 세부 형태들에 대한 태도가 어떤지, 세부 형태들에 대한 진보-보수의 견해차가 원형에 대한 태도에서의 견해차와 같은지 여부 등을 확인하기 어렵다. 예를 들어, 대부분의 기존 연구들은 범죄자, 고소득층, 노동 의지가 없는 자, 미성년자 등 지급 대상을 구체화하여 기본소득에 대한 태도를 측정하지 않았다. 또한 기본소득이 현금, 소멸성 지역화폐, 비소멸성 지역화폐 등 다양한 형태로 지급될 때 국민들의 태도가 달라지는지도 측정하지 않았다. 더욱이 기존 연구들은 기본소득을 유흥비, 주식, 가상자산 구매 등에 사용해도 되는지와 같은 사용처의 문제를 반영하여 기본소득에 대한 태도를 측정하지 않았다(김민수, 2020; 김수완, 안상훈, 김영미, 2018; De Wispelaere & Stirton, 2004).

둘째, 기본소득은 성격상 복지 정책과 경제 정책의 양면을 모두 지니고 있다. 따라서 일반 국민들이 기본소득을 복지 정책과 시장 경제 정책 중 어떤 정책으로 인식하는지, 그리고 그 인식에 따라 기본소득에 대한 태도가 달라지는지를 규명하는 것이 매우 중요하지만, 이에 관한 실증적인 연구가 거의 진행되지 않았다.

셋째, 기본소득에 대한 태도의 차이를 지나치게 진보-보수의 정치 프레임에서 접근한 경향이 있었다. 그러나 기본소득에 대한 태도는 정치적 지향성 근저에 있는 사회와 인간에 대한 근본적인 시각과 밀접하게 관련되어 있을 가능성이 크다. 또한 기본소득에 대한 태도가 개인의 어떤 심리적 특징 및 가치관과 관련되어 있는지도 충분히 연구되지 않았다. 기존 연구들은 정치적으로 보수 성향의 사람과 진보 성향의 사람 중 어느 쪽이 기본소득을 지지 혹은 반대하는지에만 큰 관심을 가져 왔다(김민수, 2020; Roosma & Van Oorschot, 2020; Yang, Mohan, & Fukushi, 2020). 이 장에서는 이 한계를 극복하고자, 개인의 사회적 태도에 영향을 주는 사회적 가치지향성, 사회적 지배경향성, 우익권위주의에 집중하여 이 특징들이 기본소득에 대한 태도와 어떤 관계를 맺고 있는지를 확인하고자 한다(Chirumbolo, Leone, & Desimoni, 2016; Poteat & Mereish, 2012; Saunders, Kelly, Cohen, & Guarino, 2016). 사회적 가치지향성(Social Value Orientation: SVO)은 주어진 자원을 본인과 타인 사이에 어떻게 배분하는가를 나타내는 성격적 변수이다(Balliet, Parks, & Joireman, 2009; Bogaert, Boone, & Declerck, 2008). 타인에 대한 고려 없이 본인에게 배분되는 자원을 최대화하거나 타인보다 본인에게 상대적으로 더 많은 자원을 배분하는 사람들은 친자기적 성향이 강한 사람으로, 자원을 자신과 타인에게 균등하게 배분하거나 오히려 타인에게 자원을 더 배분하는 사람들은 친사회적 성향이 강한 사람으로 분류된다. 사회적 지배경향성(Social Dominance Orientation: SDO; 집단 간 위계관계를 옹호하고, 자신이 속한 집단이 강자가 되기를 원하는 경향성)은 특정 집단이 다른 집단보다 권력과 지위를 더 많이 갖는 것이 정당하다고 믿는 성향을 나타낸다(Pratto, Sidanius, Stallworth, & Malle, 1994). 반면, 우익권위주의(Right-Wing Authoritarianism: RWA; 사회의 안정성, 질서, 전통, 응집력 등을 유지하거나 강화하는 것을 옹호하는 경향성)는 사회의 안정성, 질서, 전통, 응집력 등을 유지하거나 강화하는 것을 옹호하는 경향성을 나타낸다(Altemeyer, 1998). 심리학 연구에 따르면, 이 세 가지 심리적 특징은 정치적 성향(진보-보수)과 밀접하게 관련되어 있다.

넷째, 기본소득에 대한 태도는 기본소득의 가치(바람직성)에 대한 태도와 실현 가능성에 대한 태도의 조합으로 구성되어 있지만, 기존 연구들은 이 둘을 구분하여 측정하지 않았다. 따라서 진보와 보수의 견해 차이가 기본소득의 바람직성에 대한 견해 차이인지, 실현 가능성에 대한 차이인지, 더 나아가 두 태도 중 어느 태도에서 진보-보수의 차이가 더 심한지 등에 대한 정보를 제공해 주지 못하고 있다.

이와 같은 기존 연구의 한계를 극복하고자 이 장에서는 다음의 연구문제를 상정하였다.

연구문제 1: 기본소득 지급 대상 정보(고소득자 vs. 노동 의지 없는 자 vs. 범죄자 vs. 미성년자 vs. 외국인)를 구체적으로 제공할 때와 제공하지 않을 때, 기본소득에 대한 태도가 달라지는가?

연구문제 2: 기본소득 지급 방식 정보(현금 vs. 소멸성 지역화폐 vs. 비소멸성 지역화폐)를 구체적으로 제공할 때와 제공하지 않을 때, 기본소득에 대한 태도가 달라지는가?

연구문제 3: 기본소득으로 사용 가능한 항목 정보(유흥비 vs. 주식 구매 vs. 가상자산 구매)를 구체적으로 제공할 때와 제공하지 않을 때, 기본소득에 대한 태도가 달라지는가?

연구문제 4: 기본소득을 복지 정책과 반시장경제 정책으로 바라 보느냐에 따라 기본소득에 대한 태도가 달라지는가? 누가 기본소득을 복지 정책 혹은 반시장경제 정책으로 보는가?

연구문제 5: 개인의 가치관과 세계관은 기본소득에 대한 태도와 어떤 관계를 맺고 있는가?

이러한 방향으로 이루어진 연구의 논의는 다양한 시사점을 가질 것으로 기대된다. 첫째, 기본소득에 대한 논의를 정치학, 경제학, 법학, 사회복지학의 영역에서 심리학의 영역으로 확장했다는 점에서 학술적인 시사점을 갖는다. 둘째, 기본소득에 대한 시민들의 태도를 정교하게 측정하여 향후 기본소득에 대한 사회적 논쟁의 과정에 중요한 기여를 할 수 있을 것이다. 셋째, 기본소득을 복지 정책으로 보느냐 반시장경제 정책으로 보느냐에 따라 기본소득에 대한 태도가 달라질 수 있는지를 확인하게 되면, 기본소득을 지지하는 쪽이나 반대하는 쪽 모두 효과적인 설득 전략을 세울 수 있을 것이다. 마지막으로, 그동안 상대적으로 연구가 되지 않은 개인의 심리적 요인과 기본소득에 대한 태도의 관계를 확인하게 된다면, 기본소득 이슈를 지나치게 정치적 이슈의 차원으로만 접근하고 있는 현재의 논의를 개인의 가치관과 세계관 영역으로 확장할 수 있을 것이다.

기본소득에 대한 태도 측정

연구 대상자(응답자)는 전문 조사 기관(엠브레인)을 통해 모집되었다. 모집된 연구 대상자는 총 3,000명으로 성별과 연령대에 따라 고르게 편성되었다.

여기서는 기본소득 정보제공 방식(시행 방식)을 '기본소득 지급 대상' '기본소득 지급 방식' '기본소득 사용 가능 범위'의 세 가지 구분 방식을 통해 나누었다.

첫째, 기본소득 지급 대상에 따라 여섯 가지 시행 방식을 제시하였다. 즉, '일반' 방식(지급 대상 미명시), '고소득층(소득 상위 20% 계층)'에게도 지급되는 방식, '노동 의지가 없는 사람(일할 의욕이 없는

표 2-1 인구통계학적 정보

	사례 수(n)	비율(%)
성별		
남성	1,500	50
여성	1,500	50
연령		
20대	600	20
30대	600	20
40대	600	20
50대	600	20
60대	600	20
합계	3,000	100.0

사람, 비경제활동 인구)'에게도 지급되는 방식, '범죄 경력자(수감자, 집행유예로 사회 생활하는 자, 전과자)'에게도 지급되는 방식, '20세 미만의 미성년자(신생아, 영유아, 아동·청소년)'에게도 지급되는 방식, '국내 거주 중인 외국인'에게도 지급되는 방식이다. 응답자들에게는 '일반' 시행 방식이 먼저 제시되었으며, 나머지 다섯 개 시행 방식은 무작위 순서로 제시되었다. 이 여섯 가지 시행 방식에 관한 질문은 연구 대상자 3,000명 중 연령과 성별을 고려하여 무작위로 선정된 1,000명에게 제시되었다.

둘째, 기본소득을 '현금'으로 지급하는 방식, 기본소득을 '소멸성(사용 기한)이 있는 지역화폐'로 지급하는 방식, 기본소득을 '비소멸성 지역화폐'로 지급하는 방식으로 나누어 제시하였다.[1]

셋째, 기본소득을 사용 가능 범위에 따라 다섯 가지 시행 방식을 구분하여 제시하였다. 즉, '일반' 방식(기본소득 사용 가능 범위 미명시), '유흥비'로 사용 가능한 방식, '가상자산 구매'로 사용 가능한 방식, '주식 구매'로 사용 가능한 방식, '유흥비, 가상자산 및 주식 구매'로 사용 불가한 방식이다. 이 다섯 가지 시행 방식은 3,000명의 연구 대상자 중 성별과 연령을 고려하여 무작위로 선정된 1,000명에게만 제시되었으며, 앞서 선정되었던 1,000명(지급 대상 및 지급 방식에 따라 구분된 세부 시행 방식이 제시된 응답자들)과 겹치지 않는 사람들이었다.

기본소득에 대한 태도는 동의 정도(지지도), 바람직성, 실행 가능성을 묻는 3문항을 통해 측정하였다. 응답자들에게 기본소득의 각

---

1) 즉, 기본소득 지급 대상에 따른 여섯 가지 시행 방식과 기본소득 지급 방식에 따른 세 가지 시행 방식은 동일한 1,000명의 피험자에게 제시되었다.

세부 시행 방식을 제시한 후, 지지도는 "이와 같은 기본소득 지급에 얼마나 동의하나요?"(1점: '전혀 동의하지 않는다', 7점: '매우 동의한다'), 바람직성은 "이와 같은 기본소득 지급은 얼마나 바람직한가요?"(1점: '전혀 바람직하지 않다', 7점: '매우 바람직하다'), 실행 가능성은 "이와 같은 기본소득 지급은 얼마나 실현 가능한가요?"(1점: '전혀 실현 가능하지 않다', 7점: '매우 실현 가능하다')의 질문으로 측정하였다.

기본소득에 대한 '복지 정책' 관점은 "기본소득은 경제적 이익(이윤)의 재분배에 초점을 둔 복지 정책이다." "기본소득은 사회적 약자를 보호하기 위한 복지 정책이다."의 2문항으로 측정하였다. '반시장경제 정책' 관점은 "기본소득은 노동의 전문성, 희소성, 중요성 등에 따라 시장에서 자동적으로 결정되는 임금체계를 교란하는 반시장경제적인 정책이다." "기본소득은 노동 시간(노동의 양)에 따르는 대가와 노동 성과(노동의 질)에 따르는 인센티브를 무시하는 반시장경제적인 정책이다."의 2문항으로 측정하였다. 응답자들은 '전혀 동의하지 않는다'(1점)부터 '매우 동의한다'(7점)까지 7점 척도로 응답하였다.

정치적 성향과 관련하여, 연구 대상자들은 "귀하께서는 자신의 정치 성향이 어디에 위치한다고 생각하십니까?"라는 물음에 '매우 진보'(1점), '중도'(4점), '매우 보수'(7점)로 구성된 7점 척도를 사용하여 응답하였다. 여기서는 1, 2, 3점으로 응답한 사람들을 정치적으로 진보 성향(750명), 4점으로 응답한 사람들을 중도 성향(1,503명), 5, 6, 7점으로 응답한 사람들을 보수 성향(747명)으로 구분하였다.

사회계층은 맥아더 주관적 지위 척도(MacArthur Scale of Subjective Social Status)를 사용하였다. 이 척도는 사람들이 주관적으로 인식하는 본인의 사회계층을 측정하는 것으로, 응답자들은 주어진 10단 사다리(1단: '가장 못사는 사람들', 10단: '가장 잘사는 사람들')를 보고, 본인이 속해 있다고 여겨지는 사다리 단에 표시하였다. 여기서는 본인이 1, 2, 3단에 속해 있다고 응답한 사람들을 하위계층(685명), 4, 5, 6단으로 응답한 사람들을 중위계층(1,811명), 7, 8, 9, 10단으로 응답한 사람들을 상위계층(504명)으로 구분하였다.

사회적 가치지향성(SVO)은 Murphy, Ackermann, Handgraaf (2011)가 개발한 SVO 슬라이더(slider) 척도를 통해 측정하였다. SVO 슬라이더 척도는 여섯 개의 문항으로 구성되어 있으며, 각 문항별로 본인(응답자)과 타인 사이에 일정한 자원을 배분하는 아홉 개의 방식이 제시된다. 응답자들은 주어진 아홉 개의 방식 중 본인이 가장 선호하는 자원 배분 방식을 선택하며, 응답자들이 선택한 방식을 바탕으로 일정한 계산 방식을 거쳐 최종 SVO 지수가 계산된다(Murphy et al., 2011 참조). SVO 지수가 높을수록 친사회적(pro-social) 성향이 강하며, SVO 지수가 낮을수록 친자기적(pro-self) 성향이 강함을 나타낸다.

우익권위주의(RWA)는 Zakrisson(2005)의 단축형 RWA 척도를 사용하여 측정하였다. 이 척도는 "전통적인 방식과 전통적인 가치는 여전히 삶을 사는 데 가장 좋은 길로 안내한다." "만약 우리가 전통적이지 않은 가치와 의견에 대해 관용과 이해를 보인다면 우리 사회는 더 좋아질 것이다."(역문항) 등 15문항으로 구성되어 있으며, '전혀 동의하지 않는다'(1점)에서부터 '전적으로 동의한다'(6점)까지의 6점 척도로 측정하였다.

사회적 지배경향성(SDO)은 Pratto 등(1994)이 개발한 척도를 사용하여 측정하였다. 이 척도는 "인생을 앞서가려면 때로는 다른 사

람을 짓밟아야 한다." "모든 사람이 평등한 조건을 누리도록 노력
해야 할 것이다."(역문항) 등의 16문항으로 구성되어 있으며, 응답
자들은 '전혀 동의하지 않는다'(1점)에서부터 '매우 동의한다'(5점)
까지의 5점 척도를 통해 응답하였다.

　이제 이러한 연구 설계에 의해 실시된 분석 결과를 차례로 살펴
보도록 하자.

진보적 당신,
고소득자가 기본소득 받는 것도 찬성?

　기본소득 지급 대상에 어떤 대상이 포함될 수 있는지(고소득자,
노동 의지 없는 자, 범죄 경력자, 미성년자, 외국인)를 언급함에 따라 기
본소득에 대한 태도가 달라지는지를 분석한 결과가 [그림 2-1]에

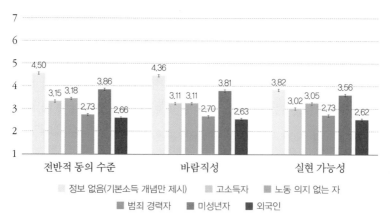

[그림 2-1] 지급 대상 정보가 기본소득에 대한 태도에 미치는 효과

기본소득에 대한 태도 측정은 모두 7점 척도로 이루어졌다(1: 전혀 그렇지 않다, 4: 보통이
다, 7: 매우 그렇다). 오차막대는 평균의 표준오차를 보여 준다.

제시되어 있다. 이 그림에서 볼 수 있듯이 지급 대상에 대한 정보 없이 기본소득의 개념만 제시했을 때보다 지급 대상 정보를 구체적으로 제시했을 때 기본소득에 대한 태도가 전반적으로 부정적으로 변했다. 사람들은 기본소득 제도의 기본 개념에 대해서는 동의도 아니고 반대도 아닌 중간 정도의 태도를 보였으나, 고소득층과 노동 의지가 없는 자에게 제공하는 것에는 부정적인 태도를 나타냈다. 또한 범죄 경력자와 외국인에게 기본소득이 제공되는 것에 대해서는 매우 부정적인 태도를 보였다.

　이러한 경향성은 남녀 간에 큰 차이가 없었고, 연령에 따라서도 주목할 만한 차이를 보이지 않았다. 다시 말해, 남녀노소 할 것 없이 기본소득 제도 자체에는 보통 정도의 태도를 보이지만, 고소득자, 노동 의지가 없는 자, 범죄 경력자, 미성년자, 외국인에게도 기본소득을 지급하는 것에 대해서는 반대하는 경향을 보였다. 심지어 기본소득에 대해 가장 긍정적인 태도를 보이는 40대조차 고소득자, 노동 의지가 없는 자, 범죄 경력자, 미성년자, 외국인에게도 기본소득을 지급하는 것에 대해서는 바람직하지 않고, 실현 가능성이 적다는 생각을 보였다.

　정치적 성향과 기본소득에 대한 태도는 예상과 일치하는 패턴을 보였다. [그림 2-2]에서 볼 수 있듯이 진보 성향의 사람들이 기본소득에 가장 긍정적인 태도를 보였고, 보수 성향의 사람들이 기본소득에 가장 부정적인 태도를 보였으며, 중도 성향의 사람들이 그 중간의 태도를 보였다. 그러나 지급 대상에 대한 정보가 구체적으로 제시되었을 때는 이들의 차이가 매우 약화되었다. 구체적으로 살펴보면, 진보 성향의 사람들조차 고소득자, 노동 의지가 없는 자, 범죄 경력자, 미성년자, 외국인에게도 기본소득을 지급하는 것에 대해서는 동의하지 않았고, 바람직하지 않다고 판단하였으며, 실현 가능성이 낮다고 보았다. 흥미롭게도 고소득자, 노동 의지가 없는 자, 범죄 경력자, 미성년자, 외국인에게도 기본소득을 지급하는 것에 대한 중도 성향의 사람들의 태도는 보수 성향의 사람들의 태도와 비슷한 수준으로 하락하였다.

상관관계 분석도 이러한 경향성을 설명해 준다. 기본소득의 기본 개념만 제시한 조건에서는 정치적 성향과 기본소득에 대한 태

정치적 성향과 지급 대상 정보가 기본소득에 대한 동의 수준에 미치는 효과

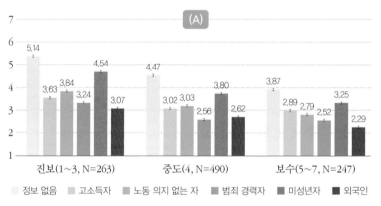

정치적 성향과 지급 대상 정보가 기본소득의 바람직성 지각에 미치는 효과

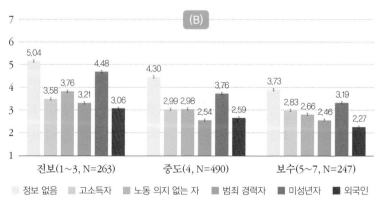

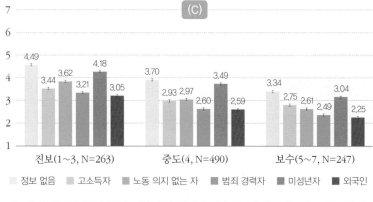

[그림 2-2] **정치적 성향과 지급 대상 정보가 기본소득에 대한 태도에 미치는 효과**

도가 −.25 내외의 상관을 보였지만, 구체적인 대상자를 명시할 때
는 상관계수가 −.15∼−.20 수준으로 하락하였다. 다시 말해, 기본
소득의 지급 대상에 고소득자, 노동 의지가 없는 자, 범죄 경력자,
미성년자, 외국인을 포함하게 되면 정치적 성향에 따른 태도 차이
가 감소한 것이다.

　이는 진보와 보수 진영에서 기본소득에 대한 설득 전략을 어떻
게 수립하는 것이 효과적인지에 대한 중요한 함의를 제공한다. 즉,
진보 세력은 기본소득을 받게 되는 구체적인 대상에 대한 정보를
제시하지 않고 기본소득의 원리만 제시하는 것이 유리하고, 보수
세력은 기본소득을 시행하게 되면 고소득자, 노동 의지가 없는 자,
범죄 경력자, 미성년자, 외국인도 기본소득이 지급된다는 것을 부
각시키는 것이 유리할 수 있다는 시사점을 제공한다.

비소멸성 지역화폐일 때 기본소득에 대한 태도가 가장 호의적

기본소득 지급 방식(현금, 소멸성 지역화폐, 비소멸성 지역화폐)에 따라 기본소득에 대한 태도가 어떻게 다른지가 [그림 2-3]에 제시되어 있다. 사람들은 비소멸성 지역화폐로 기본소득을 지급하는 것을 현금이나 소멸성 지역화폐로 지급하는 것보다 긍정적으로 생각하는 것으로 나타났다. 특히 현금으로 기본소득을 지급하는 방식은 기본소득의 실현 가능성 측면에서 가장 낮은 점수를 보였는데, 이는 현금으로 지급하면 범죄(마약 구매, 성매매, 범죄 도구 구매 등)에 사용될 우려가 반영된 결과로 보인다. 흥미롭게도 사람들은 같은 지역화폐 방식으로 기본소득을 지급한다고 할지라도 일정 기간이 지난 후 지급액이 소멸하는 방식에 대해서는 상대적으로 부정적인 태도를 보였다. 이는 사람들이 매달 지급되는 기본소득을 이월시켜 목돈으로 만들어 사용할 수 있어야 한다고 생각함을 시

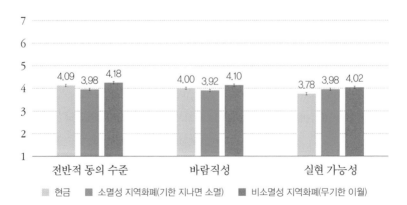

[그림 2-3] 지급 방식이 기본소득에 대한 태도에 미치는 효과

사한다.

기본소득 지급 방식에 따른 태도의 차이는 남녀 모두에게서 대체로 비슷하게 나타났다([그림 2-4] 참조). 한 가지 흥미로운 사실은 소멸성 지역화폐에 대하여 남성보다 여성이 더 부정적인 태도를 보였다는 점이다. 이는 여성이 남성보다 소멸성 지역화폐는 목돈으로 만들어 사용할 수 없다는 것에 민감하게 반응하기 때문으로 추측된다. 남성은 단기적 쾌락을 위해 돈을 사용하려고 하지만,

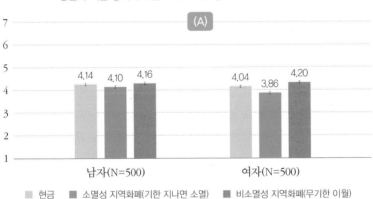

성별과 지급 방식이 기본소득에 대한 동의 수준에 미치는 효과

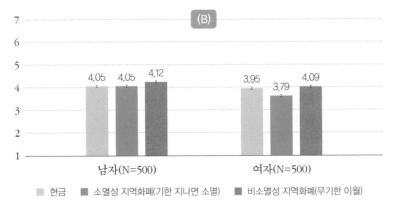

성별과 지급 방식이 기본소득의 바람직성 지각에 미치는 효과

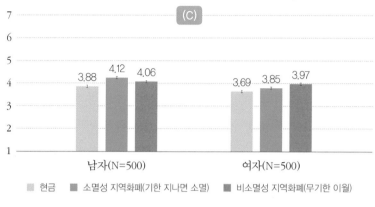

성별과 지급 방식이 기본소득의 실현 가능성 지각에 미치는 효과

[그림 2-4] 성별과 지급 방식이 기본소득에 대한 태도에 미치는 효과

여성은 장기적 만족을 위해 돈을 사용하려는 성향이 있는데, 이러한 남녀의 성향 차이가 여성이 남성보다 소멸성 화폐로 기본소득을 받는 것에 대해 부정적 태도를 보이도록 만들었을 가능성이 있다(Cross, Copping, & Campbell, 2011; Eagly & Wood, 1999; Greiling & Buss, 2000). 지급 방식에 따른 기본소득에 대한 태도의 차이는 연

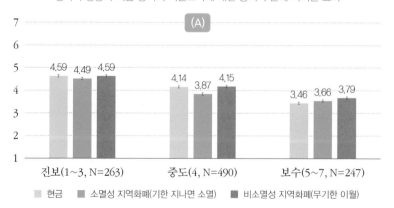

정치적 성향과 지급 방식이 기본소득에 대한 동의 수준에 미치는 효과

정치적 성향과 지급 방식이 기본소득의 바람직성 지각에 미치는 효과

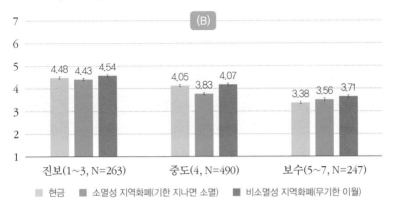

정치적 성향과 지급 방식이 기본소득의 실현 가능성 지각에 미치는 효과

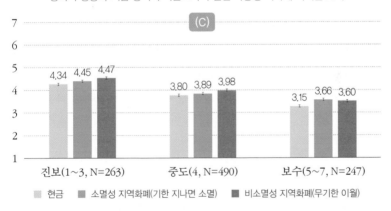

[그림 2-5] 정치적 성향과 지급 방식이 기본소득에 대한 태도에 미치는 효과

령에 상관없이 유사한 패턴을 보였다.

　정치적 성향과 지급 방식이 기본소득에 대한 태도에 미치는 효과는 선행연구들의 결과와 유사하게 나타났다(De Wispelaere, 2016; Lee, 2018; Roosma & Van Oorschot, 2020; Yang et al., 2020). 즉, 진보 성향의 사람들은 지급 방식에 관계없이 기본소득 지급에 찬성하는

경향이 강하게 나타났으며, 보수 성향의 사람들은 지급 방식에 관계없이 기본소득 지급에 반대하는 경향이 강하게 나타났다([그림 2-5] 참조). 특히 보수 성향의 사람들은 기본소득을 현금으로 지급하는 것에 강하게 반대하였다.

기본소득으로 주식 투자를 할 수 있을 때 기본소득에 대한 태도가 부정적으로 변해

기본소득 지출 가능 항목으로 유흥비(술, 담배, 유흥업소 출입), 가상자산, 주식을 언급함에 따라 기본소득에 대한 태도가 어떻게 달라지는지의 분석 결과가 [그림 2-6]에 나와 있다. 그림에서 확인할 수 있듯이 기본소득 지출 항목에 대해 아무런 정보가 제공되지 않은 경우에 비해서, 유흥비, 가상자산 구매, 주식 구매 등에도 사용

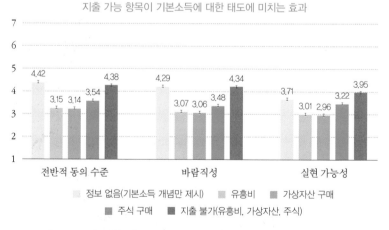

[그림 2-6] 지출 가능 항목이 기본소득에 대한 태도에 미치는 효과

할 수 있다는 점을 명시한 조건에서 기본소득에 대한 긍정적 태도가 유의하게 낮아진 것을 알 수 있다. 또한 유흥비, 가상자산 구매, 주식 구매에 기본소득을 사용할 수 없다는 정보를 명시한 조건과 아무런 정보도 제공하지 않은 조건에서 태도의 차이가 발생하지 않은 것은, 별다른 정보를 주지 않을 경우 사람들이 생각하는 기본소득의 주 사용처는 생계비(생활필수품 구매, 월세 납부, 전기료 납부, 통신비 납부)라는 것을 시사하는 것으로 보인다. 즉, 사람들은 특별한 정보를 주지 않는 한 기본소득을 유흥비나 투기 목적(자산 증식 목적)으로 사용한다는 생각은 하지 않는 것처럼 보인다. 이 결과들은, 기본소득을 반대하는 쪽에서는 기본소득의 사용처에 대한 언급을 시도하여 대중을 설득할 필요가 있으며, 기본소득을 지지하는 쪽에서는 구체적인 사용처에 대한 언급을 피하는 것이 효과적임을 시사한다.

기본소득 지출 가능 항목에 대한 정보가 기본소득에 대한 태도를 어떻게 변화시키는지를 성별과 연령대에 따라 분석해 본 결과, 뚜렷한 차이는 나타나지 않았다. 즉, 남녀노소 모두 기본소득의 사용처에 유흥비나 주식 구매와 같은 항목이 포함될 수 있다고 알려 줄 때 기본소득에 대한 태도가 부정적으로 변하였다.

정치적 성향에 따른 차이를 분석한 결과, 기본소득의 기본 개념에 가장 높은 수준으로 동의하는 진보적인 사람들조차도 유흥비, 가상자산 구매, 주식 구매에 기본소득을 사용할 수 있다는 정보를 받게 되면 기본소득에 대한 태도가 매우 부정적으로 변하는 것으로 나타났다([그림 2-7] 참조). 이는 정치적 성향과 지출 가능 항목에 따른 기본소득에 대한 태도 사이의 상관관계 분석 결과와도 일치한다. 즉, 기본소득의 기본 개념만 제시하면 정치적 성향과 기본소득에 대한 태도가 −.20 수준의 상관을 보였으나, 유흥비, 가상자산, 주식 투자에 사용할 수 있다고 알려 준 경우에는 상관계수가 −.05 수준으로 급격하게 떨어졌다. 다시 말해, 구체적인 사용 항목이 제시될 때는 진보와 보수 모두 기본소득에 대해서 부정적인 태도를 보이는 것으로 나타났다. 이는 기본소득을 둘러싼 정치 진영에 시사하는 바가 매우 크다. 진보 진영에게는 기본소득에 대한 논쟁에서

정치적 성향과 지출 가능 항목이 기본소득에 대한 동의 수준에 미치는 효과

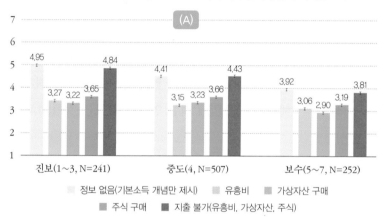

정치적 성향과 지출 가능 항목이 기본소득의 바람직성 지각에 미치는 효과

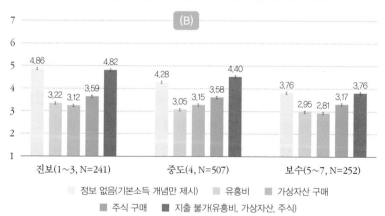

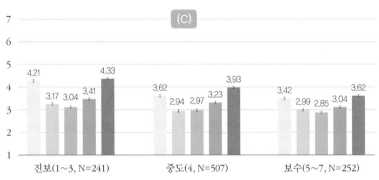

정치적 성향과 지출 가능 항목이 기본소득의 실현 가능성 지각에 미치는 효과

[그림 2-7] 정치적 성향과 지출 가능 항목이 기본소득에 대한 태도에 미치는 효과

항목에 대한 논쟁을 지양해야 함을 시사하고, 보수 진영에게는 기본소득의 사용 범위에 대한 논쟁을 벌이는 것이 유리함을 시사한다.

기본소득의 프레임:
복지인가, 반시장경제 정책인가?

　지금까지 기본소득의 세부 시행 방식에 따라 기본소득에 대한 태도가 어떻게 달라지는가를 다루었다면, 지금부터는 기본소득을 복지의 관점에서 바라보는지 혹은 (반)시장경제의 관점에서 바라보는지에 따라 태도가 어떻게 달라지는지를 다루고자 한다.
　먼저, 정치적 성향, 사회계층, 성별 및 연령에 따라 기본소득을 바라보는 관점이 달라지는지를 확인했다. 분석 결과, 정치적으로 진보적일수록, 사회계층이 낮을수록, 남성일수록, 나이가 많을수록(특히 40대, 50대), 기본소득을 복지 정책으로 인식하는 것으로 나타났다. 반면, 정치적으로 보수적일수록, 사회계층이 높을수록, 여성일수록, 연령이 낮을수록(특히 20대) 기본소득을 반시장경제 정책으로 바라보는 경향이 강했다.

[그림 2-8]에서 확인할 수 있듯이 정치적으로 진보-중도-보수 성향 순으로 기본소득을 복지 정책으로 바라보는 경향이 강했고, 보수-중도-진보 성향 순으로 기본소득을 반시장경제 정책으로 바라보는 경향이 강했다. 다시 말해, 진보 성향의 사람들은 기본소득을 반시장경제 정책이라기보다는 복지 정책으로 인식하는 반면, 보수 성향의 사람들은 기본소득을 복지 정책보다는 반시장경제 정책으로 평가하는 것으로 나타났다.

사회계층 또한 기본소득을 바라보는 관점과 유의한 연관이 있었다. 하위계층의 사람들일수록 기본소득을 복지로 바라보는 경향이

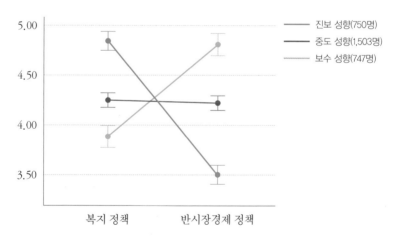

[그림 2-8] 정치적 성향과 기본소득을 바라보는 관점의 관계

기본소득에 대한 지지도는 7점 척도로 이루어졌다(1: 전혀 동의하지 않는다, 4: 보통이다, 7: 매우 동의한다). 오차막대는 평균의 95% 표준오차를 보여 준다.

강했고, 상위계층의 사람들일수록 시장경제원칙에 어긋나는 것으로 인식하는 경향이 강했다. 성별의 경우, 남성들은 기본소득을 반시장경제의 차원보다는 복지 차원의 정책이라 평가하는 경향이 있었고, 여성들은 두 개의 관점에 뚜렷한 차이가 나타나지 않았다. 마지막으로, 연령의 효과를 확인한 결과, 40대와 50대는 반시장경제 정책이라기보다는 복지 정책이라는 관점을 강하게 가지고 있지만, 20대는 정반대의 관점을 가지고 있는 것으로 나타났다. 30대와 60대는 두 개의 관점 간 유의한 차이가 없었다.

　기본소득을 바라보는 관점에 따라 지지도가 달라지는지 분석한 결과, 복지 정책의 관점은 지지도를 정적으로 예측했지만, 반시장경제 정책의 관점은 지지도를 부적으로 예측했다. 다시 말해, 사람들이 기본소득을 복지 정책으로 인식할수록 기본소득을 더 지지하며, 반시장경제 정책으로 인식할수록 기본소득을 덜 지지하는 것으로 나타났다.

　다음으로, 기본소득 지지도에 대한 진보-보수의 효과가 기본소득에 대한 두 가지 관점을 통해 나타나는지를 확인하기 위해 다중매개 분석을 실시했다. 분석 결과, 기본소득에 대한 관점이 정치적 성향과 기본소득 지지도의 관계를 유의하게 설명하는 것으로 나타났다([그림 2-9] 참조). 즉, 진보 성향의 사람들은 기본소득을 복지의 차원으로 바라보고, 그에 따라 기본소득에 대한 우호적인 태도를 보이지만, 보수 성향의 사람들은 기본소득을 반시장경제 정책으로 인식하고, 이로 인해 기본소득을 부정적으로 평가하는 것으로 나타났다.

　이러한 결과들은 기본소득을 어떻게 프레임하느냐에 따라 사람들의 태도가 달라질 수 있음을 보여 준다. 즉, 기본소득을 국가에

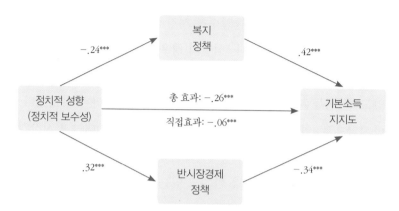

[그림 2-9] 정치적 성향, 기본소득을 바라보는 관점 및 기본소득 지지도의 관계(병렬 매개모형)

모든 계수는 표준화회귀계수를 나타낸다. ***p<.001

의한 돌봄의 차원인 복지의 관점으로 이해하는가, 아니면 노동 없이 소득이 발생하는 반시장경제 정책으로 이해하는가가 기본소득에 대한 태도를 결정짓는 중요한 요인임을 시사한다.

세계관과 기본소득 태도의 관계

앞에서 기술한 바와 같이, 기본소득에 대한 개인의 태도는 기본소득 자체에 국한된 태도를 넘어서서 개인의 심리적 요인과 밀접하게 연관되어 있을 가능성이 크다. 앞서 제시한 기본소득을 바라보는 두 가지 관점은 국가와 개인의 관계에 대한 상이한 인식을 반영하는 것으로 보인다. 즉, 기본소득에 대한 반시장경제적 관점은 국가가 개인 간의 자유롭고 공정한 경쟁과 그 결과를 관리해야 하는 것으로 바라보는 것을 의미하지만, 복지의 관점은 국가가 개인의 안녕을 책임져야 하는 것으로 바라보는 것을 의미한다고 볼 수 있다. 이는 기본소득에 대한 논의를 단순히 개인의 정치적 성향을 넘어, 개인이 가지고 있는 사회와 세상에 대한 근본적인 시각으로 확대할 때, 기본소득과 관련하여 얽혀 있는 개인의 복잡한 심리 구조를 심층적으로 이해할 수 있음을 시사한다. 따라서 지금부터는 성격 및 가치관(사회에 대한 근본적인 시각/태도) 등 개인의 심리적 요인과 기본소득 지지도의 관계를 확인하고자 한다.

먼저, 사회적 가치지향성, 우익권위주의, 사회적 지배경향성, 기본소득 지지도의 관계를 보자. 성격적 요소로 여겨지는 사회적 가치지향성(Chirumbolo et al., 2016) 및 사회를 보수적으로 바라보는 태도를 나타내는 사회적 지배경향성과 우익권위주의가 기본소득 지지도를 어떻게 예측하는지를 확인했다. 특히 선행연구에서 밝혀진 '성격 → 태도 → 행동'의 연계 모형(Duckitt & Sibley, 2010)을 바탕으로, 사회적 가치지향성을 예측변수, 사회적 지배경향성과 우익권위주의를 중간(매개)변수, 기본소득 지지도를 결과변수로 상정하여 분석을 실시했다.

분석 결과([그림 2-10] 참조), 친자기적 성향이 강한 사람(타인보다는 자신의 이해관계를 우선시하는 사람)일수록 사회적 지배경향성을 강하게 보유하고, 결과적으로 기본소득에 대해 부정적인 태도를 보이는 것으로 나타났다. 또한 친자기적 성향이 강할수록 보수성의 또 다른 지표인 우익권위주의에서 높은 점수를 보이고, 이 또한 기본소득에 대한 태도를 부정적으로 바꾸는 것으로 나타났다. 반대로 이야기하자면, 친사회적 성향이 강할수록 보수적인 태도를 덜 보이며, 이에 따라 기본소득에 대해 긍정적인 태도를 보이는 것으로 나타났다.

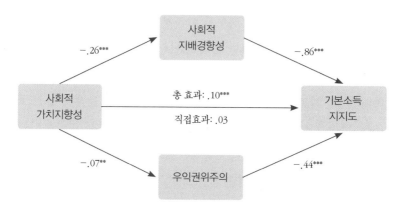

[그림 2-10] 사회적 가치지향성, 사회적 지배경향성, 우익권위주의 및 기본소득 지지
도의 관계(병렬매개모형)

모든 계수는 표준화회귀계수를 나타낸다. *** p<.001, ** p<.01

추가적인 분석 결과, 친자기적 성향이 높은 사람일수록(SVO값이 낮아질수록), 개인 간 그리고 집단 간 경쟁을 사회의 당연한 원리로 받아들이고, 자신이 속한 집단을 더 우월적 존재로 보는 경향이 강하며, 이런 경향성이 정치적 보수성으로 나타나고, 정치적 보수성이 기본소득에 대한 태도를 부정적으로 이끄는 것으로 나타났다. 또한 친자기적 성향이 강할수록 우익권위주의가 더 강하고, 이에 따라 정치적으로 더 보수적인 경향을 보이며, 결과적으로 기본소득을 덜 지지하는 것으로 나타났다. 뒤집어 보면, 친사회적 성향은 보수적인 태도(RWA와 SDO)를 낮추고, 이는 정치적인 보수성을 낮추며, 결과적으로 기본소득에 대한 지지를 높이는 것으로 나타났다.

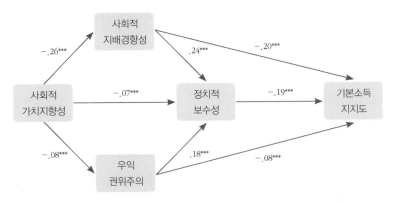

[그림 2-11] 사회적 가치지향성, 사회적 지배경향성, 우익권위주의, 정치적 성향 및
기본소득 지지도의 관계(경로분석)

모든 계수는 표준화회귀계수를 나타낸다. ***p<.001

    이러한 결과들은, 기본소득에 대한 태도는 단순하게 정치적 보수와 진보의 문제라기보다는 개인이 사회와 개인을 바라보는 근본적인 관점과 밀접하게 연결되어 있음을 시사한다. 이는 기본소득이 정치적으로만 이해되는 것이 충분하지 않음을 보여 주는 결과이다. 기본소득에 대한 태도는 사회와 개인의 관계, 개인과 개인의 관계, 집단과 집단의 관계에 대한 개인의 가치가 반영된 복합물이라고 할 수 있다.

기본소득의 심리학이 필요한 이유

    본 연구는 다음과 같은 문제의식을 기반으로 진행되었다.

    첫째, 기본소득에 대한 정치권의 다양한 제안은 기본소득의 기본 형태가 아니라 지급 대상, 지급 형태, 사용 방법 등에서 다양한 변형을 가한 매우 구체적이고 세부적인 형태들임에도 불구하고, 기본소득에 대한 논의는 이러한 구체적인 제안들에 대한 논의가 아니라 기본소득의 기본 형태에 대한 논의에 집중되고 있다. 따라서 기본소득의 기본 형태(모두에게 조건 없이 현금을 지급하는 것)에 대한 의견의 차이는 클지라도, 구체적인 형태들(예: 청년기본소득, 지역화폐 기본소득)에 대해서는 의견의 차이가 크지 않을 수도 혹은 더 클 수도 있음에도 불구하고 이를 확인할 방법이 존재하지 않는다. 이는 기본소득에 대한 태도를 지급 대상, 지급 형태, 사용 방법 등에 따라 다양하게 세분화하여 측정할 필요성을 제기한다.

둘째, 어떤 정책이든 그것에 대한 태도는 그 정책의 가치와 중요성, 즉 바람직성에 대한 태도와 그 정책의 실현 가능성에 대한 태도의 조합임에도 불구하고, 기본소득에 대한 태도는 이 두 가지를 구분하지 않고 측정되고 있다. 따라서 정치적 성향에 따른 차이가 기본소득의 바람직성에 대한 태도의 차이인지, 실현 가능성에 대한 태도 차이인지를 확인하기가 어렵다.

셋째, 기본소득과 같은 중요한 정책에 대한 태도는 다른 태도와 무관하게 홀로 존재하지 않는다. 기본소득에 대한 태도를 정확하게 이해하기 위해서는 정치적 성향과의 관계뿐 아니라 개인의 심층적인 가치 구조와의 관계를 파악해야 한다. 그러나 현재의 기본소득 논의는 지나치게 진보-보수라는 정치적 지향성의 차원에만 머무르고 있다.

이런 문제들에 답하기 위하여 본 연구에서는 기본소득에 대한 태도를 다양하게 측정하였고, 개인의 정치적 성향과 함께 개인의 성격 및 가치관을 함께 측정하였다. 연구에서 발견한 중요 결과는 다음과 같다.

첫째, 기본소득에 대하여 40~50대 남성들이 다른 연령 및 성보다 우호적인 태도를 지니고 있었다. 이는 이 연령대의 남성에게 가족 부양의 책임이 크다는 점과 이 연령대에서 돈과 행복의 관계가 가장 크다는 기존의 연구와 일치하는 결과이다. 또한 기본소득에 대한 태도가 현실적인 경제적 필요를 반영하고 있음을 시사한다.

둘째, 기본소득에 대한 태도는 기본소득 지급 대상, 지급 형태, 사용 가능 범위 등을 구체적으로 명시한 경우에 그렇지 않은 경우보다 훨씬 부정적인 것으로 나타났다. 따라서 기본소득을 지지하는 쪽에서는 기본소득의 가장 기본적인 형태(모두에게 조건 없이 지급)를 제시하고, 기본소득을 반대하는 쪽에서는 기본소득의 구체적인 형태(예: 기본소득으로 주식 구입도 가능/고소득자에게도 지급)를 제시하는 것이 설득에 효과적일 수 있음을 시사한다.

셋째, 기본소득 태도에서의 정치적 성향의 차이는 기본 형태에 대한 태도에서는 강하게 나타나나, 구체적인 개별 형태에 대한 태도에서는 상대적으로 약화되는 것으로 나타났다. 특히 진보 성향의 사람들조차도 특정한 형태의 기본소득에 대해서는 부정적인 태도를 갖고 있음을 의미한다.

넷째, 기본소득 정책을 복지의 관점에서 보느냐, (반)시장경제 관점에서 보느냐에 따라 기본소득에 대한 태도가 크게 달랐다. 기본소득을 복지의 관점으로 볼수록 태도가 우호적이었고, 반시장경제 정책으로 볼수록 태도가 부정적이었다. 이는 기본소득의 정체성에 관한 중요한 시사점을 지닌다. 특히 진보적일수록, 나이가 많을수록, 남성일수록, 저소득계층일수록 기본소득을 복지의 관점에서 바라보는 것으로 나타났다. 이 결과는 왜 이들이 기본소득에 대해 더 우호적인 태도를 가졌는지를 설명해 준다. 즉, 사회의 구성원,

특히 약자가 국가로부터 보호받아야 한다는 생각을 가질수록, 기본소득에 대하여 우호적임을 시사한다.

다섯째, 기본소득에 대한 태도는 개인이 사회와 세상을 바라보는 근본적인 시각과 밀접하게 연결되어 있었다. 자원을 타인보다는 자기 우선적으로 배분하려는 친자기적 성향을 지닐수록, 사회 내의 집단 간 위계와 경쟁을 자연스러운 것으로 수용하고, 사회의 질서·전통 등의 유지·강화에 더 가치를 부여하고, 정치적으로 더 강한 보수성을 띠며, 결과적으로 기본소득에 대하여 덜 우호적인 것으로 나타났다. 반면, 타인을 고려하며 공동체 중심적으로 자원을 배분하려는 친사회적 경향성이 강한 사람들은 집단 간 위계와 경쟁을 덜 수용하며 사회의 질서와 전통에 덜 가치를 부여한다. 이는 진보적인 정치 성향으로 발현되고, 결과적으로 기본소득에 대하여 더 우호적인 태도로 이어졌다.

앞의 결과들은 기본소득에 대한 태도 논쟁에서 많은 생각거리를 우리에게 제공해 준다.

첫째, 기본소득에 찬성하거나 반대하는 상대 진영 사람들에게 비합리적이라거나 현실을 모르는 사람들이라고 비난하는 것이 매우 편협한 시각일 수 있음을 시사한다. 복지 정책이나 경제 현실에 대한 무지의 문제로만 접근할 것이 아니라, 한 개인이 자신이 사는 세상에 대하여 가지고 있는 근본적인 생각의 문제로 접근할 필요가 있음을 시사한다.

둘째, 앞의 시사점은 기본소득에 관한 논쟁이 전문가들의 영역에만 머물 필요가 없음을 시사한다. 기본소득 이슈가 복지 정책이나 경제 정책에 관한 전문가적 견해만을 필요로 한다고 가정하게 되면, 기본소득에 대한 일반인들의 목소리는 소외될 수밖에 없다.

그러나 기본소득에 대한 태도가 개인의 세계관과 밀접한 관련이 있음이 밝혀졌기 때문에, 기본소득 논쟁에 일반 국민들이 참여할 여지는 매우 크다고 할 수 있다.

　셋째, 기본소득을 두고 앞으로 전개될 설득전에 있어서 진보 진영과 보수 진영 각자에게 효과적인 전략이 무엇인지를 시사한다. 진보 진영은 기본소득이 사람들의 실제적 필요를 반영한다는 점(40대 및 50대 남성의 우호적 태도), 기본소득의 기본 원리를 어필하는 것이 유리하다는 점, 기본소득의 대상, 형태 및 사용 범위에 대한 논쟁은 중도층의 이탈을 가져온다는 점, 기본소득은 개인과 국가의 관계를 돌봄의 관점에서 볼 때 우호적인 반응을 유발한다는 점(복지의 관점) 등을 주목할 필요가 있다. 반면에, 보수 진영에서는 기본소득의 기본 원리보다는 구체적인 형태, 특히 지급 대상과 사용 범위에 대해서 논쟁하는 것, 기본소득이 경제 원리를 위반한다는 점을 강조하는 것, 세상은 어쩔 수 없이 경쟁의 장이라는 점을 강조하는 것들이 기본소득에 대한 태도를 부정적으로 유도한다는 점을 주목할 필요가 있다.

　기본소득에 대한 우리 사회의 논쟁이 건강한 형태로 진행되기 위해서는 기본소득에 대한 태도 측정이 정확하게 이루어져야 하고, 기본소득에 대한 태도를 결정하는 다양한 심리적 변인을 이해하는 것이 필요하다는 인식하에 집필된 이 장이 기본소득에 대한 건강한 논의에 작은 기여라도 할 수 있기를 희망한다.

참고문헌

강남훈(2010). 기본소득 도입모델과 경제적 효과. 진보평론, (45), 12-43.

강남훈(2019). 근로소득세 공제 없애고 기본소득을 지급할 때의 재분배 효과-근로소득 천분위 자료 분석. 사회경제평론, 32(1), 1-27.

곽노완(2009). 신자유주의와 실질적 자유지상주의의 경제철학: 하이에크의 시장중심주의와 판 빠레이스의 기본소득 논의를 중심으로. 사회와 철학, (18), 1-32.

김교성(2009). 기본소득 도입을 위한 탐색적 연구. 사회복지정책, 36(2), 33-57.

김민수(2020). 기본소득 도입에 대한 세대 간 인식차이 연구. 사회과학연구, 31(4), 257-272.

김수완, 안상훈, 김영미(2018). 기본소득, 누가 왜 지지하는가?: 4차 산업혁명과 일자리축소 담론에 대한 탐색적 연구. 사회보장연구, 34(4), 1-31.

노대명(2020). 재난기본소득 논의를 통해 본 한국 소득보장제도의 문제점과 향후 과제. 보건복지포럼, 281, 64-84.

노정호(2018). 핀란드와 네덜란드 기본소득 실험의 방법론적 의미와 한계, 그리고 시사점. 한국사회정책, 25(1), 71-96.

백승호(2010). 기본소득 모델들의 소득재분배 효과 비교분석. 사회복지연구, 41(3), 185-212.

서정희(2017). 기본소득과 사회서비스의 관계설정에 관한 연구: 사회서비스 구축론에 대한 반론을 중심으로. 비판사회정책, (57), 7-45.

서정희(2018). 지방자치단체에서의 기본소득 실현 가능성에 대한 법적 고찰. 사회복지정책, 45(4), 171-206.

Altemeyer, B. (1998). The other "authoritarian personality". In M. Zanna (Ed.), *Advances in experimental social psychology* (Vol. 30, pp. 47-92). New York: Academic Press.

Balliet, D., Parks, C., & Joireman, J. (2009). Social value orientation and cooperation in social dilemmas: A meta-analysis. *Group Processes & Intergroup Relations, 12*(4), 533-547.

Bogaert, S., Boone, C., & Declerck, C. (2008). Social value orientation and cooperation in social dilemmas: A review and conceptual model. *British Journal of Social Psychology, 47*(3), 453-480.

Calnitsky, D., & Latner, J. P. (2017). Basic income in a small town: Understanding the elusive effects on work. *Social Problems, 64*(3), 373-397.

Casassas, D., & De Wispelaere, J. (2012). The Alaska model: A republican perspective. In K. Widerquist & M. W. Howard (Eds.), *Alaska's permanent fund dividend* (pp. 169-188). New York: Palgrave Macmillan.

Chirumbolo, A., Leone, L., & Desimoni, M. (2016). The interpersonal roots of politics: Social value orientation, socio-political attitudes and prejudice. *Personality and Individual Differences, 91*, 144-153.

Cross, C. P., Copping, L. T., & Campbell, A. (2011). Sex differences in impulsivity: A meta-analysis. *Psychological Bulletin, 137*(1), 97-130.

De Wispelaere, J. (2016). The struggle for strategy: On the politics of the basic income proposal. *Politics, 36*(2), 131-141.

De Wispelaere, J., & Stirton, L. (2004). The many faces of universal basic income. *The Political Quarterly, 75*(3), 266-274.

Duckitt, J., & Sibley, C. G. (2010). Personality, ideology, prejudice, and politics: A dual-process motivational model. *Journal of Personality, 78*(6), 1861-1894.

Eagly, A. H., & Wood, W. (1999). The origins of sex differences in human behavior: Evolved dispositions versus social roles. *American Psychologist, 54*(6), 408-423.

Greiling, H., & Buss, D. M. (2000). Women's sexual strategies: The hidden dimension of extra-pair mating. *Personality and individual Differences, 28*(5), 929-963.

Hoynes, H., & Rothstein, J. (2019). Universal basic income in the United States and advanced countries. *Annual Review of Economics, 11*, 929-958.

Lee, S. (2018). Attitudes toward universal basic income and welfare state in Europe: A research note. *Basic Income Studies, 13*(1), 1-9.

Murphy, R. O., Ackermann, K. A., & Handgraaf, M. (2011). Measuring social value orientation. *Judgment and Decision making, 6*(8), 771-781.

Poteat, V. P., & Mereish, E. H. (2012). Ideology, prejudice, and attitudes toward sexual minority social policies and organizations. *Political Psychology, 33*(2), 211-224.

Pratto, F., Sidanius, J., Stallworth, L. M., & Malle, B. F. (1994). Social dominance orientation: A personality variable predicting social and political attitudes. *Journal of Personality and Social Psychology, 67*(4), 741-763.

Roosma, F., & Van Oorschot, W. (2020). Public opinion on basic income: Mapping European support for a radical alternative for welfare provision. *Journal of European Social Policy, 30*(2), 190-205.

Saunders, B. A., Kelly, E., Cohen, N. P., & Guarino, C. (2016). Right-wing authoritarianism and social dominance orientation indirectly predict support for New York City's Stop-&-Frisk policy through prejudice. *Current Psychology, 35*(1), 92-98.

Yang, J., Mohan, G., & Fukushi, K. (2020). An analysis of the factors influencing public attitudes toward implementing basic income (BI) from an individual perspective: A case study of Hokuriku region,

Japan. *Societies, 10*(3), 1-18.

Zakrisson, I. (2005). Construction of a short version of the right-wing authoritarianism (RWA) scale. *Personality and Individual Differences, 39*(5), 863-872.

03

기본소득 도입의 장기 경제 효과

장용성(서울대학교 경제학부 교수)
한종석(아주대학교 경제학과 조교수)
김선빈(연세대학교 상경대학 경제학부 교수)

일반균형모형을 이용한 기본소득 도입이
경제에 미치는 효과 분석, 그 필요성

코로나 사태로 인해 크게 위축된 경제에 활력을 불어넣기 위해 정부는 2020년 상반기 전 국민에게 긴급재난지원금을 지급했다. 4인 이상 가구에게 100만 원을 지급하는 것을 골자로 가구원 수별로 40~100만 원까지 차등지급해 2,160만 가구(전체 가구의 99.5%)에게 총 13조 5,908억 원을 지원했다(행정안전부, 2020. 6. 8.). 애초 긴급재난지원금은 모든 가구를 대상으로 하지 않았다. 4월 30일 국회에 제출된 2020년도 제2회 추가경정예산에 따르면 정부는 소득 하위 70%에 대해 총 12.2조 원 규모의 재정을 투입하고자 했다. 그러나 국회에서 긴급재난지원금 지급을 논의하는 과정에서 지급 대상이 전 국민으로 확대되면서 정치권을 시작으로 전 국민에게 일정 수준의 소득을 지급하는 기본소득에 대한 논의가 촉발되었다.

기본소득과 재난지원금은 현금을 지원한다는 측면에서는 유사하나, 그 경제적 효과는 완전히 다르다. 재난지원금은 예상치 못한 경제적 충격을 완화시켜 주기 위해 일회성으로 지원되는 이전지출이다. 반면, 기본소득은 모든 국민을 대상으로 조건 없이 정기적으로 지급하기 때문에 긴급재난지원금과는 그 규모와 파급효과가 근본적으로 다르다.[1] 재난지원금과 달리 기본소득은 매월 혹은

---

[1] 기본소득의 개념과 도입에 따른 긍정적·부정적 효과는 최한수(2017)를 참고하기 바란다. 이 논문에서는 추가적으로 해외의 기본소득 도입 사례를 통해 한국이 기본소득을 도입할 때 고려할 점 등에 대해서도 정리하고 있다.

매년 지급되는 것으로서 경제학에서는 이를 항상소득(permanent income)의 증가라고 부르며, 항상소득의 증가는 노동 공급뿐만 아니라 저축 등의 의사결정에 큰 영향을 미치는 것으로 알려져 있다.[2] 더욱이 개별 가계의 행동 변화는 궁극적으로 이자율, 임금 등 경제 전체의 주요 가격에도 영향을 미치게 되며, 이러한 가격 변화가 다시 경제 주체들의 의사결정에 영향을 주게 된다. 이처럼 정부 정책이 경제의 전반적인 가격에 영향을 미치는 것을 경제학에서는 일반균형 효과라고 부른다.[3] 기본소득은 전 국민에게 매년 또는 매월 지급되기 때문에 막대한 재원이 소요되고 일반균형 효과를 반드시 함께 고려해야 한다. 아울러 그 재정 규모가 막대하므로 재원 조달 방법이 반드시 함께 논의되어야 한다. 경우에 따라서는 조세체계 및 복지제도의 근본적 변화가 불가피할 수도 있다.

이 장의 구성은 다음과 같다. 먼저, 기본소득의 해외 사례를 소개하고, 기본소득의 경제적 효과에 관한 선행연구를 소개한다. 이러한 논의를 바탕으로 기본소득 도입의 경제적 효과를 일반균형모형을 이용해 정량적으로 분석한 한종석, 김선빈, 장용성(2021)의 모형을 소개하고 이를 이용한 모의실험 분석 결과를 정리하였다.

---

[2] 항상소득이란 경제 주체가 평생 벌어들이는 소득의 총합으로서, 해마다 다를 수 있는 일시적 소득과 대조되는 개념이다.

[3] 경제학에서는 정책 효과의 여파가 그 산업 또는 경제의 일부분에만 영향을 미치는 경우를 부분균형(partial equilibrium)이라 부르고, 정책의 효과가 경제 전체에 미치는 경우를 일반균형(general equilibrium)이라 일컫는다. 부분균형 분석은 정책이 특정 시장 또는 집단에게만 국한되기 때문에 이자율, 임금 등에 영향을 미치지 않는다. 반면에 정책의 크기와 해당되는 범위가 광범위해 이자율, 임금 등 경제의 상대가격이 영향을 받는 것을 일반균형 효과라고 부른다.

해외 사례로 본 기본소득 찬반론의 주요 쟁점

기본소득 도입에 대한 찬반 논의는 다양한 형태를 띠고 있지만, 기본소득 도입을 반대하는 견해의 주된 근거는 막대한 재원을 마련하기 위해 세부담을 높이면 경제적 효율성이 저하된다는 것이다.[4] 반면에 기본소득 도입을 찬성하는 입장은 크게 두 가지 관점으로 나뉜다. 첫 번째는 인공지능과 로봇 등의 발전으로 인해 인간이 하는 일을 대신함에 따라 일자리가 줄어들 것이고, 이로 인해 근로소득이 감소하는 것에 대비하기 위해서 기본소득이 필요하다는 입장이다. 두 번째는 행정비용을 줄이기 위해 기존의 선별적 복지제도를 행정비용이 적은 기본소득으로 대체하자는 입장이다. 소득 수준과 인적 조건을 파악해서 해당 계층에게만 이전지출을 지급하는 현행 복지제도는 많은 행정비용을 초래하기 때문에 이를 기본소득으로 대체하는 것이 더욱 효율적이라고 본다.

두 입장은 기본소득을 찬성한다는 측면에서는 동일하지만 도입 취지가 매우 다르기 때문에, 기본소득을 도입하면서 현재 복지제도를 어떻게 할 것인지에 대한 입장 역시 매우 다르다. 첫 번째 입장은 앞으로 감소하는 노동소득에 대비하기 위한 것이므로 현행 복지제도를 유지한 상태에서 기본소득을 추가적으로 도입하고자 한다. 반면, 두 번째 입장은 행정비용을 줄이기 위해서 기존의 복지제도를 기본소득으로 대체하는 방식으로 도입을 주장한다. 그러나

---

[4] 기본소득에 대한 연구들을 정리한 논문들로는 Banerjee 등(2019)과 Hoynes와 Rothstein(2019) 등이 있다.

기본소득 도입을 찬성하는 두 입장 모두 다음과 같은 측면에서 다소 문제점을 보인다.

첫째, 현재 우리가 공상과학 영화에서 보듯이 로봇이 상당한 노동을 대신해 주고 로봇이 창출한 소득의 일부를 회수해서 전 국민에게 기본소득을 지급할 수 있는 재원을 마련할 만한 수준의 경제 발전 단계에 이르렀는지는 의문이라는 점이다. 이와 같은 현실은 아직까지는 요원한 미래에 실현될 시나리오라고 보는 것이 현실적일 것이다. 아직은 대부분의 생산활동에 노동이 직접 투입되어야 한다. 그렇다면 결국 전 국민에게 지급하기 위해 막대한 재원이 소요되는 기본소득 마련을 위해서는 주된 생산활동의 원천인 근로소득에 세금이 추가로 부과되는 것을 피하기 어려울 것이다. 먼 미래에 실현될 시나리오를 위해 현재 막대한 재원을 투입하는 것이 타당한지에 대해서 다시 생각해 볼 필요가 있다. 기술 변화로 인한 일자리 감소 우려는 과거 세 번의 큰 산업혁명 시기(증기기관 발명으로 인한 1차 산업혁명, 전기 발명으로 인한 2차 산업혁명, 인터넷 발명으로 촉발된 3차 산업혁명)에도 늘 대두되었던 우려였다. 하지만 지금까지의 역사적 경험으로 비추어 볼 때 기술 혁명은 오히려 장기적으로 더 좋은 일자리를 더 많이 창출했다. 지금 진행되고 있는 소위 4차 산업혁명으로 인해 과거의 사례와 달리 일자리가 줄어들지, 아니면 여전히 우리가 상상하지도 못했던 새로운 형태의 직업과 일자리가 창출될지 누구도 단언하기 힘들다고 보아야 할 것이다.

둘째, 선별적 복지에 따른 행정비용은 일반적으로 우려하는 것에 비하면 실제로 크지 않다. 기본소득은 구성원들의 재산, 소득 정도를 일일이 파악하기 어렵기에 모든 사람에게 똑같이 나누어 주자는 것인데, 어차피 세금을 걷는 과정에서 이러한 정도의 기본적인 정보는 필요하게 마련이다. 더구나 개인정보의 전산화가 잘되어 있는 우리나라를 비롯한 선진국 경제에서 이러한 주장은 설득력이 떨어진다. 예를 들어, 기초생활보장제도 운영에 따르는 비용을 추계한 김진과 엄태호(2009)의 결과에 따르면 복지비용 100원당 발생하는 행정비용은 3.9원 정도[5]이기 때문에 기본소득 도입으로 줄일 수 있는 행정비용은 그다지 크지 않을 것으로 보인다.

다음으로 다른 나라에서 실시되고 있는 기본소득 사례를 살펴보자. 먼저, 알래스카의 기본소득을 보자. 기본소득에 반대하는 견해의 주된 근거는 막대한 재원을 마련하기 위한 세금 인상과 이로 인해 발생하는 자원 배분 왜곡에 따른 경제의 효율성 저하이다. 기본소득에 대해 급격히 관심이 늘었음에도 전 세계에서 기본소득을 전격적으로 도입한 곳은 미국의 알래스카주가 유일하다. 그러나 알래스카주의 인구 규모는 2019년 기준 약 73만 명에 불과해 서울시 송파구(약 67만 명)보다 조금 더 크다. 알래스카 주민들에게 지급할 기본소득의 재원은 석유와 천연자원 판매를 통해 마련된 영구기금으로 조달된다. 기본소득 지급 액수는 영구기금의 5년 평균 실적에 근거해 책정되는데, 최근 수년간 지급된 액수는 1인당 연간 1,000달러를 조금 상회한다. 석유나 천연자원은 그 지역 주민의 공유자원이라는 공감대가 형성되어 있어, 이로 인해 발생하는 수익을 일정하게 배분하는 것에 대해 구성원들의 동의를 얻기 쉽다. 그러나 우리나라처럼 노동과 자본이 투입되어 부가가치를 창출하는 경

---

5) 행정비용 추산을 위해 담당 공무원들에게 자신의 업무시간 중 기초생활보장사업 관련 업무에 투자하는 시간을 설문조사를 통해 측정한 뒤 해당 공무원의 인건비와 경비를 적용해 비용으로 환산하는 방식으로 측정했다.

제활동 행위로 소득이 창출되는 경우, 궁극적으로는 근로소득세나 자본소득세와 같이 노동과 자본에 부과되는 조세에 주로 의존할 수 밖에 없다. 일반적으로 조세의 부과는 자원 배분의 왜곡을 초래하기에 그로 인한 부작용이 따르게 마련이다. 따라서 기본소득의 논의는 기본소득 지급으로 인해 발생하는 이득과 조세 부담 증가로 인해 추가로 발생하는 비용을 늘 함께 비교해야 한다. 기본소득 도입을 반대하는 가장 큰 이유는 기본소득을 지급하기 위해서 막대한 재원이 소요된다는 것이다. 알래스카의 경우처럼 부존자원이 있어서 재원 마련 방안을 고민할 필요가 없는 경우가 아니라면 막대한 기본소득 재원을 어떻게 마련할 것인가는 중요한 문제로 떠오른다. 조세 부담이 큰 폭으로 증가하는 것이 불가피할 경우 이로 인한 부작용이 기본소득 도입으로 인한 편익을 압도할 가능성이 크다.

다음으로는 네덜란드와 핀란드의 실험을 살펴보자. 알래스카를 제외하면, 대대적으로 기본소득을 실시한 국가나 지방정부는 아직 없다. 일반적으로 알려진 네덜란드와 핀란드의 사례는 사실상 소규모 실험에 불과하다. 아이러니하게도 네덜란드와 핀란드의 기본소득 실험은 지나치게 관대한 복지제도 때문에 발생한 도덕적 해이를 줄이는 정책을 찾으려는 모색 과정에서 해 본 실험이었다. 이 두 나라는 매우 관대한 실업급여제도로 인해 일정 기간 일하고 직장을 그만둔 후 실업수당을 받는 행위를 반복하는 사람들이 늘어나 사회적 문제가 되고 있었다. 즉, 실업수당이 본래의 취지와 달리 근로 인센티브를 저해하는 부작용이 점점 커지고 있었다. 이를 우려한 정책 당국자들이 차라리 (근로의욕을 저하하는) 실업급여제도를 아예 없애고 근로 여부와 관계없이 일정액을 제공하는 실험을 해 보기로 한 것이다.[6]

기본소득에 관한 기존 연구를 넘어서서

　기본소득에 대한 찬반 논의는 이러한 다양한 상황을 종합적으로 고려해서 이루어져야 함에도 불구하고, 기본소득 도입의 경제적 효과를 심도 있게 분석한 연구가 많지 않은 상황이다. 기본소득에 관한 많은 선행연구는 기본소득이 노동 공급에 미치는 효과에만 초점을 두고 있다. 이 효과를 측정하기 위해 핀란드와 같은 몇몇 국가에서 이루어진 기본소득 실험 결과들을 바탕으로 한다. 그러나 이 연구들은 현재 논의되고 있는 기본소득 제도처럼 전 국민을 대상으로 항구적으로 제도를 도입한 것이 아니기에 이 실험 결과를 바탕으로 기본소득의 전면적 실시 정책의 효과를 분석하는 것은 한계가 있다. 즉, 기본소득에 관한 대부분의 실증분석은 소규모 실험에 기반한 연구 결과에 의존하고 있기에 기본소득 도입에 따른 일반균형이 포함된 경제적 효과를 제대로 분석할 수 없다. 첫째, 기본소득 실험에 일시적(1년 또는 2년)으로 참여한 사람들이 과연 평생 기본소득을 지급받는 경우와 같은 반응을 보일지 의문이다. 둘째, 이 실험들이 기본소득이 파생시키는 일반균형 효과를 반영하지 못한다. 수백 혹은 수천 명을 대상으로 하는 소규모 집단의 실험은 경제 전체의 상대가격(경제학에서 말하는 일반균형 효과)에 영향을 미치지 못하며, 국가 재정부담의 문제도 유발하지 않는다. 반면, 전 국민에게 지급되는 기본소득은 대규모 재정 조달의 문제(조

---

6) 이 나라들의 기본소득 실험에 관한 보다 자세한 내용은 최한수(2017)를 참고하기 바란다.

세를 누가 부담하는가의 문제)와 일반균형 효과(경제 전체의 노동과 자본의 변화로 인한 이자율, 임금 등의 변화)가 수반된다.

이제 일반균형모형을 이용한 최근 연구를 보자. 소규모 실험 결과에 의존한 기존 연구들이 갖는 한계를 보완하기 위해 현실경제와 유사한 모형경제를 만든 후, 이 모형경제에 기본소득 도입의 효과를 컴퓨터 모의실험을 통해 분석하는 방식이 대두되었다. 특히 최근에 기본소득 도입의 경제적 효과를 이질적 경제 주체 일반균형 중첩세대 모형을 활용하여 정량적으로 분석한 몇몇 연구가 발표되었다. 최근 선행연구에서는 구조모형을 이용하여 기본소득의 효과를 분석한 연구들을 중심으로 살펴보고 있다.

Toniolo(2019)는 EU 15개국을 바탕으로 모형경제를 구축한 뒤 기본소득을 도입했을 때의 경제적 효과를 이질적 경제 주체 일반균형모형을 이용하여 분석하고 있다. 기본소득을 도입하면 노동시간과 총생산이 상당히 감소하고 후생도 개선되지 않는 것으로 나타났다. Luduvice(2019)는 일반균형 중첩세대 모형을 이용하여 미국 민주당 대통령 선거 후보 중 한 명이었던 Andrew Yang이 대통령 선거 후보 공약으로 제시했던 미국 국민 1인당 연간 1만 2,000달러의 기본소득을 지급할 때의 경제적 효과를 분석했다. 이 규모의 기본소득 지급을 위해서는 GDP 대비 20%에 이르는 막대한 재원이 추가로 필요한데, 이를 소비세율 인상으로 마련한다고 가정했다. 분석 결과, 기준경제 대비 총생산과 총소비는 15%와 12% 정도 하락하였고, 소득 지니계수는 기준경제 0.44에서 0.55로 악화되지만 후생수준은 개선되는 것으로 나타났다. Conesa, Li, Li(2020)도 Andrew Yang의 제안과 유사한 규모의 기본소득을 도입하는 것이 경제에 미치는 효과를 일반균형 중첩세대 모형을 이용해서 정량적

으로 분석하고 있는데, Luduvice(2019)와는 달리 다양한 재원 마련
방안에 초점을 두고 있다. Conesa, Li, Li(2020)에서는 소비를 필수
재와 사치재로 구분하고, 기본소득 재원을 마련할 때 사치재의 소
비세율을 필수재보다 높게 설정하는 방식으로 소비세율에 누진도
를 적용해 재원을 마련한다. 이러한 방식으로 재원을 마련하면 장
기적으로 경제적 효율성에 미치는 부정적인 효과를 완화하고 후
생수준도 개선된다는 것을 제시했다. Daruich와 Fernandez(2020)
는 앞선 두 논문과 비슷한 규모의 기본소득 도입의 효과를 유사한
모형을 활용해 정량적으로 분석한다. 기존 연구들과는 달리 이 논
문은 교육을 통해 인적자본을 축적하는 과정을 고려하고, 기본소
득 도입의 후생효과를 제도 도입 시점에 존재하는 세대와 제도 도
입 이후 태어난 세대를 비교한다. 분석 결과, 기본소득 도입은 현재
세대의 후생수준은 높이지만 미래 세대의 후생은 악화시키는 것으
로 나타났다. 기본소득이 미래 세대에게도 공적 보험을 확대한 효
과는 있지만 세부담이 증가하고 인적자본에 대한 투자가 감소하
기 때문에 기본소득이 없는 경제보다 후생이 악화된다. 마지막으
로, Jaimovich 등(2020)은 자동화로 인해 반복업무를 하는 일자리
(routine job)가 없어지는 상황에서 ① 실업급여를 증가시키는 경우,
② 기본소득을 도입하는 경우, ③ 비경제활동인구에게 이전지출을
하는 경우 등 세 가지 정책의 경제적 효과를 비교 분석한다. 실업급
여를 높이게 되면 경제 전체의 후생수준은 다소 증가하지만 기본
소득을 도입하거나 비경제활동인구에 대한 이전지출을 도입하게
되면 재원 마련을 위해 왜곡적 조세를 높이면서 후생수준이 악화
되는 결과가 나타났다.

　기본소득에 대한 우리나라의 대표적 연구로는 최한수(2017, 2018)

를 들 수 있다. 최한수(2017)는 기본소득 개념과 도입의 긍정적·부정적 효과에 대한 논의들을 정리하고 있다. 해외의 기본소득 도입 사례를 통해 한국이 기본소득을 도입할 때 고려할 점들을 정리하고 있다. 최한수(2018)는 세금-편익 모형을 이용하여 기본소득 도입이 소득재분배에 미치는 영향을 정량적으로 계산하였다. 정부 예산의 크기를 현재와 동일하게 유지하면서 기본소득을 도입하는 경우와 증세를 통해 추가 예산을 확보하여 기본소득을 도입하는 경우 등의 정책 실험을 통해서 기본소득으로 인해 어떤 계층이 수혜를 받는지 분석한다. 이 논문에서도 명시적으로 지적하듯이 제도 도입으로 인한 경제 주체들의 의사결정 변화를 고려하지 못한 한계가 있다. 조경엽과 김영덕(2017)은 CGE 모형을 이용하여 기본소득 도입이 노동 공급과 소득재분배에 미치는 영향을 분석한다는 측면에서 경제 주체들의 행동 변화를 고려하고 있다. 그러나 사전적으로 소득분위를 구성해서 분석하고 있어 소득분포가 내생적으로 결정되지 않기 때문에 제도 도입에 따른 경제 전체의 소득분포의 효과를 고려하지 못하는 한계가 있다. 다음 절에서는 이상과 같이 제도의 변화에 따른 경제 주체의 행동 변화 및 소득분포의 변화까지 고려하는 일반균형모형을 기반으로 컴퓨터 시뮬레이션을 이용한 김선빈 등(2021)의 연구 결과를 간략하게 소개한다.

일반균형모형경제, 그 구조와 특성

김선빈 등(2021)에서 사용한 모형은 다음과 같은 특징을 갖는다. 첫 번째 특징은 경제 주체들이 나이를 고려한 생애주기에 따라 노동 공급, 소비, 저축을 결정한다는 것이다. 각 시점에 여러 세대가 함께 공존하는 중첩세대 구조를 갖는다. 노동생산성과 노동 공급 형태가 연령별로 달라지고 기초연금과 같은 일부 제도들이 연령을 조건으로 하기 때문에 모형에서 연령 구조를 고려해야 한다. 개별 경제 주체는 기대효용을 극대화하도록 의사결정을 한다.

두 번째 특징은 일반균형 효과를 고려하고 있다는 것이다. 기본소득은 전 국민에게 1인당 상당한 규모의 이전지출을 지급하기 때문에 개인의 저축과 노동 공급 의사결정뿐만 아니라 가격변수인 이자율과 임금에도 상당한 영향을 미친다. 이 연구에서는 임금과 이자율을 비롯한 가격변수들이 모형 내의 시장 청산 과정을 통해 결정되는 구조를 가지고 있기에 정책 변화로 인한 일반균형 효과가 다시 개인의 의사결정에 미치는 경로까지 반영하는 장점이 있다. 마지막으로, 이 모형은 불완전 자본시장(incomplete market)하에서 노동생산성 충격에 따른 이질성과 차입제약을 고려하고 있어 소득 및 자산 분포가 모형 내에서 내생적으로 결정된다. 여기서 사용하고 있는 일반균형 중첩세대 모형은 연령 간 차이뿐만 아니라 연령 내의 이질성을 생성하고 있기 때문에 정책 변화에 따른 각종 소득분포 변화를 컴퓨터 시뮬레이션을 통해 측정하여 비교할 수 있다는 장점이 있다. 정량분석을 위해 2019년 시점의 연령 분포와 노동시장 형태, 정책들을 바탕으로 기준경제를 설정한다. 이전지출 관련 제도들은 기초생활급여와 기초연금 등의 현금급여와 근로장려세제를 반영하고 그 밖의 가계이전지출은 현물급여로 지급하는 것을 고려한다. 현물급여는 경제 주체들이 소비에만 사용할 수 있는 반면, 현금급여는 소비와 저축에 모두 사용할 수 있는 방식으로 양자를 구분한다. 연령별 인구분포와 고용률, 노동생산성, 이전

표 3-1 GDP 대비 세목별 수준과 재정지출: 자료 vs. 모형(기준경제)

	총수입	국세(15.6%)				사회보장 기여금	세외 수입
		소득세	자본세 (법인세)	소비세	관세, 기타		
자료	23.20%	4.40%	3.80%	4.40%	3.00%	3.60%	4.00%
모형	13.72%	4.35%	3.09%	6.28%	–	–	

	총지출	현금 급여	현물 급여	근로 장려금	재화용역 (정부소비)	지방정부 경상이전	자본지출 및 기타
자료	24.50%	1.20%	7.50%	0.20%	3.10%	8.60%	3.90%
모형	13.70%	1.20%	7.50%	0.70%	4.30%	–	–

주: 자료는 통계청 통합재정수지 2019년 자료를 활용하여 측정, 모형은 기준경제의 결과임.

지출 관련 각종 모수들은 2019년 경제를 기준으로 설정한다.

이제 모형경제와 2019년 한국 경제의 비교를 시도하고자 한다. 모형경제의 현실경제 설명력을 확인하기 위해 모형에서 생성된 조세-재정 관련 변수들을 살펴보자. 〈표 3-1〉은 김선빈 등(2021)에서 사용된 모형과 한국 경제의 재정지출 및 조세를 비교했다.

〈표 3-1〉는 2019년 통합재정수지에서 제공하고 있는 수입과 지출 항목을 GDP 대비로 측정하여 모형과 비교한 것이다.[7] 모형에서는 사회보장기여금이나 세외수입을 고려하고 있지 않기 때문에 총수입이 모형보다 자료에서 높다. 국세 수입으로 한정해서 비교해도 조세는 GDP 대비 15.6%로 모형의 13.7%보다 다소 높은데, 이는 모형에서는 관세나 환경세와 같은 세목들은 고려하고 있지 않기 때문이다. 그 밖에 소득세와 자본세, 소비세의 GDP 대비 수

---

[7] 모형경제에서 자본세는 자산소득에 부과하는 것으로 현실경제에서는 법인세를 목표로 한 것이고, 소비세는 부가가치세와 개별소비세를 합한 것이다.

준은 실제 자료와 유사하다. 총지출 역시 총수입과 마찬가지로 자료가 모형보다 높은데, 이는 총지출에서 큰 비중을 차지하는 지방정부 경상이전이나 자본지출 및 기타와 같은 항목을 모형에서 고려하고 있지 않기 때문이다. 모형에서 고려하고 있는 현금급여와 현물급여 및 정부 소비는 자료와 유사하게 나타나 재정지출 관련 모수들 역시 현실경제 설명력에 부합하게 설정되었다. 그러나 앞의 연구에 사용된 모형에서는 가구 형태를 구분하지 않고 홀벌이 가구의 산정 방식만을 적용했기 때문에 GDP 대비 근로장려금이 자료보다 모형에서 다소 높게 나타난다.

다음으로는 기본소득 모의실험 설계에 관해 살펴보자. 김선빈 등(2021)의 연구에서 실시한 모의실험은 25세 이상[8] 모든 국민에게 연간 360만 원(월 30만 원)의 기본소득을 지급하는 것으로 가정한다. 이는 현재 기초연금에서 지급하는 금액과 동일하다. 2019년 기준 25세 이상 국민은 3,919만 명이고 이들에게 연간 360만 원의 기본소득을 지급하게 되면 연간 총 141.1조 원, GDP 대비 7.35%의 재원이 추가적으로 필요하다.[9] 이는 2019년 기준 재정지출에서 가계 경상이전과 비영리단체 경상이전지출을 합친 것과 유사한 크기로, 결코 적지 않은 규모이다. 따라서 정책 실험에서는 기존의 이전지출을 조정하거나 세목별로 세율을 높여 기본소득 재원을 마련하는 여러 시나리오를 함께 고려한다.

---

[8] 기본소득 지급 대상 연령을 25세 이상으로 한정한 것은 모형경제에서 시작연령을 노동시장에 진입한 시점인 25세로 설정했기 때문이다.

[9] 2020년 미국 민주당 대통령 선거 후보 경선에서 Andrew Yang은 모든 국민에게 연간 1만 2,000달러의 기본소득을 지급할 것을 제안했는데, 이는 미국 GDP 대비 20%에 이르는 규모이다.

기준 시나리오[실험 (1)]는 기본소득에 필요한 재원을 모두 소득세율 인상을 통해서 마련하는 것이다. 모형의 모의실험에 따르면 기본소득 도입 시 균형재정을 유지하기 위해 소득세율은 기준경제보다 17.6%p 인상된 24.4%가 되어야 한다. 다음 정책 실험 시나리오는 기존 정부 지출 일부를 폐지하는 것으로서, 기준경제에서 지급하고 있던 현금급여(기초생활급여+기초연금)를 폐지하는 방안[실험 (2)]과 모든 국민에게 정액으로 지급하던 현물급여를 폐지하는 방안[실험 (3)]을 고려한다. 이상의 이전지출 폐지에도 불구하고 재원이 모자라는 경우, 기준 시나리오와 마찬가지로 소득세율 인상으로 부족한 재원을 마련한다고 가정한다. 이 두 실험에서 근로장려세제는 기준경제와 동일하게 유지한다.

실험 (4)는 기본소득 도입에 필요한 추가 재원을 자본소득세로 충당하는 시나리오이다. 다만, 이 경우 기본소득에 소요되는 재원이 막대하기 때문에 근로소득세나 소비세 과표의 절반 수준밖에 되지 않는 자본소득세 인상만으로 소요재원을 모두 마련하는 데는 무리가 있다. 따라서 우선 자본소득세율을 20%p(즉, 현재 30%에서 50%로) 올리고 나머지 필요한 재원은 근로소득세 인상을 통해 마련한다. 이때 근로소득세율은 기준경제보다 14.2%p 증가해야 한다. 마지막 시나리오[실험 (5)]는 기본소득 소요재원 전부를 소비세율 인상으로 마련하는 경우이다. 이 실험에서 소비세율(우리나라의 경우 부가가치세에 해당)은 기준경제의 10%보다 14.7%p 증가한 24.7% 수준이 되어야 재원 마련이 가능하다. 〈표 3-2〉는 다섯 가지 시나리오의 정책 실험 내용을 정리한 것이다.

기본소득 도입의 경제적 효과는 각각의 정책 실험에 대해 거시경제 효과, 소득재분배 효과, 후생 효과 등 세 가지 측면에서 정량

표 3-2　정책 실험 내용 정리

	(1) 기준 시나리오	(2) 현금급여 폐지	(3) 현물급여 폐지	(4) 자본세 인상	(5) 소비세 인상
기본소득 규모	1인당 연간 360만 원(GDP 대비 7.35%)				
현금급여	○	×	○	○	○
현물급여	○	○	×	○	○
EITC	○	○	○	○	○
근로소득세율	+17.65%p	+11.08%p	+0.0%p	+14.22%p	+0.0%p
자본세율	–	–	–	+20%p	
소비세율	–	–	–		+14.73%p

출처: 한종석, 김선빈, 장용성(2021).

적으로 분석한다. 거시경제 효과는 총생산을 비롯해 총유효노동력, 총자본, 총소비 등 총량변수들과 가격변수인 이자율과 임금수준의 변화를 기준경제 대비로 측정해 살펴본다. 소득재분배 효과는 각 정책 실험에서 근로소득과 자본소득으로만 구성된 세전소득과 조세 부담과 각종 이전지출, 기본소득까지 고려한 세후소득의 지니계수를 측정해서 비교한다. 기본소득 도입은 개인의 노동 공급 및 저축 의사결정에 영향을 줄 뿐만 아니라 일반균형 효과를 통해서도 세전소득 분포를 변화시킨다. 각종 조세와 이전지출, 기본소득까지 고려된 세후소득 분포 역시 기본소득이 도입되지 않은 기준경제와는 달라진다. 따라서 두 소득의 지니계수가 각 정책 실험별로 어떻게 달라지는지를 살펴본다. 마지막으로, 기본소득을 도입하는 것이 경제 주체들의 평균적 후생수준에는 어떤 영향을 주는지 분석한다. 후생변화를 측정하기 위해서 사회후생함수(social welfare function)를 정의하고, 이를 소비 단위로 환산한 소비대등변화(Consumption

Equivalent Variation: CEV)의 크기를 계산한다(여기서 사회후생함수는
경제 내 모든 경제 주체의 평균적인 후생을 의미한다).

일반균형모형을 이용한 모의실험, 그 결과와 의미

기본소득 정책 도입에 따른 경제적 효과를 거시경제 지표, 소득
분배, 후생수준의 세 가지 측면에서 살펴본다. 정량분석은 장기균
형 비교를 토대로 한다. 즉, 정책 시행 이전(2019년 기준경제)의 균
제 상태와 정책 시행 후 '충분한' 시간이 흘러 새로운 균제 상태에
이른 장기균형을 비교한다.[10]

〈표 3-3〉은 각각의 정책 실험에 대해서 거시경제 변수들의 변
화를 기준경제(기본소득 도입 전, 2019년 한국 경제의 장기균형) 대비
로 측정한 것이다.

기본소득 도입의 경제적 효과를 요약하면 다음과 같다. 연간
360만 원씩 기본소득을 지급하고 필요한 재원을 근로소득세율 인
상으로 충당하는 기준 시나리오[실험 (1)]에서는 우선 기본소득 지
급에 필요한 재원 마련을 위해서는 근로소득세율이 17.65%p 인상
되어야 한다. 소득세율 인상과 더불어 기본소득 도입으로 인한 예
비적 동기의 노동 공급과 저축이 감소해 장기적으로 총유효노동,

---

10) 균제 상태는 일종의 장기균형을 의미한다. 즉, 경제 환경에 새로운 변화가 생겼을 때
   충분한 시간이 지난 후 도달한 장기균형 상태를 지칭한다. 만일 경제가 새로운 균제
   상태에 도달하는 데 걸리는 시간이 매우 길다면 이 기간 동안 발생하는 효용도 후생
   비교에 매우 중요하나, 계산의 편의를 위해 여기서는 장기균형 간 비교 분석에 국한
   한다.

표 3-3   거시경제 효과(기준경제 대비)

	(1) 기준 시나리오	(2) 현금급여 폐지	(3) 현물급여 폐지	(4) 자본세 인상	(5) 소비세 인상
총생산	0.815	0.938	1.000	0.774	0.907
총자본	0.788	0.963	1.000	0.671	0.910
총유효노동	0.837	0.924	1.000	0.839	0.905
고용률	−15.56%p	−7.41%p	+0.03%p	−15.09%p	−9.11%p
총소비	0.841	0.918	1.000	0.835	0.913
이자율	+0.67%p	−0.37%p	0.00%p	+2.14%p	−0.05%p
임금	0.974	1.015	1.000	0.923	1.002
근로소득세율	+17.65%p	+11.08%p	+0.0%p	+14.22%p	+0.0%p
자본소득세율	–	–	–	+20.0%p	–
소비세율	–	–	–	–	+14.73%p

주: 이자율, 근로소득세율은 기준경제 대비 변화분, 나머지 변수들은 기준경제 대비 변화이다.
출처: 한종석, 김선빈, 장용성(2021).

고용률, 자본 모두 감소한다. 투입요소인 노동과 자본 모두 감소해 장기적으로 총생산도 감소하며, 총소비도 감소한다. 모의실험에 따르면 기준경제의 값을 각각 1로 정규화했을 때 총생산이 0.815로서 기준경제보다 18.5% 감소한다. 총자본은 0.788로서 기준경제(1로 정규화) 대비 21.2% 감소하며, 총유효노동은 0.837로서 기준경제 대비 16.3% 감소한다. 자본이 노동보다 큰 폭으로 하락하여 장기에 자본−노동 비율이 감소하여 이자율은 0.67%p 증가하고 임금은 기준경제 대비 0.974로, 약 2.6% 감소한다. 앞의 모형에서 자본과 노동은 서로 보완관계에 있기에 장기에 자본이 노동보다 큰 폭으로 감소하면 노동생산성(즉, 임금)이 하락한다. 자본이 장기에 무려 20% 이상 감소하는데, 다음의 예를 생각해 보면 그리 놀라운 결과가 아닐 수도 있다. 월 300만 원 소득 가구가 월 평균 200만 원을 소비하고, 노후를 대비해 100만 원을 저축한다고 가정해 보자. 기본소득이 도입되어 매월 30만 원이 영구적으로 지급된다는 사실을 인지하고 이제부터 매월 70만 원만 저축한다고 가정해 보자. 이 가구의 저축은 30% 감소하는 것이다. 물론 저축이 줄어든 만큼 총 자본이 감소하는 것은 아니나, 저축의 감소는 장기적으로 그 경제 자본 축적을 결정한다. 자본의 감소는 공장이나 기업의 생산설비 투자 감소를 의미하고, 이는 장기적으로 노동생산성(즉, 임금)과 일자리 감소로 이어진다.

기존의 현금급여 복지제도를 폐지하고 기본소득을 지급하는 실험 (2)의 경우, 추가 재원 조달을 위해 근로소득세율은 11.08%p 증가해야 한다. 이 경우에도 역시 총자본과 총유효노동이 감소한다. 생산요소들의 감소로 인해 총생산 역시 6.2% 줄어들어 감소폭은 기준 실험 (1)에 비해 절반 수준이다. 이 경우에는 장기에 총유효노동이 총자본보다 더 많이 감소해 이자율이 기준경제보다 0.37%p 하락한다. 현금급여 폐지로 인해 은퇴 후 지원받던 공적보험이 감소해 경제 주체들이 예비적 동기의 저축을 실험 (1)보다 조금 더 많이 하게 되기 때문이다.

현물급여를 폐지하는 실험 (3)의 경우, 총자본, 총유효노동, 총생산과 총소비 모두 기준경제와 동일하다. 현재 지급되는 현물급여의 규모가 기본소득에 필요한 재원과 거의 비슷하기 때문에 기본소득 도입에 따른 추가적 세금 인상이 필요 없다. 하지만 현물급여의 양이 기본소득과 거의 같기 때문에 실험 (3)에서는 현물급여가 기본소득 급여로 바뀌었을 뿐 경제 주체의 소비에 별 영향을 주지 않는다. 즉, 경제 주체들의 의사결정 변화가 발생하지 않기 때문에 실험 (3)의 거시경제변수들은 기준경제와 유사하다.

실험 (1)에서 기본소득에 필요한 재원을 근로소득세 인상으로 조달하는 데 반해, 실험 (4)에서는 이 중 일부를 자본소득세로 마련한다. 자본소득세율을 기준경제보다 20%p(30%에서 50%로 인상) 높이고 부족한 재원은 근로소득세로 보완한다고 가정했다. 이 경우 필요한 근로소득세율 인상은 14.22%p이다. 자본소득세율 인상으로 인해 저축 동기가 더욱 저해되어 장기적으로 자본의 양이 더 크게 감소하고, 이는 총생산을 더욱 떨어뜨려 기준경제의 77.4% 수준으로 낮아진다. 거시경제 지표 측면에서 장기 자본 축적을 저해하는 실험 (4)가 최악의 시나리오라 할 수 있겠다.

실험 (5)에서는 기본소득 재원을 전부 소비세율 인상(우리나라의 경우 부가가치세 인상)으로 마련한다. 소비세는 근로소득세나 자본소득세와는 달리 노동 공급과 저축 의사결정 왜곡이 덜하다. 따라서 경제학자들이 기본소득 재원 마련 방안으로 추천하기도 한다. 실제 정책 실험에서도 다른 세목으로 재원을 충당하는 경우보다 경제의 효율성 측면에서 부정적인 효과는 적다. 기본소득 재원을 전액 소비세로 충당하면 소비세율은 14.73%p 인상된 24.7%가 된다. 총자본과 총유효노동은 기준경제 대비 10% 정도 하락하고, 총생산은 9% 정도 감소한다. 비록 거시경제 지표는 다른 시나리오에 비해 덜 악화되지만 소비세는 후생 측면에서 역진적이라고 알려져 있어 저소득층에게는 불리한 시나리오가 될 수 있다.

노동 공급 감소로 대부분의 소득이 근로소득으로 이루어진 저소득층의 세전소득이 감소하여 세전소득을 기준으로 한 소득 불평등도는 오히려 악화된다. 기본소득 지급으로 세후소득 불평등은 크게 개선되지만 높아진 세전소득 불평등으로 인해 세후소득 불평등이 기준경제보다 다소 높다. 기본소득 지급에도 불구하고 소비대 등변화로 측정한 후생은 기준경제보다 악화된다. 총생산 감소와 소득재분배 악화, 후생수준 하락 등은 기본소득 재원 마련을 위해 대폭 인상된 근로소득세율과 기본소득 지급으로 인해 확대된 공적보험이 예비적 동기의 저축과 노동 공급을 감소시키는 결과로 이어진다.

저소득층을 대상으로 지급하던 현금급여를 폐지[실험 (2)]하면 저소득층이 받던 공적보험은 약화되는 대신 세부담이 증가해 노동공급과 저축 감소가 기준 시나리오보다 덜하다. 따라서 총생산의 감소 폭도 상대적으로 작고, 세전소득 불평등도 악화되는 폭이 작다. 그러나 저소득층에 대한 직접 지원이 없어졌기 때문에 이들이 노동 공급을 증가시켜 후생은 오히려 기준 시나리오보다 악화된다. 기본소득이 현물급여를 대체하는 경우[실험 (3)], 그 지출 규모가 비슷해 추가적 세율 인상이 필요 없으나, 단순히 현물을 현금이 대체하는 것으로서 경제적 효과는 실험 (1)과 동일하다.

자본소득세율 인상으로 재원을 충당하는 경우[실험 (4)] 저축 동기가 저해되어 장기적으로 자본이 감소하며, 이는 자본과 보완관계에 있는 노동 보완성도 저하시켜 장기적으로 총생산이나 후생이 기준 시나리오보다 더 악화된다. 소비세율 인상으로 재원을 마련하는 경우[실험 (5)] 생산요소 공급의 왜곡이 상대적으로 적어 기준 시나리오보다 총생산 감소는 덜하다. 하지만 소비세의 역진성으로 인해 후생수준은 기준 시나리오보다 더 악화된다.

이상의 분석을 종합하면 다음과 같다. 우선, 1인당 월 30만 원씩 지급하는 기본소득을 도입하게 되면 GDP 대비 7.35%에 이르는 막대한 재원이 필요하다. 부존자원이 아닌 부가가치 생산에 의존하는 경제의 경우, 생산요소에 부과되는 세율(근로소득세 또는 자본소득세)을 올리면 장기적으로 노동 공급을 줄이고 자본 축적을 저해시켜 총생산의 감소로 이어진다. 소비세율 인상으로 재원을 마련하는 경우 거시경제 변수들의 왜곡이 가장 적게 발생하지만 여전히 총생산과 총소비가 상당히 하락한다. 다만, 이후 후생비교에 설명하듯이 소비세율 인상으로 재원을 마련하는 경우, 소비세의 역진성으로 인해 후생수준은 오히려 악화된다.

기본소득은 과연 소득 불평등을 완화시키는가? 각 시나리오에서 세전소득과 세후소득의 지니계수를 정리한 〈표 3-4〉를 보면 기본소득이 소득 불평등의 개선을 보장하지 못함을 보여 준다. 기본소득 도입 후 세전소득의 불평등은 오히려 악화되는 경우가 발생한다. 장기적으로 자본과 노동이 모두 감소하지만 자본이 더 큰 폭으로 감소하는 경우, 이자율은 상승하고 임금은 하락한다. 주로 임금소득에 의존하는 저소득층의 경우 이는 소득 불평등 악화로 이어질 수도 있다. 경제학에서는 정책 변화로 인해 상대가격이 변화하

표 3-4 소득재분배 효과(지니계수)

	기준경제	(1) 기준 시나리오	(2) 현금급여 폐지	(3) 현물급여 폐지	(4) 자본세 인상	(5) 소비세 인상
세전소득	0.413	0.514	0.464	0.413	0.507	0.477
		(1.245)	(1.111)	(1.000)	(1.227)	(1.156)
세후소득	0.361	0.372	0.372	0.361	0.375	0.376
		(1.030)	(1.015)	(1.000)	(1.039)	(1.040)
개선율	0.126	0.276	0.198	0.126	0.260	0.212

주: 세전·세후소득 소득분배지표는 지니계수로, 괄호 안의 숫자는 기준경제 지니계수 대비 변화로, 개선율은 '1-세후소득 지니계수/세후소득 지니계수'로 측정한다.
출처: 한종석, 김선빈, 장용성(2021).

는 현상을 정책의 금전적 외부성(pecurinary externality)이라고 지칭
한다. Davila, Hong, Krusell, Rios-Rull(2012)은 이와 같은 금전적
외부성으로 인해 때로는 정책이 의도한 것과 반대의 결과를 가져
올 수도 있음을 경고한 바 있다.

끝으로, 정책 실험들에서 나타나는 후생변화를 살펴보자. 〈표
3-5〉는 정책 실험별로 소비대등변화(CEV)와 주요 거시경제 변수
들을 비교한다. 소비대등변화는 새로운 정책이 시행된 경제(즉, 기
본소득이 도입된 경제)에 비해 평균적으로 얼마만큼 더 후생이 높은
가를 소비 단위(현재 소비의 백분율)로 표현한 것이다. 우선, 실험
(3)에서는 기본소득이 단순히 현물소득을 대체한 것으로서 기본소
득이 도입되어도 경제적 의사결정이 거의 변하지 않기 때문에 거
시경제 변수들과 후생수준이 기준경제와 거의 유사하다.

실험 (1)의 경우 CEV가 0.013으로서 기본소득 도입 시 경제 주체
들의 (소비로 환산한) 평균 후생이 약 1.3% 악화된다. 실험 (2)에서
처럼 현금급여를 폐지하면 총생산과 총소비는 실험 (1)의 경우보다
높다. 그러나 고용률도 높기 때문에 노동비효용이 실험 (1)의 경우

표 3-5 후생효과(기준경제 대비)

	(1) 기준 시나리오	(2) 현금급여 폐지	(3) 현물급여 폐지	(4) 자본세 인상	(5) 소비세 인상
CEV	0.013	0.022	0.000	0.044	0.017
총생산	0.815	0.938	1.000	0.774	0.907
총소비	0.841	0.918	1.000	0.835	0.913
고용률	−15.56%p	−7.41%p	+0.03%p	−15.09%p	−9.11%p

주: 후생수준 변화는 CEV로 측정한다. 고용률은 기준경제 대비 변화분이다.
출처: 한종석, 김선빈, 장용성(2021).

보다 높아 노동 측면에서는 후생이 다소 악화된다. 두 가지 상반된 효과를 종합적으로 고려한 CEV를 살펴보면 실험 (2)에서는 2.2%로, 기본소득 도입 시 후생수준이 2.2% 하락한다. 실험 (4)에서는 자본소득세율 인상으로 CEV가 4.4%로서 기본소득 도입 시 평균 후생이 4.4%나 악화되어 후생으로 평가했을 때 다섯 가지 시나리오 중 최악이다. 장기적으로 자본의 감소는 이자율 상승, 임금 하락으로 이어지기 때문에 노동소득에 주로 의존하는 저소득층에게 오히려 가장 열악한 시나리오라고 할 수 있다. 즉, 아이러니하게도 자본소득세율 인상으로 기본소득 재원을 조달하는 경우 사회적 후생은 가장 열악한 결과를 초래한다. 실험 (5)에서는 소비세율 인상으로 기본소득 재원 전액을 마련해 자원 배분의 왜곡이 상대적으로 적어 장기적으로 총생산과 총소비의 감소가 가장 적다. 그러나 소비세의 역진성으로 인해 평균적인 사회후생수준은 실험 (1)보다 나을 것이 없다.

맺는말

25세 이상 성인 모두에게 1인당 월 30만 원의 기본소득을 지급하기 위해서는 연간 140조 원 이상이 필요하다. 이는 2019년 GDP 대비 약 7.25%로, 2019년 중앙정부의 재정 규모가 약 450조 원임을 감안할 때 기존 복지제도의 전면 조정 없이는 감당하기 힘든 규모이다. 기본소득의 가장 큰 장점은 선별적 복지제도에서 발생하는 행정비용 절약에 있다. 하지만 행정비용 절약을 근거로 경제적 약자에게 집중되도록 고안된 선별적 복지의 상당 부분을 폐지하는 것은 쉽지 않은 선택이라 생각한다.

한편, 저소득층에게 집중적으로 지급하는 현금급여를 폐지하고 전 국민에게 골고루 기본소득을 지급하게 되면 저소득층 입장에서는 지원받는 금액이 오히려 적을 수 있다. 따라서 행정비용을 줄이기 위해 기본소득으로 기존의 현금지원을 대체하는 것은 신중하게 고려해야 한다. 현물급여를 기본소득으로 대체하는 경우도 간단한 문제가 아니다. 현물급여는 현물의 종류에 따라 특성이 다양하다. 따라서 현재 현물급여의 액수만을 따져서 동일한 금액을 기본소득으로 대체하자고 하기에는 무리가 있다. 예를 들어, 건강보험 같은 경우 수가를 통해서 낮은 가격에 양질의 서비스를 제공하는 역할을 하고 있다. 건강보험을 통해서 제공하던 의료서비스를 중단하고 해당 규모만큼 현금급여로 지급하게 되면, 의료서비스가 시장에 맡겨지면서 저소득층에게 불리한 결과를 초래할 수 있다.

기존 복지제도를 유지한 상태에서 기본소득을 도입하는 경우 막대한 재원을 어떻게 마련할 것인지가 핵심 쟁점이 된다. 알래스카 기본소득의 경우 해당 사회의 구성원들이 모두 공유하는 부존자원이 있고 여기서 발생하는 수익을 나누는 방식이므로, 재원에 대한 고민을 크게 할 필요도 없으며 자원 배분의 왜곡 또한 크지 않다. 그러나 부존자원이 없고 자본과 노동의 투입을 통한 부가가치를 창출하는 생산활동이 주 소득원인 우리나라의 경우 궁극적으로 생산요소에(그것이 노동이든 자본이든 간에) 세금이 부과되어야 한다. 이는 장기적으로 노동과 자본의 공급 하락을 초래하며 궁극적으로 총생산, 총소비의 감소로 이어진다. 즉, 자원 배분의 왜곡에 따른 비용이 매우 클 것으로 예측된다. 생산요소에 대한 직접적인 조세 부과가 아닌 소비세율(또는 부가가치세) 인상을 통한 재원 마련도

소비세의 역진성으로 인해 소득 불평등 해소에 기여하지 못한다.

기본소득을 지급하게 되면 소득효과로 인해 노동 공급이 다소 줄어들 것으로 예상된다. 따라서 노동 공급 탄력성에 대한 실증분석과 이를 바탕으로 한 기본소득 도입 효과들에 대한 분석이 다양하게 진행되고 있다. 노동 공급과 관련된 문제점들을 해결하기 위해 음의 소득세(negative income tax)와 같은 변형된 기본소득 제도들에 대한 논의들이 이루어지고 있다. 그러나 이러한 연구들이 간과하고 있는 점은 기본소득의 공적 보험 역할이다. 공적 보험이 크게 확대되면서 예비적 동기의 저축이 감소하는 부분에 대해서는 아직 많은 논의가 이루어지지 않고 있다.[11] 김선빈 등(2021)의 연구에 따르면 기본소득 도입 시 노동 공급뿐만 아니라 예비적 동기의 저축 감소로 인해 장기적으로 자본이 크게 감소할 것으로 예측하고 있다. 경제의 자본 감소는 궁극적으로 일자리 감소와 노동생산성(임금) 하락으로 귀결된다. 기존의 기본소득의 경제적 효과에 관한 연구가 장기 자본 축적에 관해서는 많이 다루지 않고 있다. 향후 기본소득에 대한 논의에서 정치적 구호보다는 냉정하고 과학적인 논의가 우선되기를 기대한다.

---

11) 일각에서는 기본소득이 보험 기능을 강화하면서 위험을 감수하는 혁신적인 기업가들을 탄생시킬 수 있다는 주장을 한다. 그러나 혁신적인 사업 아이디어가 있는 사람에게는 창업 관련 직접 지원제도들이 현재도 마련되어 있기에 기본소득만이 이를 해결하기 위한 더 나은 대안인지 의문이다.

참고문헌

김진, 엄태호(2009). 기초생활보장제도 운영에 따른 행정비용에 관한 연구. 한국조세연구원.

김선빈, 장용성, 한종석(2019). 근로장려세제의 거시경제적 효과. 한국경제의 분석, 25(2), 1-52.

조경엽, 김영덕(2017). 기본소득제가 소득재분배와 고용에 미치는 영향. 국제경제연구, 23(3), 59-97.

최한수(2017). 각국의 기본소득 실험과 정책적 시사점. 재정포럼, (251), 32-58.

최한수(2018). 세금-편익 모형을 이용한 기본소득 모의실험. 재정포럼, (261), 6-39.

한종석, 김선빈, 장용성(2021). 기본소득 도입의 경제적 효과 분석. 한국경제의 분석, 27(1), 163-216.

행정안전부(2020. 6. 8.). 긴급재난지원금 신용·체크카드 등 신청현황.

Banerjee, A., Niehaus, P., & Suri, T. (2019). Universal basic income in the developing world. NBER Working Paper 25598. Cambridge, MA: National Bureau of Economic Research.

Chang, Y., Kim, S-B., Chang, B. (2015). Optimal income tax rates for the Korean economy. *KDI Journal of Economic Policy, 37*(3), 1-30.

Conesa, J. C., Li, B., & Li, Q. (2020). Universal basic income and progressive consumption taxes. Working Paper.

Daruich, D., & Fernandez, R. (2020). Universal basic income: A dynamic assessment. NBER working paper, June 2020.

Dávila, J., Hong, J. H., Krusell, P., & Ríos-Rull, J.-V. (2012). Constrained efficiency in the neoclassical growth model with uninsurable idiosyncratic shocks. *Econometrica, 80*(6), 2431-2467.

Hoynes, H. W., & Rothstein, J. (2019). Universal basic income in the US and advanced countries. NBER Working Paper 25538. National Bureau of Economic Research.

Jaimovich, N., Saporta-Eksten, I., Siu, H. E., & Yedid-Levi, Y. (2020). The macroeconomics of automation: Data, theory, and policy analysis. NBER Working Paper 27122. National Bureau of Economic Research, Inc.

Luduvice, A. V. D. (2019). The macroeconomic effects of universal basic income programs. Working paper.

Toniolo, T. (2019). A general equilibrium model for basic income. Working Paper.

04

기본소득 담론

한규섭(서울대학교 언론정보학과 교수)
김상범(서울대학교 경제학부 박사과정)
노선혜(미국 UCLA 커뮤니케이션학과 박사과정)

왜 기본소득인가

2022년 대통령 선거를 앞두고 '기본소득(basic income)'이 사회적 화두가 되었다. 디지털 시대에 불평등이 확대되는 현실로 인해 기본소득 도입을 둘러싼 논란은 세계적 현상으로 볼 수 있다. 본래 '기본소득'은 복잡한 복지 체계를 정비하고 행정비용을 줄여 작은 정부를 지향한다는 명분으로 우파적 시각을 가진 유권자들을 무마하면서, 좌파적 시각에서 복지를 확대하는 방법으로 고려되었다. 최근 들어서는 디지털 기술 중심의 4차 산업혁명의 진행으로 인공지능(AI)이 점차 인간을 대체할 것이라는 점, 세계 많은 국가에서 양극화가 심화되는 것에 대한 우려 때문에 관심이 높아지고 있다. 특히 코로나19 이후 이런 주장은 더 가속화되고 있으며, 사회적 안전망 제공은 더 이상 미루기 어려운 중요한 의제가 되었다. 2019년 Andrew Yang은 미국 대통령 선거에서 '18세 이상 전 국민에게 월 1,000달러의 보편적 기본소득'을 제공할 것을 공약으로 내세웠다. 하지만 Andrew Yang은 최근 뉴욕시장 선거에서 낙선했다. 미국 경제가 빠른 회복세를 보이면서 '기본소득'에 대한 관심도도 낮아진 것으로 보인다. 반면, 국내에서 기본소득 도입을 주장하는 측은 핀란드, 캐나다, 프랑스나 미국의 알래스카주 등 기본소득에 대해 상대적으로 전향적인 입장을 가진 국가나 지방자치단체들을 예로 들며 기본소득이 더 이상 희귀한 정책이 아님을 강조하고 있다.

기본소득은 국가에서 모든 국민에게 최소한의 생활이 보장되도록 주기적으로 상당한 액수를, 그것도 자산 조사나 근로 요구 없이 무조건적으로 지급하는 제도이다. 기본소득의 속성 중 가장 중요한 것은 바로 '보편성'이다. 특별한 자격 심사 없이 사회 구성원 모두에게 지급하는 것을 원칙으로 한다. 또 '무조건성'도 중요한 속성 중 하나이다. 즉, 노동이나 구직활동 등 반대 급부에 대한 요구가 없이 무조건적으로 지급하는 것을 원칙으로 한다. 지난 2016년 스위스가 세계 최초로 기본소득제를 국민투표에 부쳤을 때의 조건, 즉 모든 복지를 없애는 대신 전 국민에게 매달 2,500스위스프랑(약 284만 원)을 지급하자는 안이 기본소득의 개념을 가장 잘 보여 주는 것으로 해석 가능하다. 일부 시·군에서 실시하고 있는 청년·농민 수당 등은 자격조건이 한정적이라는 점에서 본래 기본소득 개념과는 거리가 있다. 중앙정부 차원에서는 핀란드가 전 세계 최초로 2017년 1월부터 2년간 시행한 바 있다.

'보편성' '무조건성' 등 다분히 포퓰리즘적인 속성으로 인해 기본소득은 선거 국면에서 후보자들에게 매우 매력적인 잠재적 공약이 될 수 있다. 기본소득은 보편적·무조건적이며 모든 유권자에게 충분한 현금으로 정기적으로 지급되는 것을 의미하기 때문에 수혜 범위에 따른 예산 문제, 재정 문제가 필연적으로 대두될 수밖에 없다. 기본소득 도입을 주장하는 진영에서는 복지급여를 단순화해 행정비용을 줄일 수 있고, 최소한의 기본소득 지급을 통해 노동유인을 자극할 수 있다고 주장한다. 반면, 반대하는 진영에서는 큰 폭의 경제성장률 저하와 세금 부담 증가를 동반함은 물론 실질적인 빈부격차 감소 효과는 매우 미미하거나 오히려 악화될 것이라고 주장한다. 기존 복지제도 대비 어느 것이 더 효과적이겠는가 하는 문제도 논쟁거리이며, 기존 복지제도와 사회적 인프라가 안정적으로 운영되고 있다면 다양한 이해관계자 간의 요구가 충돌할 수밖에 없다. 결론적으로 기본소득 도입이 유권자들에게 미칠 잠재적

파급효과를 고려했을 때 반드시 숙의가 선행되어야 할 제도임에
틀림이 없다.

정치권의 기본소득 담론

　한국에서 기본소득을 처음 정치권 담론의 수면 위로 끌어올린
인물은 김종인 전 국민의힘 비상대책위원장으로 알려져 있다. 김
종인 전 위원장은 지난 2020년 총선 패배 이후 기본소득 논의에 불
을 당겼다. 총선에서 당시 정부의 코로나19 관련 긴급재난지원금
이 영향을 미쳤다고 보았기 때문일 것이다. 더불어민주당이 대통
령 선거에서 기본소득 의제를 선점하기 전에 먼저 선점하겠다는
의도로 해석하는 전문가들이 많았다. 즉, 긴급재난지원금이 기본
소득 논의를 촉발한 측면이 크다. 이 외에 오세훈 서울특별시장도
우파 경제학자인 Milton Friedman의 '음의 소득세'를 언급하며 기
준선 이하의 소득을 올리는 가구에게 기준금액에서 그 가구의 연
소득을 빼고 기준금액의 안심소득세율에 해당하는 금액을 지급하
는 것(기준선 이상인 가구는 현행 소득세 제도 유지)을 골자로 하는 정
책을 제안한 바 있어, 기본소득 도입에 대한 논의가 진보 정당에서
만 이루어지고 있는 것은 아니다.
　이후 정치권의 기본소득 담론을 주도한 것은 이재명 전 경기도
지사이다. 이재명 전 지사의 기본소득 관련 주장은 성남시장 시절
부터 시작되었다고 할 수 있다. 당시 성남시가 청년배당을 주었던
것이 시작이었고, 이후 경쟁적으로 박원순 당시 서울특별시장 시
절 서울특별시가 청년수당을 지급하였고, 코로나19 사태를 맞아

정부가 재난지원금을 모든 국민에게 지급한 바 있다. 서울특별시와 경기도 등의 청년수당이나 코로나19로 인한 재난지원금 지급 등의 경험이 기본소득에 대한 국민적 관심을 높여 놓은 것은 사실이다. 지난 대선에서 더불어민주당 경선 기간 동안 이재명 전 지사는 대통령에 당선될 경우 임기 내 '연 100만 원의 기본소득과 100만 원의 청년기본소득'을 공약으로 내세우기도 했다. 반면, 더불어민주당 내에서도 다수의 경쟁후보가 일제히 '연 100만 원'의 재원 문제나 효용성 문제 등을 지적했다.

선거를 앞두고 기본소득의 도입에 대한 논쟁은 매우 다양한 형태의 관련 제안으로 발전했다. 대표적인 사례로 이재명 전 지사의 '기본 시리즈'를 들 수 있다. 기본소득에 대한 비판적 지적 중 하나가 재정적 한계로 인해 연 100만 원 등의 소액으로 할 경우 실효성이 떨어지는 반면, 실효성을 높이기 위해서는 재정 부담이 과도해진다는 점이다. 이러한 비판 여론에 대해 이재명 전 지사는 재정 부담과 액수 때문에 실효성이 문제라면 기본소득 도입을 위해 특정 부문·특정 연령부터 전 연령·전 영역으로 확대해 가는 방법도 고려할 수 있다고 주장한 바 있다. 추가적으로 대부업체 이용자의 평균 대출금(900만 원)과 비슷한 금액을 모든 국민이 10~20년 장기로 우대금리보다 조금 높은 조건에 마이너스 대출 형태로 대출받을 수 있도록 하는 '기본대출' 공약도 내놓았다. 금융에 가장 취약한 20~30대 청년부터 시작해 전 국민으로 점차 확대하겠다고 약속했다. 국민 모두를 대상으로 일반 예금보다 금리가 높은 500만~1,000만 원 한도의 '기본저축' 제도를 도입, '기본대출'의 재원으로 사용하겠다고도 했다. 이재명 전 지사는 '기본대출권' 보장이 '국제사회가 권고하는 포용금융, 공정금융'을 실현 가능케 할 것이라 주장했다.

　반면, 국민의힘의 대표적 경제통인 유승민 전 의원은 '기본소득' '기본주택'에 이어 '기본대출'까지 이어진 이재명 전 지사의 '기본시리즈' 공약을 "판타지 기본 소설"이라 평가절하했다. 유승민 전 의원은 이재명 전 지사의 '기본대출'을 국제사회가 권고하는 금융 접근성 개선을 넘어 정부가 금융에 강제적으로 개입하고 시장 기능을 억압하는 것으로 규정했다. 유승민 전 의원은 '기본대출'을 제도화하기 위해서는 정부가 은행 등 금융기관에 시행을 강제하여야 하고 국가가 은행에 보증을 서면서 금리 차이를 보전해 주어야 하는데, 동일한 재정으로 차라리 소외계층을 돕는 편이 낫다고 주장한다. 이러한 기본소득을 둘러싼 논쟁은 다양한 주장의 근거들에 대한 검토를 필요로 하며, 유권자들의 숙고를 요구하는 것이다.

기본소득에 대한 사회적 논의, 하나의 경마식 프레임

　'기본소득'에 대한 사회적 논의가 얼마나 이루어져 왔는가? 충분한 숙의가 이루어지고 있는가? 현재 '기본소득'에 대한 사회적 논의는 어떤 맥락에서 이루어지고 있는가? 정책에 대한 사회적 논의는 대부분 언론 보도를 통해 이루어진다고 볼 수 있다. 정책에 대한 공중 포럼의 장을 제공하는 것은 언론의 가장 기본적인 책무 중 하나이다. 또 대다수의 유권자들은 정책을 입안하는 주체들과 직접 소통의 기회를 가지는 것이 불가능하기 때문에 언론 보도를 통해 정책에 대한 정보를 접하고 이에 대한 피드백을 제공하는 방식으로 담론이 형성될 수밖에 없다.

기존 연구에서는 정책에 대한 뉴스 프레임을 크게 두 가지로 나눌 수 있다고 본다. 하나는 '정책 프레임(issue frame)'이다. 정책 프레임은 정책 자체에 대한 자세한 정보를 제공하는 뉴스 프레임이다. 선거 국면에서는 각 후보가 여러 정책 사안에서 어떤 입장 차이를 가지고 있는지에 초점을 맞추어 보도하는 것을 가리킨다. 다른 한 가지 뉴스 프레임은 바로 '경마식(horse race)' 또는 '전략적(strategic)' 프레임(Patterson, 1994)이다. 이것은 정책의 내용보다는 정치인이나 후보자들이 해당 정책을 제안하는 전략적 배경과 정치적 유불리에 미칠 잠재적 영향에 초점을 맞추어 보도하는 것을 가리킨다.

많은 학자는 지난 수십 년간 '정책 프레임'은 급속하게 줄고 이를 '전략적 프레임' 내지는 '경마식 프레임'이 대체하고 있다는 것을 보여 준 바 있다. 가령 지난 1960년대 미국 방송 뉴스에서는 매일 밤 대통령이 이야기하는 것을 평균 1분 이상 언론의 매개(mediation) 없이 보여 주었다. 반면, 1990년대 중반에는 평균 6초로, 10분의 1 수준으로 줄어들었다(Cappella & Jamieson, 1997; Patterson, 1994). 한마디로 소위 '사운드바이트(soundbite)'는 확연하게 줄고 이 시간을 대부분 기자나 정치평론가들이 대체하여 정책 자체보다는 정책을 내놓은 정치인이나 후보자가 가진 전략적 목적 등에 초점을 맞추어 논의를 전개하는 '전략적 프레임'의 뉴스가 사실 위주의 보도를 대체한 것이다.

이러한 '전략적 프레임'이 등장하게 된 배경에는 언론의 조직문화적·경영적 측면의 원인들이 존재한다. 우선, 조직문화적 차원에서 여러 정치적 스캔들과 부패 사건들을 거치면서 정치 엘리트와 언론의 관계가 예전보다 더 경쟁적·대립적으로 변화했다는 점을 원인으로 꼽는 학자들이 많다. 즉, 미국의 경우 워터게이트 사건을 거치면서 정치권의 설명을 전략적 의도에 대한 설명 없이 사실에 충실하게 보도하는 것은 더 이상 바람직한 저널리즘이 아니라는 인식이 언론계에 팽배하게 되었다. 우리나라도 마찬가지로 권위주의 정부를 오래 거치면서 정부나 정치 엘리트가 내놓은 정책에 대해 사실적 보도를 하는 것은 '기자 정신'이 부족한 것으로 해석되는 경향이 있다. 따라서 대부분의 정책 관련 보도는 해당 정책을 내놓은 정치인을 중심으로 의도와 정치적 목적 등을 설명하는데 더 많은 지면과 시간을 배정하는 것이 일반화되었다. 이러한 '해석적 저널리즘'이 본래 목적과는 달리 유권자들의 정치에 대한 혐오를 부추기고 냉소주의를 확산한다는 비판적 연구들이 많이 발표되고 있다(Cappella & Jamieson, 1996; Patterson, 1994). 더구나 한국처럼 진영 논리가 팽배한 언론 환경에서는 해당 정책을 내놓은 주체가 누구인지와 언론사의 성향에 따라 완전히 다른 평가를 내리는 경우가 대부분이다. 따라서 기본소득과 관련한 사회적 논의도 이러한 '전략적 프레임'이 주류를 이룰 것으로 예상해 볼 수 있다.

　이러한 전략적 프레임의 만연이 유권자들에게 미치는 영향은 잘 알려져 있다. '전략적 프레임'에 지속적으로 노출된 유권자들은 정치인들은 물론 정치과정에 대한 혐오가 높아진다. 정치 엘리트들의 정책 추진은 모두 전략적 의도에 기반하고 진정성 없는 것으로 묘사된다. 따라서 이러한 프레임에 지속적으로 노출될 경우 정치 엘리트와 정치과정 전반에 대한 부정적 시각과 정치 혐오가 증가하게 된다고 알려져 있다.

　기본소득에 대한 보도도 '전략적 프레임'이 적용될 가능성이 높다. 구체적으로는 언론의 기본소득에 대한 프레임은 두 가지 특징을 보일 것으로 예상된다. 우선, 기본소득에 대한 정책 차원의 분석보다는 기본소득을 주장하는 측과 반대하는 측의 전략적 의도 등에 초점을 맞춘 보도가 주를 이룰 가능성이 높다. 한국적 맥락에서 또 한 가지 예상되는 특징은 진영에 따라 언론사마다 자기 진영의 논리만 부각시키는 프레임을 적용하여 보도할 가능성이 높다는 것이다. 따라서 유권자 입장에서는 기본소득과 관련한 균형 잡힌 논의에 노출될 가능성이 거의 없다.

대통령 선거에 나선 후보들이 사용하는 프레임 또한 진영에 따라 다를 것이다. 정치 엘리트들의 정책 프레임은 '일반적 정책 프레임'과 '구체적 정책 프레임'으로 나뉠 수 있다(Jacoby, 2000). '일반적 정책 프레임'은 해당 정책 자체에 초점을 맞추어 세부사항들을 기술하는 프레임이다. 반면, '구체적 정책 프레임'은 정책 자체는 물론 정책 추진 시 수혜자가 되는 집단이 누구인지에 초점을 맞추어 기술하는 프레임이다.

진영에 따라 서로 다른 정책 프레임을 적용하는 이유는 간단하다. 기존 연구의 결과를 보면, '일반적 정책 프레임'의 경우 해당 정책을 시행하는 정부에 대한 태도가 정책에 대한 찬반 여부에 중요한 영향을 미친다. 반면, '구체적 정책 프레임'의 경우 해당 정책의 수혜자가 되는 집단에 대한 태도가 정책에 대한 찬반 여부에 중요한 영향을 미친다. 여기서 대다수의 유권자들은 정부보다는 사회의 다양한 집단에 대해 상대적으로 긍정적인 태도를 가지고 있다. 따라서 '일반적 정책 프레임'보다는 '구체적 정책 프레임'을 적용할 경우 해당 정책에 대해 정부 예산을 집행하는 것에 대한 지지를 얻어 내기 쉽다는 것이다. 실제로 미국에서는 정부의 재정 확대에 부정적이며 '작은 정부'를 지향하는 공화당의 경우 '일반적 정책 프레임'을 사용하는 경우가 많은 반면, 정부의 복지 확대를 지향하는 민주당의 경우 '구체적 정책 프레임'을 사용하는 경우가 더 많은 것으로 잘 알려져 있다.

기본소득의 경우에도 기본소득 도입을 주장하는 측에서는 '구체적 정책 프레임'을, 반대하는 측에서는 '일반적 정책 프레임'을 적용하여 기본소득에 대한 사회적 토론이 진행될 가능성이 높다. 이러한 전략적 프레임 전쟁이 정책 담론의 주를 이루게 되면, 결국 양진영이 서로 일방적 주장만을 되풀이하는 결과로 이어질 가능성이 높다.

'기본소득'은 선거용?

이 장에서는 언론 보도와 국회 회의록을 데이터로 활용하였다. 언론 보도의 경우, 지난 1992년 이후 국내 뉴스 유통의 대부분을 차지하고 있는 네이버와 기사 제휴 계약을 맺은 언론사에 게재된 기사 중 '기본소득'이라는 단어가 본문에 한 번이라도 등장하는 기사 전수를 분석 대상으로 하였다. 국회 회의록의 경우, 제헌국회 이후 '기본소득'이라는 단어가 등장하는 본회의 회의록을 분석 대상으로 하였다. 이 두 자료를 월간 시계열 자료로 구성한 후 변환점 분석(change point analysis; Killick, Fearnhead, & Eckley, 2012)을 통해 역사적으로 '기본소득' 관련 담론 형성에 변환점이 되었던 시점들을 식별하였다. 추가적으로 각 변환점에서 '기본소득' 관련 담론이 어떻게 형성되었는지 의미망 분석을 통해 살펴보았다.

우선, 언론 보도에서 거의 30년 동안 '기본소득'이 등장하는 기사 수는 3만 6,000여 건에 불과했다. 한국에서 '기본소득'과 관련한 사회적 논의가 매우 제한적이었다고 볼 수 있는 수준이었다. 반면, 앞서 기술한 바와 같이 기본소득은 유권자들의 삶에 큰 영향을 줄 수 있으며, 유권자가 정보화된 결정을 내리기 위해서는 매우 복잡하고 면밀한 실증적 검토를 요구하는 사안이다.

기본소득과 관련한 담론은 주요 선거를 기점으로 급상승한 것으로 나타났다. 언론기사로 보면 '기본소득' 관련 담론 형성에서 2016년과 2020년이 역사적인 해라고 볼 수 있었다. 우선, '기본소득'이 언론지상에서 처음 언급되기 시작한 것은 2016년이다. 반면, 2016년 이전까지는 '기본소득'을 언급하는 기사가 거의 전무한 수준이었다. 따라서 기본소득에 대한 논의가 점진적으로 축적된 사회적 필요성에 의해 자연스럽게 시작되었다기보다는 2017년 대통령 선거를 앞두고 더불어민주당 선거대책위원장을 맡았던 김종인 전 위원장이 처음 언급하면서 일부 언론에서 이를 기사화하였던 것으로 보인다. 즉, 기본소득에 대한 담론이 처음 등장한 배경이 지난 2017년 대통령 선거였던 것으로 해석 가능하다. 그러나 실제로 2016년 당시에는 그다지 큰 주목을 끌지 못하고 곧 언급 빈도가 급격히 줄었다. 이는 여러 해석이 가능할 수 있겠으나, 박근혜 대통령 탄핵 정국에서 치러진 2017년 대통령 선거에서 더불어민주당 후보의 일방적 승리가 예상되었기 때문에 포퓰리즘적 이슈를 강조할 필요가 적었을 가능성이 높다. 마찬가지로 보수 정당에서도 굳이 이슈가 되지 않은 기본소득에 대해 반박할 이유도 없었을 것으로 보인다.

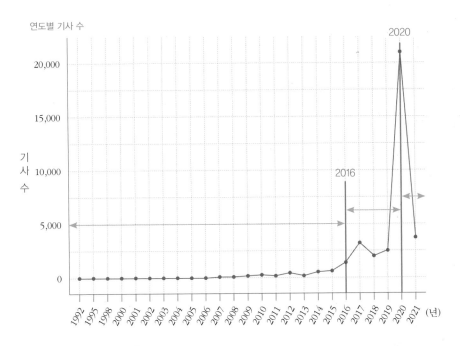

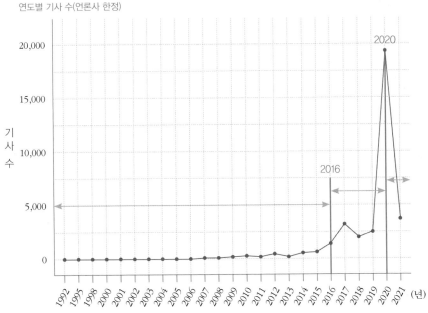

[그림 4-1] 기본소득'의 시기별 언론 보도 빈도(1992~2021)

'기본소득'의 언급 빈도가 2020년을 기점으로 급격하게 상승했다. 2016년 이후 2020년까지는 기본소득이 언론에서 거의 주목받지 못하는 상황이 수년간 이어졌고, 우리 사회에서 '기본소득'에 대한 추가 논의는 거의 이루어지지 않았다. 그러다가 2020년에 갑자기 '기본소득'에 대한 언론 기사에서의 언급 빈도가 늘어난 것이다.

2016년과 2020년에 어떤 담론이 형성되었는지 좀 더 면밀한 분석을 위해 지난 2016년 이후 월별 언급 빈도 시계열 자료에 대해 변환점 분석을 실시했다. 전체적으로 ① 2016년 6월, ② 2017년 4월, ③ 2020년 3월, ④ 2020년 6월, ⑤ 2021년 2월 등 총 다섯 번의 변환점이 존재하는 것으로 나타났다. 이 변환점들을 자세히 들여다보기로 하자.

우선, 가장 눈에 띄는 것은 2016년 7월 이후 다소 상승했던 '기본소득'의 언급 빈도가 2017년 4월을 기점으로 급하락했다는 점이다. 즉, 2017년 4월 대통령 선거를 앞두고 기본소득에 대한 약간의 사회적 논의가 있기는 했으나 대통령 선거 종료와 동시에 관심도가 급하락하였고, 이후 문재인 대통령 임기 초반 3년 동안 전혀 의제화되지 않았다. 이는 '기본소득'이 대통령 선거를 겨냥한 선거용 의제에 불과했고 경쟁적 선심 공약으로 제시되었음을 보여 주는 것으로 해석 가능하다. 선거 이후 정치적 필요가 소멸되자 논의가 실종된 것이다. 그 이후 2020년 3월에 이르러 기본소득에 대한 재논의가 시작된다. 공교롭게도 이 시점이 2020년 총선과 정확하게 일치한다. 즉, 총선을 앞두고 다시 한번 기본소득이 의제로 등장한 것이다. 이 역시 기본소득은 선거 때만 단골로 등장하는 포퓰리즘적 의제라는 것을 보여 준다.

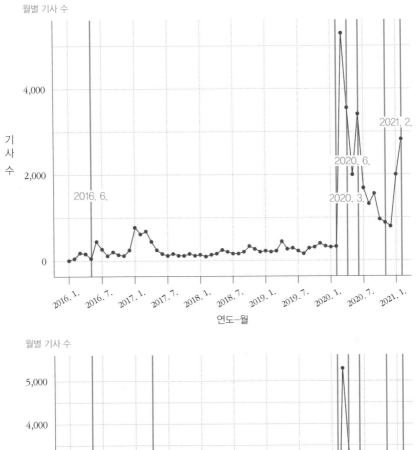

[그림 4-2] '기본소득'의 언론 보도 빈도: 변환점 분석

기본소득 프레임의 형성과 전환

그렇다면 각 변환점에서 기본소득 관련 담론이 어떻게 프레임되었을까? 각 변환점에서 언론 보도의 초점이 어디에 맞추어져 있었는지 살펴보기 위해 각 변환점에서 기본소득과 함께 등장하는 단어들의 의미망을 살펴보았다. 우선, 2016년 7월 최초로 기본소득의 사회적 논의가 시작되었을 당시에는 '김종인'(28회)이 '기본소득'과 가장 강하게 연결된 단어였다. 이는 김종인 당시 더불어민주당 대표가 '기본소득' 논의를 처음 시작하였으나 사회적 의제로 발전시키는 것에는 실패한 것으로 해석 가능하다.

이후 2017년 1월 대통령 선거를 앞두고 대통령 선거 공약 차원에서 '이재명'(35회) 당시 성남시장의 이름이 '기본소득'과 가장 밀접하게 관련된 단어로 등장했다. 이재명 당시 성남시장이 '핀란드 실험' 등을 사례로 들며 기본소득을 대통령 선거 공약화하여 제한적이나마 관심을 받은 것을 보여 준다. 반면, 앞서 밝힌 바와 같이 2017년 4월 대통령 선거 이후, '기본소득'에 대한 사회적 논의가 실종되었다. 요약하자면 '기본소득'과 관련한 최초의 사회적 논의는 김종인 당시 더불어민주당 대표에 의해 시작되었으나 대통령 선거와 맞물리기 전까지 의제화에 실패했다. 반면, 대통령 선거 출마를 준비 중이던 이재명 당시 성남시장이 기본소득을 대통령 선거 공약으로 내세우며 해당 의제의 소유권이 김종인 전 비상대책위원장에서 이재명 전 지사로 넘어간 것으로 보인다. 그러나 이재명 전 지사마저도 대통령 선거 이후 기본소득과 관련한 논의를 이어 가지 않았다. 이러한 패턴은 기본소득에 대한 논의가 선거 정치의 전략

2016년 7월

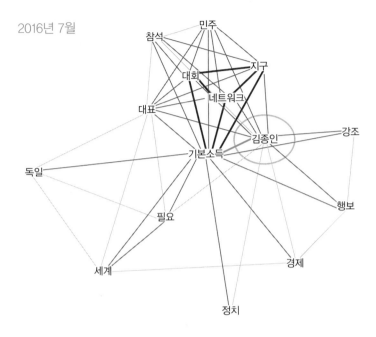

2017년 1월

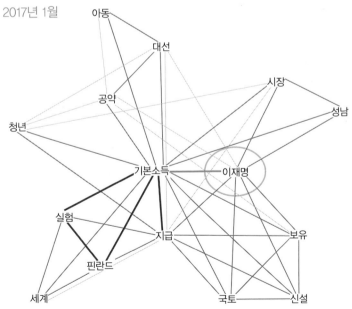

[그림 4-3] '기본소득'의 언론 보도: 초기 변환점별 담론

적 도구로서만 다루어져 왔다는 것을 시사하며 정책으로서의 진지한 논의는 거의 실종되어 온 상황이다.

2020년 3월 이후 변환점들에서의 의미망을 살펴보면, 우선 이 시기에는 국내 코로나19 상황이 심각해지면서 '재난'(1428회)이라는 키워드가 기본소득과 관련하여 자주 등장하였다. 이 시기에는 기본소득 관련 논의가 주로 코로나19 상황과 연결되어 논의되었다는 것을 시사한다. 특히 2020년 3월에는 '경기도'(190회), '이재명'(230회) 등의 키워드가 '기본소득'과 자주 함께 등장했다. 이는 이재명 당시 경기도지사가 코로나 상황과 관련하여 기본소득 담론을 주도하기 시작한 것으로 볼 수 있다.

그다음 변환점인 2020년 6월에도 계속해서 '재난'(104회)의 맥락에서 '이재명'(142회) 당시 경기도지사, '박원순'(60회) 당시 서울특별시장, 그리고 '김종인'(256회) 당시 국민의힘 비상대책위원장 등의 이름이 '기본소득'과 가장 자주 함께 등장하면서 대권 후보로 간주될 수 있는 지방자치단체장들 간에 기본소득 담론을 주도하기 위한 치열한 경쟁이 벌어지고 있는 것으로 해석 가능하다. 가장 최근의 변환점인 2021년 2월에는 아예 '이재명'(260회/1위), '이낙연'(75회/5위), '정세균'(22회/13위), '유승민'(17회/17위) 등 여야 유력 대통령 선거 후보들의 이름이 대거 함께 등장하고 있어, 선거철이 본격화되면서 '기본소득'이 선거 의제화하고 있음을 시사한다. 결론적으로, 이러한 결과는 기본소득에 대한 사회적 논의가 거의 대부분 선거정치의 맥락에서 나타나고 있음을 보여 주는 것으로 해석할 수 있다.

2020년 3월

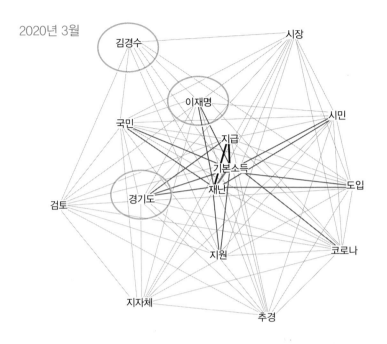

2020년 6월

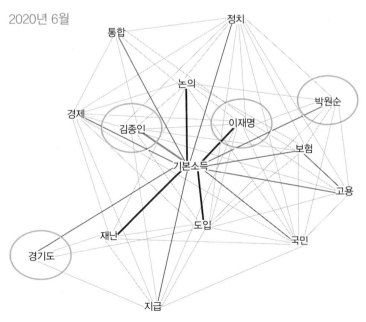

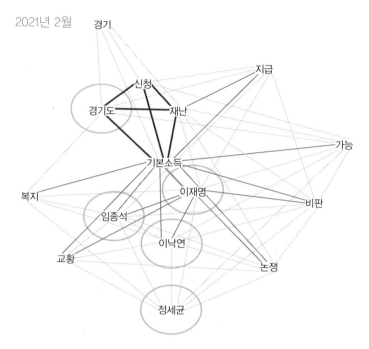

[그림 4-4] '기본소득'의 언론 보도: 최근 변환점별 담론

　기본소득과 관련한 언론 보도가 얼마나 대권 후보 및 유력정치
인을 중심으로 보도되었는가를 살펴보았다. 이를 위해 기본소득과
관련하여 가장 중요한 정책적 고려사항으로 볼 수 있는 '재정'이나
'재원' 등의 단어와 비교하여 정치인이나 대통령 선거 후보 이름이
얼마나 등장했는지 살펴보았다. 모든 변환점에서 정치인 이름이 가
장 많이 등장하는 단어였던 반면, '재정'이나 '재원' 등의 언급 빈도
는 이러한 인물 또는 대통령 선거 후보들의 최대 130분의 1에 불과
했다. 특히 가장 최근의 변환점인 지난 2021년 2월의 경우 '이재명'
은 '기본소득'과 260회 함께 등장했던 반면, '재정'과 '재원'은 각 2회
등장에 그쳤다. 이는 대통령 선거 국면에 가까워질수록 더 후보 중

표 4-1	기본소득 관련어: '정치인' 대 '재정'/'재원'
2016. 7.	'김종인'(28회/1위), '재정'(0회), '재원'(0회)
2017. 1.	'이재명'(35회/1위), '재정'(1회/72위), '재원'(0회)
2020. 3.	'이재명'(230회/3위), '재정'(23회/56위), '재원'(15회/95위)
2020. 6.	'김종인'(256회/1위), '이재명'(142회/2위), '재정'(13회/84위), '재원'(29회/29위)
2021. 2.	'이재명'(260회/1위), '재정'(2회/198위), '재원'(2회/198위)

심적 논의가 주를 이룬다는 것을 시사한다. 이러한 결과들은 기본소득에 대한 사회적 담론은 대부분 대통령 선거 후보를 중심으로 이루어질 뿐, 기본소득 도입이 가져올 엄청난 경제적·사회적 비용 등 해당 사안 자체에 대한 심층적인 논의는 크게 부족한 상황이라는 것을 보여 준다. 즉, 기본소득에 대한 사회적 논의는 주로 '정책 프레임'보다는 언론학에서 흔히 말하는 '전략적 뉴스 프레임' 보도가 주류를 이루는 것으로 해석할 수 있다.

　마찬가지로 전체 국회 회의록에서 '기본소득'의 언급 빈도가 81회에 불과하여 국회에서는 기본소득에 대한 논의가 거의 전무한 상황이라고 해도 과언이 아니다. 2016년과 2020년 등 언론 보도가 늘어난 시점에 국회에서 약간의 논의가 있었던 정도였다. 이러한 결과는 정책 차원에서 기본소득에 대한 정치권의 논의가 거의 전무하다는 것을 보여 준다.

　연도별로 살펴보면 기본소득과 관련한 언론 보도가 늘어난 직후에 국회에서도 약간의 논의가 있었음을 볼 수 있다. 우선, 2016년이 국회에서 처음으로 '기본소득'이라는 단어가 등장한 해이다. 앞서 기술한 바와 같이, 이는 대통령 선거를 앞두고 김종인 당시 더불어

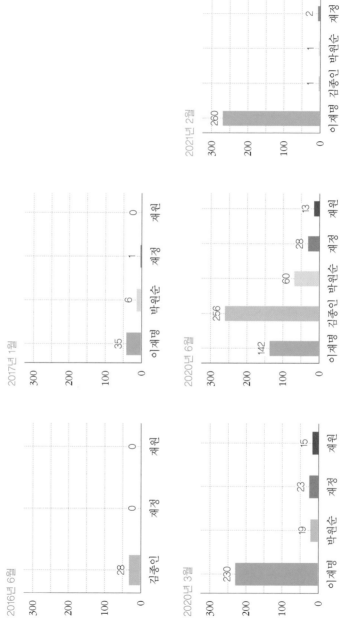

[그림 4-5] 대권후보 대 '재정'/'재원'

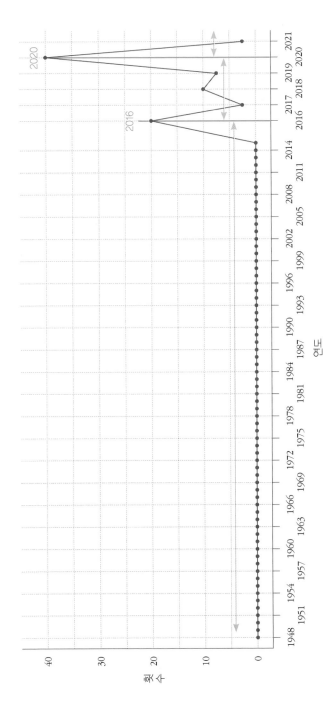

[그림 4-6] '기본소득'의 시기별 국회 회의록 출현 빈도

민주당 대표가 기본소득을 언급했던 시기와 일치한다. 마찬가지로 2020년 다시 한번 국회에서 '기본소득' 관련 언급이 상승하는 것을 알 수 있다. 앞서 기술한 바와 같이 이 또한 2022년 대통령 선거를 앞두고 이재명 지사가 주도한 기본소득 논쟁과 시기적으로 일치한 것으로 볼 수 있다.

월별로 나누어 살펴보면, 가령 앞서 기술한 바와 같이 언론 보도가 늘어났던 시점들은 대개 선거정치의 도구로 기본소득에 대한 대통령 선거 후보들의 관련 발언이 있었던 시기였다. 국회에서도 기본소득이 정책 사안으로서 심도 깊은 논의가 되기보다는 유력 대권 후보들의 관련 발언이 있을 때마다 산발적인 언급이 있었던 정도로 해석할 수 있다. 즉, 기본소득과 관련한 사회적 논의는 대통령 선거를 앞둔 후보들의 의제가 언론의 의제를 설정했고 이것이 정치권의 의제가 되는 순서로 진행되었다. 이는 기본소득이 전적으로 선거용 이슈였다는 것을 시사한다.

결론적으로, 우리나라에서 기본소득 관련 사회적 논의는 매우 초기 단계로 볼 수 있다. 1992년 이후 '기본소득'이 언급된 기사는 3만 6,000여 건에 불과했다. 마찬가지로 국회 본회의 언급 빈도는 불과 81회였다. 그나마 지금까지의 기본소득 관련 사회적 논의는 선거정치 맥락에서만 주로 다루어졌다는 것도 확인할 수 있었다. 기본소득 관련 논의가 처음 언론의 의제로 등장하기 시작한 것은 2016년 말경이었으나, 불과 수개월 후인 2017년 4월 대통령 선거 이후 급속히 논의가 실종되었다. 2016년 당시에는 김종인 더불어민주당 대표가 가장 먼저 '기본소득' 논의를 시작했다. 그러나 거의 의제화되지 못하다가 본격적인 논의는 2020년 3월부터 코로나19라는 '재난'의 맥락에서 재등장했다. 이재명 경기도지사라는 유력 대권 후보와 연결

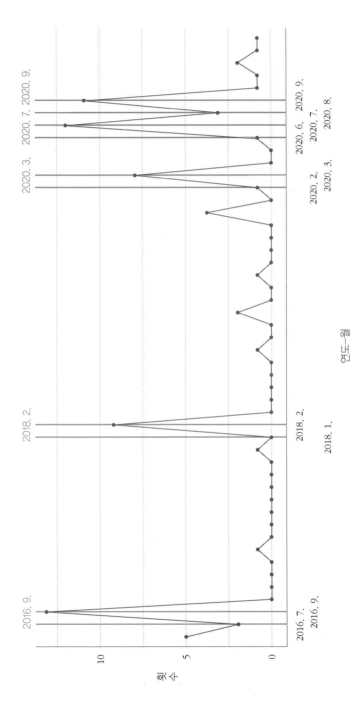

[그림 4-7] '기본소득'의 국회 회의록 출현 빈도: 변환점 분석

되어 보도량이 급증한 것이다. 이처럼 기본소득에 대한 사회적 논의
는 주로 대권 후보 또는 유력 정치인을 중심으로 한 '경마식 보도'의
일환으로 이루어져 왔고, 기본소득에 소요되는 '재정'이나 '재원' 등
에 대한 본격적인 논의는 거의 전무한 상황이다. 지난 2017년 대통령
선거에서 박근혜 대통령 탄핵 정국에서 적폐청산이라는 사회적 쓰
나미에 밀려 유권자들이 부동산 정책이나 탈원전 등 자신의 삶에 엄
청난 영향을 미칠 중요한 의제들에 대한 면밀한 검토를 거칠 기회마
저 가지지 못했다. 2022년 대통령 선거 또한 각종 의혹과 스캔들에
대한 네거티브가 난무하여 정책적 논의는 거의 실종되었다. 기본소
득의 도입은 충분한 검토와 사회적 토론을 거친 후 고려되어야 한다.

참고문헌

Cappella, J. N., & Jamieson, K. H. (1996). News frames, political
cynicism, and media cynicism. *The Annals of the American Academy
of Political and Social Science, 546*, 71-84.

Cappella, J. N., & Jamieson, K. H. (1997). *Spiral of cynicism: The press
and the public good.* Oxford University Press.

Jacoby, W. G. (2000). Issue framing and public opinion on government
spending. *American Journal of Political Science, 44*(4), 750-767.

Killick, R., Fearnhead, P., & Eckley, I. A. (2012). Optimal detection
of changepoints with a linear computational cost. *Journal of the
American Statistical Association, 107*(500), 1590-1598.

Patterson, T. E. (1994). *Out of order: An incisive and boldly original
critique of the news media's domination of America's political process.*
New York: Vintage Books.

05

일의 의미와 미래, 그리고 기본소득

권현지(서울대학교 사회학과 교수)
황세원(서울대학교 사회학과 박사과정 수료)

이번은 정말 다른가

디지털 전환은 노동 없는 미래를 초래할까? 그리하여 기본소득
은 노동 없는 사회의 가장 유효한 혹은 불가피한 복지 대안이 될 것
인가?

인공지능(AI)과 로봇이 일터로 밀려와 인간노동을 대신하는 미
래의 임박, 소위 4차 산업혁명은 신기술에 대한 흥분만큼이나 강
한 기술의 '파괴적' 속성과 그 '전례 없음'을 경고하는 대중적 용어
로 정착해 왔다. 각종 언론이나 시평가들뿐 아니라 연구자들도 다
양한 시뮬레이션을 통해 일자리 소멸을 경고하는 대열에 합류했
다. 특히 알파고의 등장과 유사한 시기에 제시된 Frey와 Osborne
(2017)의 '40% 이상의 일자리 소멸' 전망은 커다란 사회적 반향을
몰고 왔다. 이후 이들의 분석적 전제와 방법론에 대한 비판과 다
양한 스펙트럼의 전망치가 제시되고 학술적 논쟁이 이어졌지만
(Arntz et al., 2017; Autor, 2015), 대중적 일자리 불안과 공포는 분석
적 엄밀성과 논리보다는 센세이션과 막연함과 불확실성 위에서 자
라났다. 2020년 초 전 인류를 순식간에 엄습해 현재 진행형인 코로
나19 대유행도 이런 대중의 불안과 공포를 키우는 데 가세했다. 효
과적 처방전으로 제시된 강력한 사회적 거리두기가 한편으로는 엄
중한 경기 위축을, 다른 한편으로는 비대면성을 지원하는 디지털
전환을 가속화했기 때문이다.

산업화 초기 연구자들은 기술 혁신에 기반해 비약적으로 올라
갈 생산성이 낙관적 미래 전망과 연결될 수도 있다고 보았다. 예컨
대, 100여 년 전의 Keynes는 100년 후를 내다보며 생산성의 비약

적 증대로 주당 노동시간이 3분의 1 이상 줄고, 경제적 문제가 해결되면서 즐거움과 아름다움에 관심이 집중되는 세상을 예견했다(Keynes, 1930). 그보다 앞서 Marx는 물질적 필요를 충족시키기 위한 노동(필요 영역)이 축소되면 고유한 가치를 위해 활동하는 '진정한 자유 영역'이 확대될 수 있다고 했다(Marx, 1971: 820). 고된 노동에 얽매일 필요 없이 각자 하고 싶은 대로 아침에는 사냥하고, 오후에는 낚시하고, 밤에는 비평 활동(Marx & Engels, 1970: 53)을 하며 살아가는 유토피아적 삶이다.

그러나 대다수 인류의 삶은 아직 이런 상황과 거리가 멀다. 오히려 산업화 이래 기술이 매개하는 생산성 혁신은 때마다 동전의 양면처럼 일자리 불안을 동반했으며, 이 혁신과 불안의 조합은 자본주의 이래 인류가 주기적으로 대면해 온 패러독스적 도전이었다. 기술과 생산성의 비약적 성장기에 대규모 노동자가 일자리를 잃고, 나아가 생존 위협에 직면하는 이 패러독스는 공급이 필요 노동력을 초과할 정도로 생산력이 높아진 21세기 인간사회에서도 예외가 아니다. 소위 디지털 전환을 이끄는 기술 혁신은 새롭지만, 패러독스의 구도는 전혀 새롭지 않다. 생산력이 필요를 충족시킬 만큼 고도화되었음에도 대다수 노동자는 임금노동에 연결되는 고리가 헐거워질 때 해방이 아닌 생존 위기에 직면해야 하는 딜레마로부터 벗어나지 못하고 있다. 역사의 경험은 반복되는 듯 보인다.

이번은 다르다. 인간의 인지적 숙련, 나아가 정서적 숙련의 대체 가능성마저 제시하고 있는 21세기 디지털 기술혁명이 이제까지와 달리 '노동 없는' 사회로의 대전환을 예고한다는 진단의 압축적 표현이다(Ford, 2015). 이번이 정말 다르다면, 역사가 반복적으로 목격해 왔던 기술 발전의 패러독스 역시 종결될 가능성이 높다. 그러나

노동 없는 사회로의 전환은 기존 일자리의 대거 소멸뿐 아니라 새
로운 노동 수요의 발생마저 차단되었을 때 비로소 가능하다. 상기
한 패러독스적 조합이 산업화의 역사에서 파국적 결말을 맞아 본
적이 없는 이유는 결국 변동기를 지나며 인간 노동 수요의 총합이
축소되기보다 오히려 증가했기 때문이다. 주지하듯 산업화의 역사
는 사라지는 일자리를 상쇄하고도 남을 정도로 새 기술이 많은 직
업을 새로 만들고 노동시장을 확장하는 상황을 목격해 왔다. 이른
바 창조적 파괴의 과정이다(Kogan, Papanikolaou, Seru, & Stoffman,
2017; Mastrostefano & Pianta, 2009). 이제까지 비약적 기술 변동은
노동 없는 사회로의 전환보다는 낡은 숙련과 새로운 숙련 사이 명
암을 가르는 역사적 과정을 수반했다고 할 수 있다.

　이런 맥락에서 이번이 정말 다른지에 대한 대답은 아직 불확실
성과 함께 열려 있다. 가 보지 않은 불확실한 길 위에 새로, 충분히
넓은 직업의 장이 열릴 가능성이 여전히 존재하기 때문이다. 실제
ICT(Information and Communication Technology)의 진화와 함께 프
로그래밍, 데이터분석 등과 관련된 상당히 많은 새로운 일이 만들
어졌다는 보고도 있다(Acemoglu & Restrepo, 2017). 유사하게 EC의
최근 보고서에 따르면 유럽에서도 2006년에서 2018년 사이 ICT 분
야에서 약 27%의 일자리 증가가 있었다. 그뿐 아니다. AI의 도입이
기존 일자리를 잠식하는 효과가 있는 것은 사실이지만, 그 이면에
AI의 작동이 요구하는 데이터 레이블링, 컨텐츠 조정 등을 위해 막
대한 양의 저임금 불안정 노동이 비가시적 형태로 생산되고 있다
(하대청, 2018). 여기에 불안을 높이는 검증되지 않은 수많은 언설
과는 달리 기술 변동의 실제 속도가 생각보다 급격하지 않다는 분
석도 추가된다(Autor, Dorn, Katz, Patterson, & Van Reenen, 2020).

장기적으로 현재의 일자리 상당수가 사라질 가능성을 부정하기 어렵지만, 그런 전망이 현실화되는 데에는 꽤 시간이 소요될 것이며 그동안 일자리 구조는 역동적으로 전개되리라는 주장이 한층 더 개연성 있게 들린다. 다시 말하면, 사회가 그리고 개개인이 불가피한 충격을 줄이며 변화에 적응해 갈 수 있는 사회적 시간이 상당히 남아 있다는 의미이다. 이뿐만 아니라 디지털 전환은 일자리를 전멸시키는 변화가 아니라 일할 수 있는 새로운 역량을 중심으로 한 거대한 사회적 불평등을 구조화하는 계기가 될 수 있다. 또 이 새로운 역량 습득의 기회는 적절한 사회적 개입 없이는 기존 계층 구조에 크게 좌우되기 때문에 디지털 전환은 불평등의 재생산을 심화할 개연성도 높다. 이렇게 보면 노동자, 특히 기술 변동에 취약한 노동자가 떠안을 부정적 충격을 최소화하는 적극적인 사회적 장치에 대한 본격적인 논의야말로 막연한 불안을 줄일 수 있는 가장 중요한 사회적 프로세스이다.

유지될 혹은 새로 생겨날 좋은 일자리의 문을 열 숙련의 소수 독점을 막고, 그 일자리를 대다수가 공유하기 위해 새로운 숙련을 갖추고, 적정 노동시간을 합의하고, 일자리와 부(富)를 나누어 함께 살아가는 미래, 이를 구상하고 실천하는 것은 기술적 과제가 아니라 사회적 과제이다. 미래에 대한 상상과 결정, 실행은 결국 정치적·사회적 프로세스의 몫이기 때문이다. 이뿐만이 아니다. 인구 및 노동력 구조의 변화, 생활 방식의 변화, 환경 변화에 따라 기술과 무관하게 새로 만들고 사회적 인정과 가치를 부여해 복원해야 할 방대한 잠재 일자리가 존재한다. 초고령화 사회에 접어들고 있는 한국 사회에 크게 증가할 수밖에 없는 돌봄 및 사회서비스 일자리가 대표적이다. 얼마나, 어떤 값을 매겨 아직 사적 영역에 묶여 있는 돌봄 노동을 사회로 불러낼지는 사회가 결정할 몫이다. 인류를 해방과 불안 사이의 기로에 서게 만드는 것은 기술 자체라기보다는 생산과 분배를 둘러싼 사회적 관계, 정치적 관계이다.

기본소득은 이 사회적 관계에 개입해 일자리 부족이 생존 불가로 귀결되지 않도록 만드는 정책적 해법 중 하나이다. 생산보다는 분배에 집중하는 해법, 생산과 소득을 분리시키는 해법이다. 새로워 보이지만 자본주의 초기부터 꾸준히 다양한 아이디어와 함께 제기된 접근이다. 다만, 노동과 소득을 분리해 부자도, 열심히 일하는 사람에게도, 일할 의욕이 없는 사람에게도 생존에 필요한 정도의 소득을 공히, 조건 없이 제공하자는 이 정책의 기본 아이디어는 프로테스탄트 윤리에 입각해 성실한 노동과 임금의 교환을 근간으로 하는 자본주의 사회에서, 특히 임금노동자를 사회적 타협의 한 축으로 삼아 사회정책적 실험이 진행된 지난 100여 년의 복지국가 프레임워크 속에서 주류 담론과 정책 대안으로 수용되기 어려웠다. 이 파격적 정책이 지난 몇 년 사이 새롭게, 시민사회의 커지는 호응과 함께 일종의 가능태로서 유토피아로부터 현실 정책 영역에 천천히 닻을 내리고 있다. 바야흐로 충분한 생산력이 도래한 시대, 구조적 기술 실업의 우려와 노동 빈곤이 심화되는 모순의 시대를 돌파할 유력한 아이디어로서 비로소 주류 정치의 장에 도착했기 때문이다. 4차 산업혁명 담론 속 노동 없는 미래에 대한 증폭되는 불안, 혹은 적어도 현재 복지 체계의 근간이 되어 온 임금노동의 고리가 한층 느슨해지고 조직노동이 퇴조하고 있다는 정치가들의 대전환기 인식이 크게 작용했다.

그러나 논의한 대로 기술이 임금노동 전반을 대체할 만큼 혁명적으로 진전되었다는 기본 전제에 동의하기 어려운 만큼, 그리고 현재 진행되고 있는 디지털 전환이 오히려 기존에 비해 더 강력한 사회적 개입과 조정을 요구한다는 점에서 기본소득이 지금 가장 효과적인 사회 정책 대안이라고 하기는 힘들다. 기본소득이 전환의 소용돌이에 휩쓸려 떠내려가는 개개인을 건져 올릴 구조봉이 될 수 있을까? 애초에 소용돌이 속으로 떨어지지 않게 격랑을 건너갈 수 있는 다리를 놓아 주고, 위태한 다리라도 잘 건너갈 수 있는 개개인의 역량을 제고하고, 그리하여 사회 구성원으로서의 연대감과 기여의 효능감을 경험하도록 하는 사회 시스템 구축에 기여할 수 있을까? 사회적 가용 자원의 제약을 고려할 때, 적극적 조정과 개입 정책의 가능성을 잠식할 수도 있는 기본소득 도입에 신중을 기해야 하는 이유이다.

Dani Rodrik은 포용적 풍요(inclusive prosperity)는 부자로부터 빈자로의, 혹은 가장 생산적인 산업 부문으로부터 덜 생산적인 산업 부문으로의 단순한 소득재분배를 통해 달성될 수 없고, 저숙련 노동자를 비롯한 취약 노동자, 영세 기업, 낙후 지역을 경제의 선진 부문으로 끌어올려 통합할 때 가능하다고 주장했다(Rodrik, 2019). 디지털 기술 기반 지식-창의 경제를 중심으로 진행되고 있는 최근의 산업 고도화가 계층적 차등화로 연결되는 고리를 세금 재분배를 통한 소득보전책인 기본소득이 끊을 수 있다고 믿는 것은 꽤 단순한 생각이다. 기본소득은 경우에 따라서 오히려 그러한 차등화를 용인하는 정책이 될 수도 있다. 이는 특히 기본소득을 통해 정부 역할과 규모를 획기적으로 줄일 수 있다는 자유론자들의 생각과 결합될 경우 증폭될 수 있는 위험이다. 다양한 사람을 차별 없이 공정하고 평등하게 포괄하는 사회의 비전은 기본소득의 자유주의적 접근만으로는 달성되기 어렵다. 더구나 가부장적 국가가 하나부터

열까지 통제하는 데 익숙한 한국에서 개인의 자유에 집중해 시장
과 사회의 자연스러운 조정 메커니즘을 달성할 수 있다는 아이디
어가 구체적 정책 영역에서 뿌리내리기는 더더욱 힘들다.

　그럼에도 불구하고 기본소득이 노동에 던지는 묵직한 함의에는
귀 기울일 필요가 있다. 기본소득이 그 급진적 전제, 즉 생존하기
위해 일하지는 않을 자유를 통해 보다 본질적인 존재의 의미를 추
구하는 행위로서의 일, 즉 의미 있는 일(meaningful work)을 환기하
고 있다는 점은 놓칠 수 없기 때문이다. 기본소득은 소득보전 정책
이지만, 소득보전에 시민적 자격 외에 어떤 조건도 달지 않음으로
써 역설적으로 괜찮지 않은 노동에 대해 기피할 여지를 넓혀 준다.
기본소득은 인간의 인격과 존재적 품위를 손상시키지 않는 노동,
개개인에게 의미 있는 노동을 확산시킬 수 있다는 정책적 외부 효
과를 품고 있어 소득보전 이상의 의미를 지니는 정책적 상상으로
서 유효하다. 현재 한국 사회에서 기본소득 논쟁의 지형은 과연 실
현 가능태로서 어느 정도의 보편성, 충분성을 충족할 수 있는가 하
는 경제적·재정적 측면에 초점이 맞추어져 있다. 혹은 정치적 의
제로서 미리 결론을 내고, 시행할 수 있는 수준이 무엇인가를 찾는
전도된 경향도 보인다. 현재까지는 어쨌든 이 실현 가능성에 대해
회의적 시각이 지배적이다. 코로나19 팬데믹 상황에서 전 국민, 즉
보편적 재난지원금 재시행이 어려웠던 상황이 이를 보여 준다. 가
보지 않은 길에 대한 이러한 즉각적인 재정적 현실성에 대한 분석
적 논의는 필자들의 능력 밖의 일이다. 이 장은 그보다 미래 지속
가능 사회를 위해 더욱 충분히 고려하고 논쟁해 보아야 할 기본소
득의 함의를 인간의 '일'을 중심으로 비판적으로 고찰하는 데 관심
을 둔다. 즉, '이 소득보전 정책만으로 괜찮은 노동이 충분히 확보

될 수 있는가?' '기본소득은 전환의 시대에 개인과 사회의 지속 가능성을 담보할 역량(capabilities)을 효과적으로 고루 확보하고 재생산할 수 있는가?' '나아가 기본소득은 심화된 불평등의 궤를 돌려 평등을 강화할 수 있는 정책인가?' 등을 중심으로 기본소득과 노동의 관계를 숙고해 보는 데 이 장의 목표가 있다. 요컨대, 이 장은 기본소득이 제기하는 문제 제기에 대한 숙고와 비판적 논의를 통해 노동자가 자신과 사회에 의미 있는 일을 추구할 수 있는 사회, 사회경제적 포용성과 지속 가능성을 높이는 사회를 위한 대안적 접근이 무엇일지를 고민하는 시론적 에세이라고 할 수 있다.

기본소득과 '일'의 관계

2021~2022년 겨울, 제20대 대통령 선거를 세 달여 앞두고 여야의 대통령 선거 후보가 윤곽을 드러낸 상황, 즉 정책의 선명성뿐 아니라 실효성을 다투어야 하는 상황에서 볼 때 기본소득은 공약의 중심의제로부터 벗어나 있었다.[1] 연 100만 원을 지급한다고 했을 때 시행 첫해에만 산술적으로 약 20조 원이 드는 공약의 효과와 시의성에 공감을 얻지 못했기 때문이다. 그러나 불씨가 완전히 꺼졌다고는 볼 수 없다. 강력한 대통령 선거 후보가 열정적으로 주장하고 실험해 왔던 정책일 뿐 아니라, 코로나19 상황에서 노동시장 진

---

1) 최근 공약집 리스트로 농민이나 예술가와 같이 한정된 집단에 대한 기본소득 적용이 다시 거론되고 있다(이서희, 2022. 1. 19.). 이재명 더불어민주당 후보의 실험장이었던 경기도가 청년에 이어 월 5만 원의 농민기본소득, 연 100만 원의 예술인 창작수당과 지급을 결정했던 것처럼 직군별 접근을 통해 기본소득의 불씨를 살리려는 공약이다.

입이 극히 곤란해진 청년층의 반향이 컸던 정책이었기 때문이다. 각 당의 경선 전후 시점이었던 2021년 여름 한국에서 가장 선풍적 반향을 일으켰던 의제로, 대통령 선거를 준비하는 주요 정치인들이라면 최소한 한 번씩은 기본소득에 대한 입장이나 의견을 밝혔을 정도로 관심이 높았다는 기억은 여전히 남아 있다.

그런데 한국 사회에서 제안되고 있는 기본소득은 무조건성, 충분성, 보편성, 개별성, 지속성 등 주요 이론적 요건을 모두 충족하는 온전한 의미의 기본소득(Universal Basic Income: 이하 UBI)에 해당한다고 보기 어렵다. 가장 거리가 먼 요건은 충분성이다. 경선 레이스 전 이재명 경기도지사의 월 4만 원(단계적으로 올리는 방안 포함) 안은 물론이고, 시대전환의 월 30만 원, 기본소득당의 월 60만 원 안도 2021년 현재 시급 8,720원, 하루 8시간 주 5일 근무 기준 월 급여 182여 만 원을 최저수준의 임금으로 규정하고 있는 한국 사회에서 기본적인 삶의 영위에 크게 부족한 금액이다.[2]

무조건성 요건도 주요 쟁점 중 하나이다. 2020~2021년 코로나19로 인한 경제 침체 상황에서 정부가 재난지원금을 지급할 때도 경제적 상위계층을 포함할지에 대한 찬반 양론이 끊임없이 이어졌던 것처럼, 기본소득 역시 부유층에까지 정부가 현금을 지급할 필요가 있느냐는 질문에 늘 부닥치곤 하는 것이다. 이 때문에 청년, 농민 등 특정 대상에 한정해서 지급하는 보장소득(guaranteed income)의 형태[3]가 더 쉽게 정책 실험 및 실행 단계로 넘어가기도

---

[2] 이지혜(2021. 7. 6.)에 따르면, Philippe Van Parijs 벨기에 루뱅 대학교 명예교수가 기본소득이 1인당 국내총생산(GDP)의 25%쯤 되어야 큰 변화를 가져올 수 있다고 말한 것을 우리나라에 적용하면 월 75만 원 정도의 금액이 된다. 그러나 이 역시 '충분성'의 조건을 충족하는 액수라고 하기는 어렵다.

한다.

이처럼 UBI의 원칙 및 지향과는 차이를 보이지만, 현재 UBI의 자장(磁場) 속에서 한국에서 논의되는 기본소득 방안들이 보여 주는 공통적인 특징은 다음과 같다. 첫째, 현금을 (가구 단위가 아닌) 개인에게 정부가 직접 지급한다는 점이다. 둘째, 노동의 대가로 주어지는 소득이 아니라는 점이다. 즉, 공공근로 등 일정한 노동 또는 활동에 대해 임금 성격으로 지급되는 돈이 아니다. 셋째, 빈곤 및 취약성을 증명해야 받을 수 있는 돈이 아니라는 점이다.

이러한 특징들만으로도 기존의 복지 및 노동시장 제도들과 분명히 구별되기 때문에 기본소득 제안이 사람들의 눈길을 끌고 있다. 여기에 우리가 노동의 대전환기에 있고 그 여러 징후를 목격하고 있다는 중요한 사실이 국가 단위에서 본격적으로 실행된 예도 없고, 기존 제도들과 양립하기 어려운 완전히 새로운 제도인 기본소득이 어떻게 최근 몇 년 사이에 빠르게 주요 정책 의제로 부상했는지를 말해 준다. 특히 전환기 노동의 변화를 가장 직접적으로 경험하고 있는 남녀 청년 세대가 기본소득에 동의하는 경향이 높다는 점이 이를 뒷받침한다. 청년 세대의 세대적 특징은 ① 70% 이상이 대학교육을 받고, 졸업을 유예하거나 졸업 후 사교육을 상당 기간 받더라도 원하는 일자리 진입이 좁은 문 통과만큼이나 어렵다는 것을 경험하고 있고, ② 교육 수준에 따른 투자 및 기대와는 달리 장기 전망을 하기 힘든 불안정·불완전 노동, 프리랜서형 노동

---

3) 서울특별시의 '청년수당', 성남시와 경기도의 '청년배당', 경기도의 '농민기본소득' (2021년 10월부터 지급) 등은 지급 대상이 특정되었으며, 그 대상이 처한 상황의 취약성이 지급의 근거로 제시되었다는 점에서 보장소득의 일종이다.

에 직면하고 있고, ③ 고용연계 복지에 대한 경험이 제한되고 있으며, ④ 그럼에도 불구하고 높은 개인적 취향과 소비 경험을 장착하고 있다는 것이다. 이러한 세대적 특징은 청년 세대가 지금까지와는 전혀 새롭고 개인적 자유를 부각하는 기본소득에 상대적으로 높은 수용성을 보여 주는 요인이 되고 있다. 임금소득의 상당액을 대신할 수는 없더라도, 기본소득으로 인해서 사람들이 삶의 기본적 필요를 충당할 수만 있다면 전환기의 혼란을 이겨 낼 수 있지 않을까 하는 기대가 이 제도를 상상에서 현실로 밀어붙이고 있다.

그러나 기본소득에 낯설거나 회의하는 다수는 여전히 납득할 만한 설명을 요구한다. 무엇보다 사회 계약의 기본 원리가 달라지기 때문이다. 다시 말하면, 기본소득의 정당성이 납득되려면 정부는 '왜 노동의 대가가 아닌 현금을, 빈곤하거나 취약한 상태도 아닌 개인에게 지급해야 하는가?'라는 질문에 답해야 한다는 뜻이다. 이는 곧 개인이 '임금노동'이 아닌 소득을 가질 권리가 있다는 답이어야 하고, '임금노동'과 딱 붙어 있던 '소득'을 떼어 놓는 데 대한 정당성을 설명할 수 있어야 한다는 것이다. 또 기술이 발전하더라도 계속해서 사람이 해야 하는 일자리들은 존재할 텐데, 기본소득이 주어질 때 이러한 필수 일자리에 대한 노동 공급에 부정적 영향을 줄 우려가 필요 없는지에 대한 의구심에 답할 수 있어야 한다. 아직도 기본소득에 대한 강력한 비판 중 하나는 '사람들이 일을 하지 않게 만들 것'이라는 점이며, 그 때문에 생산에 필요한 만큼의 노동 공급이 이루어지지 않게 될 것(최한수, 2020. 5. 28.)이라는 점이다. 우리는 노동이 축소됨으로써 사람들이 더 이상 소득을 얻을 수 없게 될까 봐 고민하는 동시에, 다른 경로로 소득이 주어짐으로써 사람들이 노동을 회피하게 될까 봐 고민하고 있는 것이다.

이와 관련해 조금 결이 다른 또 하나의 질문은 '사람들이 궁극적으로 필요로 하는 것은 소득인가, 아니면 일 자체인가?'이다. 즉, '일'이라는 것이 사람들에게 얼마나 중요한지, 어떤 의미를 주는지에 대한 답이 필요하다. 이는 바로 앞에서 말한, 기본소득이 주어진다면 사람들은 아무런 일도 하지 않으려 할 것인지 아니면 좀 더 자유롭게 다른 일을 찾아서 하게 될 것인지를 알기 위한 질문이다. 이는 곧 사람에게 '일'이 갖는 의미에 대한 질문이라고도 할 수 있다.

기본소득 옹호자들이 가장 흔하게 사용하는 논리는 임금소득과 일이 분리되면 오히려 일 자체에 의미를 두는 경향이 강화될 수 있다는 주장이다. 기본소득은 그 구상의 근저에 '생계를 위한 소득과 직업(일) 간의 고리가 너무 단단하기 때문에 자유가 억압된다.'는 문제의식을 깔고 있다. 생계를 위해서 하고 싶지 않은 일을 선택할 수밖에 없고, 그 일에 매몰되어 있다 보면 다른 기회를 탐색하거나 이동하기도 어렵게 된다는 것이다. 일자리 자체에 이미 불평등이 존재하기 때문에 이렇게 소득을 대가로 일자리를 선택하도록 하면 착취가 발생한다(Bidadanure, 2019: 489)는 것이 기본소득 주창자들이 가장 주목한 사회 문제였다.

기본소득은 (그 금액이 얼마든 간에) 소득과 일의 연결고리를 약화시키거나 떼어 낼(divorce) 수 있기 때문에 사람들이 더 자유롭게 일을 선택하도록 돕는다. 또한 원하지 않는 일을 그만두거나, 일하지 않으면서 '게으른' 상태로 생존할 수 있게 해 주는데, 기본소득 아이디어에 따르면 이는 공동체 전체를 위해 긍정적인 상태이다. 그 첫 번째 이유는 고용주들로 하여금 일자리의 매력을 높이려는 노력을 하게 만들 것이기 때문이다. Parijs와 Vanderborght(2018: 57)는 기본소득이 복지 함정의 문제가 없기 때문에 노동시장에서 배제되었던 사람들을 일터로 불러올 수 있다고 설명한다. 이런 효과를 통해서 궁극적으로는 가장 취약한 노동의 질을 끌어올릴 수 있다는 것이 기본소득 지지자들의 주장이다.

두 번째 이유는 '게으른 사람에게도 기본소득을 주어야 하는가?'라는, 기본소득과 관련된 오랜 논쟁 주제와 관련이 있다. Guy Standing(2018: 191)은 위대한 사상가나 예술가 중에는 부유한 부모에게 받은 '기본소득' 덕분에 청년기에 '게을렀던' 사람이 많았다면서, 이들이 따분한 일을 억지로 해야 했다면 창조적 천재성이 발현되지 못했을 것이라고 주장한다. 즉, 기본소득이 주어지면 사람들은 각자 더 잘할 수 있는 일을 찾아갈 것이기 때문에 사회 전체로 보면 생산성이 더 높아질 수 있다는 것이 Standing의 주장이다.

다른 측면으로 Van Parijs는 일을 덜하고 생활을 즐기고 싶어 하는 느긋한 사람들(Lazies)이 노동시장의 경쟁에서 걸어 나가면 열정적으로 일하고 싶어 하는 사람들(Crazies)이 이익을 얻을 것이기 때문에 기본소득이 의미가 있다고 설명한다(Bidadanure, 2019: 489). 일에 열성적인 사람들과 느긋한 사람들이 동일한 생산 잠재력을 가지고 있다고 가정할 때, 소득과 일의 연결고리가 단단할 경우에는 느긋한 사람들도 어쩔 수 없이 노동시장에서 열심히 경쟁해야 하고, 이 경우에 고용주들은 열성적인 사람들을 제대로 알아보고 선택하기 어려운 상황에 처하기도 하기 때문이다. 느긋한 사람들에 대한 거름 장치로서의 기본소득 논리는 Guy Standing의 주장과 마찬가지로 기본소득이 사회 전체의 생산성을 더 높일 수 있다는 주장과 궤를 같이한다.

Malcolm Torry(2020: 86)는 기본소득이 '일'에 미치는 또 다른 효과를 설명한다. 첫째는 가정 내 돌봄 노동과 같이 기존에는 소득이 발생하지 않는다는 이유로 저평가되던 일들에 대한 시각이 달라질 수 있다는 것이다. 둘째는 기본적인 생계소득이 충족되고 나면, 어떤 일이 공동체를 위해서 유익한지 아닌지, 윤리적인지 아닌지 등의 기준으로 직업 또는 직장을 선택하는 사람이 많아질 것이라는 점이다. 예를 들어, 담배 만드는 기계를 고안하는 정규직원과 노인과 장애인을 예약 시간에 맞추어 병원에 데려다주는 무급 자원봉사자 중에서 '어느 쪽이 더 사회에 기여하는가'를 질문하면서, Malcolm Torry는 사람들이 후자를 선택하도록 하려면 '소득'이 일을 선택하는 결정적인 기준이 아니어야 한다고 했다. 이를 위해서는 기본소득과 같이 사람들이 소득에 덜 연연하게 만드는 제도가 필요하다는 것이다.

이와 같이 기본소득 지지자들이 '일을 선택할 자유'를 설명하는 맥락에서 발견할 수 있는 것은 '어떤 일이 사람들에게 좋은 일인가?'에 대한 고민과 관련된다. 어떤 일이 좋은지는 일하는 당사자들이 가장 잘 알고 있으며, 이들이 가장 하고 싶은 일, 배우고 싶은 것, 함께 일하고 싶은 사람들, 살고 싶은 지역 등을 충분히 고려해서 직업 및 직장을 자유롭게 선택할 수 있으면 된다(Parijs & Vanderborght, 2018: 57-58)는 생각이 대표적이다. 임금이 아주 낮더라도 그 일 자체가 매력이 있거나, 유용한 훈련의 기회가 되거나, 좋은 네트워크를 갖게 되거나 승진 전망이 밝거나 등등의 조건들도 더 고려할 수 있어야 한다. 즉, 금전보다는 '자체의 매력'에 따라 일을 선택할 수 있어야 더 많은 사람이 '좋은 일'을 하는 사회가 될 수 있다는 것이다. 따라서 Parijs 등의 기본소득론자들은 소득과 일의 연결고리를 약화시켜 선택의 자유를 향상시키는 기본소득의 역할이 중요하다고 역설했다.

또한 기본소득은 고용 구조가 지금보다 훨씬 유연화되는 것이 일하는 사람들에게도 더 유익하다는 생각을 바탕에 깔고 있다. Malcolm Torry(2020: 67)는 기술 변화와 사회 불안정성 증가(팬데믹 등의 이유로) 때문에 고용 유연화는 더 심화될 것이며, 사람들은 여기에 적응할 수 있어야 한다고 주장한다. 나아가 여전히 고용관계를 중심으로 현재의 경직된 노동시장 구조가 더 유연해질 필요가 있다는 적극적인 관점도 전한다. 유연한 노동시장은 모든 유형의 산업이 노동을 효율적으로 배분할 수 있게 하므로 보다 효율적인 경제를 만들 것이라는 설명이다.

그런데 이와 같은 설명에서 일과 일의 분배에 대해 좀 더 신중한 자세를 취하는 독자라면 '일'과 관련된 기본소득 전제가 가진 허점, 지나친 낙관성을 발견할 수 있을 것이다. 기본소득 도입 이후 사회적으로 꼭 필요한 노동에 대한 공급도 제대로 이루어지지 않을 가능성에 어떻게 대처할 수 있을지에 대한 고려를 발견할 수 없기 때문이다. 사람들의 자유에 대한 강조는 보이지 않는 손의 시장적 조정과 은연중에 닮아 있다. 경제학적 관점에서 볼 때 '일 자체의 매력'이 적다고 여겨지고 육체적으로 힘든 일자리들은 임금 수준을 올림으로써 공급 부족을 해결해야 하는데, 민간 고용주들에게 그와 같은 여력이 없다면 결국 공공 부문의 개입(보조금 등)이 있어야 한다. 기본소득 도입으로 사람들에게 선택의 자유가 향상되는 것만으로 자연히 노동시장의 수급이 해결될 것이라 기대하기 어렵다. 기본소득의 아이디어가 선별복지와 국가 주도 노동 공급(뉴딜 등)의 복잡성 및 불완전성을 지적하는 데서 출발한다는 점을 감안할 때, 이와 같이 필연적으로 국가 개입을 불러내야 한다면 기본적 전제에서부터 분명한 패러독스와 한계를 내재하고 있는 셈이다.

또한 기본소득만으로 노동시장에서 스스로 후퇴하는 느긋한 사람들(Lazies)이 얼마나 될지, 일에 열성적인 사람들(Crazies)의 수보다 느긋한 사람들이 너무 많아서 문제가 될 가능성에 대한 고려도 부족하다. 그리고 느긋한 사람들이 창의성을 발휘해서 사회 전체의 생산성을 높이는 경우나 사회적으로 가치 있는 무급 노동(돌봄 등)에 참여를 증진시킬 것이라는 예측은 있지만 이 또한 지나치게 낙관적인 바람에 기반한 것으로, 기대하지 않은 결과에 대한 면밀한 고려가 뒷받침되지 않는다.

한편, 기본소득은 기존의 실업급여를 포함한 사회적 급여가 국가기관이 제안한 일의 수용이나 교육훈련을 급여조건으로 지나치게 연계함으로써 개인의 자유를 제약하고 나쁜 질의 일자리를 양산한다는 이른바 워크페어에 대한 비판에 사회적 급여에 대한 어떤 조건도 달지 않음으로써 적극적으로 대응할 수 있다. 그러나 반대로 일/교육훈련과 같은 조건으로부터 완전히 자유로운 사회적 급여는 장기실업 상황에 개입하지 않음, 달리 말하면 사회 정책의 방관이 역설적으로 사람들의 삶의 기회를 제약할 가능성으로부터 자유롭지 않다. 이뿐만 아니라 무임승차에 대한 끊임없는 사회적 공방에 시달릴 개연성도 높다.

따라서 기본소득으로 인한 '소득과 일 사이의 연결고리 해체'가 사람들의 일에 대한 좀 더 '자유로운 선택'으로 이어진다 하더라도, 그로부터 자연히 (다른 개입이나 조치 없이) 노동시장이 더 활성화되고 사회 전체의 생산성이 올라가며 사람들의 일에 대한 만족도도 높아진다는 결과를 상정하는 데는 무리가 있다. UBI의 높은 비용은 중간계층에 막중한 부담을 안겨 여타의 중요한 공공지출을 밀어냄으로써 오히려 경제성장에 더 악영향을 미칠 수도 있다는 논리가 제기되기도 한다. 이러한 점에서 보이지 않는 손의 조정에 대한 새로운 버전의 자유주의적 가정이라고도 할 수 있는 기본소득, 최소정부를 지향하는 우파 자유주의자(libertarian)의 환영을 받기도 하는 기본소득이 이 문제를 어떻게 다룰 수 있을지에 대한 정교한 그림은 아직 존재하지 않는다.

　이러한 맥락에서 20세기 사회복지 정치의 주요 근간을 형성했던 노동조합은 대체로 기본소득의 아이디어를 명시적으로 지지하지 않거나(Harrop & Tait, 2017) 무관심과 냉담을 유지해 왔다. 주요국 노동조합 지도자 중 Andrew Stern(전 미국 국제서비스노동자노동조합 의장)과 같이 공적으로 기본소득을 지지하고 필요성을 역설했던 경우가 있지만 매우 예외적이다. 최저임금을 올리거나 일하는 사람(특히 남성 가장)에게 소득, 주택, 의료, 교육 등의 비용을 보조해 주는 데 여전히 정책적 우선순위를 두는 노동조합의 입장은 기본소득 아이디어와 충돌하기 쉽기 때문이다(Henderson & Quiggin, 2019; Sloman, 2016; Vanderborght, 2006).[4] 대개의 노동조합은 기본소득이 주어진다고 해도 비자발적 실업이나 저임금으로 인해 고통받는 사람들의 문제가 해결되기는 어렵다고 본다. 모든 사람에게

---

[4] 한편, Henderson과 Quiggin(2019)은 1990년대 초 네덜란드 식품노동자 노동조합(DFWU) 지도부가 '대폭적인(sharp) 노동시간 단축을 동반하는 실질적 기본소득'을 주장한 일, 2001년 남아프리카 노동조합 회의(COSATU)가 교회 및 비정부 기구의 대표적인 단체들과 함께 기본소득 보조금 연합(BIGC)을 창설한 예와 같이 기본소득을 지지하는 노동조합들을 소개하면서도 이러한 사례는 '예외적(outliers)'이라고 지칭했다. 저자들은 노동조합들이 단지 임금과 근로조건만을 위해 투쟁해 온 것이 아니라 궁극적으로 노동자들이 '과도한 노동으로부터의 해방(자유)'을 위해 싸워 왔다는 점을 상기한다면, 기본소득이 '일할 권리' 및 실질적인 수준의 최저임금과 결합된다면 노동조합들의 지지를 받는 정책이 될 수 있다고 주장했다.

무차별적으로 현금을 제공하는 것이 생존을 유지할 만한 사회적 임금을 가장 그리고 시급히 필요로 하는 사람들, 그리고 그런 사회적 권리가 있는 사람들에게 가 닿는 사회 정책에 비해 사회정의적 관점에서 더 정의롭다고 말할 수 없다는 것이다. 이뿐만 아니라 기본소득은 생활임금을 충족해야 하는 사용자의 책임을 강조하지 않는다는 점에서도 정의롭다고 말할 수 없다고 본다. 즉, 노동조합이 기본소득에 비판적인 이유는 가장 시급한 사람들의 요구와 사용자의 사회적 책임을 이 새로운 사회 정책의 아이디어가 충족하지 못한다는 점이다(Harrop & Tait, 2017). 영국 노동조합의 상급 단체(영국노동조합총연맹 또는 영국노동조합회의라고 부름)인 TUC는 현재 제출된 가장 개연성이 높은 UBI 제안조차도 앞에서 살펴본 완전한 의미의 UBI에 근접하지 못하고 여전히 자산 조사(means testing)에 의존한다거나, 수용할 만한 최소소득이나 연금소득에 한참 못 미치는 소득을 제안함으로써 제출된 아이디어에 비해 훨씬 덜 급진적인 정책으로밖에 제출되지 못하는 한계를 드러내고 있다고 지적한다.

개개인의 세금을 재원으로 하는 UBI의 특성은 상당하고도 지속적인 경제성장을 전제하며, 이 성장을 견인할 수 있는 중간계급의 안정적 공급과 이들의 동의에 의존해야 한다. TUC를 비롯한 많은 노동조합은 노동의 불안정성(insecure work), 임금정체(pay stagnation), 숙련과 직무의 탈구(skills and job dislocation), 일자리 부족(insufficient work) 등 당면한 혹은 다가오는 미래노동의 위험과 관련, 중간계급의 지속적 성장을 전제하는 기본소득이 이들 위험과 정합적인지에 대해 질문한다. 이들 위험에 대처하고 가장 필요로 하는 사람들에게 지속 가능한 소득을 담보할 수 있는, 가장 개연성이 높고 타당한 경로라 보기 어렵다는 비판적 입장을 견지한다.

현존 기본소득 실험의 예: 의의와 한계

사람들이 일을 선택하고 유지하는 데 있어 기본소득이 어떤 역할을 할지에 대해서 실증적으로 알려진 바는 없다. 때문에 정부 차원에서 시민 대상의 정책 실험 시도가 많아지고 있다. 대표적인 것이 2017~2018년 핀란드 정부의 정책 실험이다. 이 실험에서 '기본소득이 고용률 제고에 있어서 거의 효과가 없다.'는 결과, 구체적으로는 기본소득을 받은 집단과 기존과 같이 실업급여(재취업하면 중단되는)를 받은 집단 간에 근로시간의 차이가 거의 없었다는 결과가 도출되었다. 이를 두고 핀란드의 기본소득 실험은 실패로 돌아갔다는 주장이 제기되기도 한다(최한수, 2020. 5. 28.). 그러나 이 결과에서 주목해야 할 점은 조건 없는 기본소득 수령자들의 근로일수가 '줄어들지' 않았다는 사실이다. 당초 실험 설계자들은 실업급여의 복지 함정 문제를 기본소득이 해결할 수 있느냐에 더 관심을 두었지만, 기본소득에 대해서 더 오래 제기된 질문은 '현금을 조건 없이 지급하면 사람들은 일을 하지 않으려고 할 것인가?'라는 점을 상기할 필요가 있다. 그리고 이 결과는 최소한 이 질문에 대해서는 '그렇지 않다.'는 답을 보여 준 것이며, 따라서 적어도 기본소득이 근로의욕의 상실을 초래한다고 보기는 어렵다는 점을 실증했다고 할 수 있다.

한편, 2019년 미국 스톡턴시에서 이루어진 기본소득 지급 실험은 보다 긍정적인 결과를 보여 준다. 이 실험에서 저소득층이자 일

자리가 불안정한 시민 중에서 무작위로 선정한 125명에게 18개월
간 매달 500달러를 지급한 결과, 이들의 전일제(full-time) 고용률
이 증가했다는 결과가 도출되었다.[5] 연구자들에 따르면 이 추가소
득으로 인해서 피실험자들 중 파트타임 노동자들은 전일제 일자리
면접을 위해서 일을 쉴 수 있었고, 실업자들은 면접 교통비 등을 충
당하며 구직활동을 할 수 있었다(남승표, 2021. 3. 4.). 그러나 피실
험자들이 실험 설계상 기본소득이 단기적이고 이례적인 지급이라
는 점을 미리 알고 있었기 때문에 사람들이 추가소득을 일자리 상
태를 개선하는 데에 쓰도록 만들었을 것이라는 해석도 가능하다.
즉, 지속성에 대한 기본소득 가정이 작동하면 이 실험 결과가 흔들
릴 수 있다는 해석이다. 그렇더라도 이 실험 결과는 최소한 '사람들
은 일하지 않고 돈을 벌면 나태해진다.'는 고정관념을 흔드는 효과
는 보여 주었다. 황윤태와 임송수(2021. 7. 13.)에 따르면, 스톡턴시
실험 결과의 영향으로 2021년 7월 기준 미국의 17개 지역에서 기
본소득 실험이 진행되고 있다.

　이와 같은 결과들을 통해서 알 수 있는 것은, 사람들이 일을 하는
이유를 단순히 생계를 충족시키는 소득만으로 설명할 수는 없다는
것이다. 이는 기본소득 주창자 및 지지자들의 "기본소득으로 인해
서 사람들은 소득에 얽매이지 않고 다른 일을 선택하게 만들 수 있

---

[5] 남승표(2021. 3. 4.)에 따르면 기본소득을 지급받은 이들의 실험 전(2019년 2월) 전일
　제 고용률은 28%였으나 1년 뒤에는 이 비율이 40%로 증가했다. 통제집단(기본소득
　을 지급받지 못한 집단)의 전일제 고용률은 같은 기간 32%에서 37%로 증가하는 데
　그쳤다. 또한 기본소득을 지급받은 사람들의 부채 상황, 정신건강도 개선되었다. 지
　출 내역을 보면 가장 큰 비중이 식품 소비였다. 그 밖에도 전기세, 수도세 등 공과금
　과 자동차 관련 비용 등 생활에 필수적으로 필요한 내역에 대한 소비 비중이 컸다. 담
　배와 술에 소비한 비율은 1% 미만이었다.

다."는 주장을 뒷받침하는 근거가 될 수 있다. 그러나 여전히 남는 문제는 지금 실험 상황의 한계 때문에 이러한 결과가 나왔다는 비판을 반박할 근거가 충분하지 않다는 것이다. 또 다른 문제는, 사람들이 기본소득을 매개로 기존과 다른 일을 선택할 수 있다 하더라도 그것이 사회 전체의 필요를 충족하는 방향이 될지 알 수 없다는 것이다. 혹은 앞에서 언급한 것처럼 사회가 돌아가는 데 필수적으로 필요한 노동에 대한 공급은 급감하고 사회에 도움이 되지 않는 활동들에는 사람들이 몰릴 우려에 대한 기본소득의 자가 조정이 가능한지가 해소되고 있지 않지만, 이 점을 검증하려는 시도는 아직 이루어진 바가 없다.

일의 의미

기본소득과 관련해 한 가지 확인해야 할 점은, 사람들이 본질적으로 어떤 일을 하고 싶어 하는지에 관한 것이다. 대체로 사람들이 일을 하게 만드는 가장 큰 동인이 소득이라고 알려져 있는데, 이것이 유일하고 절대적인 수준의 동인인지 아니면 여러 동인 중 하나에 해당하는지부터 고려할 필요가 있다.

사람들이 직업을 선택할 때 오로지 임금만 따지지 않는다는 사실은 경험을 통해서도 알 수 있다. 사람들은 물론 임금을 중시하지만 근로조건과 적성, 흥미 등을 종합적으로 고려해서 직업 및 직장을 선택하는 것이 보다 일반적이기 때문이다. 다만, 이 역시 '일을 해야 하는' 상황에 있는 사람들이 그나마 나은 선택을 하기 위한 것이지, 근본적으로 사람은 되도록 일을 하고 싶어 하지 않는 존재라는 관점도 존재한다. McGregor와 Cutcher-Gershenfeld(1960)의 '이론 X'와 '이론 Y' 중 전자에 해당하는 것으로, 사람들은 일을 싫어하고 되도록 피하려 하기 때문에 주어진 목표를 달성하게 하려면 조직 및 관리자는 강요, 통제, 지시, 처벌, 위협 등의 수단을 사용해야 한다는 관점이다. 이에 대비되는 '이론 Y'는 대부분의 사람들이 일을 싫어하지 않는다고 본다. 일을 하려면 육체적·정신적 노력과 소모가 필요하지만 놀이나 여가활동을 하는 데도 그런 노력 및 소모는 어느 정도 필요하므로 자연스러운 것으로 간주된다. 따라서 일하는 사람이 조직의 목표에 부합하는 정도의 일을 하게 하는 데 있어서 통제와 처벌, 위협 등은 유일한 수단이 아니며, 더 중요한 방법은 자아실현 욕구를 만족시키는 방식의 보상이다.

두 이론(또는 관점) 중 어느 쪽이 옳은지, 혹은 사람들이 어떤 조건과 상황에 있을 때 일을 더 긍정적으로 보게 되는지 등에 대해서 많은 연구가 있었다. 일의 질(qualities)을 외재적(extrinsic)·내재적(intrinsic) 측면으로 나눌 때 내재적 측면을 중시하는 경향이 어떤 경우에 강하게 나타나는지에 대한 연구가 대표적이다.[6] 여러 연구에 따르면 내재적 측면을 중시하는 사람일수록 웰빙(행복과 자유 등) 수준이 높다(Arnold et al., 2007; Sparks & Schenk, 2001; Wielers & Van der Meer, 2021).

통계청이 시행하는 한국의 사회조사도 비슷한 결과를 보여 준다. 191쪽에 있는 두 그림은 직업을 선택할 때 가장 중요하게 고려

---

[6] Esser와 Lindh(2018) 등에 따르면 일의 외재적 측면은 소득, 보안 및 지위에 관한 것이고, 내재적 측면은 업무가 본질적으로 흥미롭거나 사회에 유용하거나 다른 사람에게 도움이 되는지에 대한 주관적인 인식이다. 즉, 내재적 측면에 주목한다는 것은 일에는 소득원 이상의 의미(또는 가치)가 있다고 생각한다는 것이다.

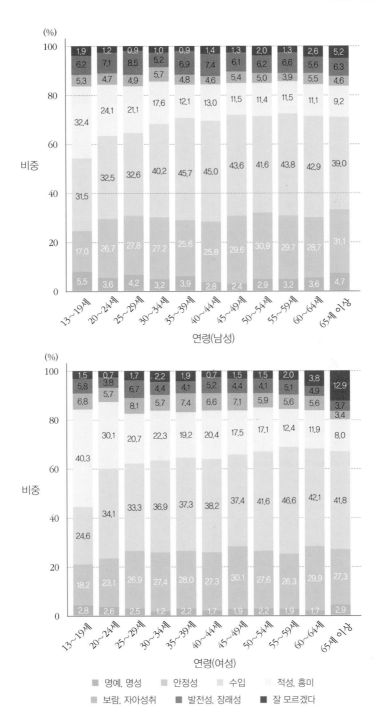

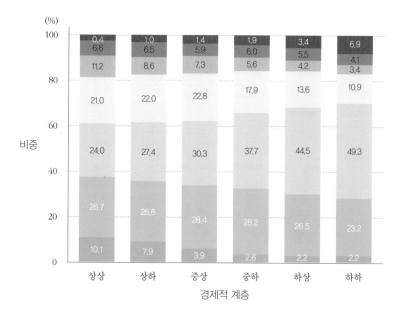

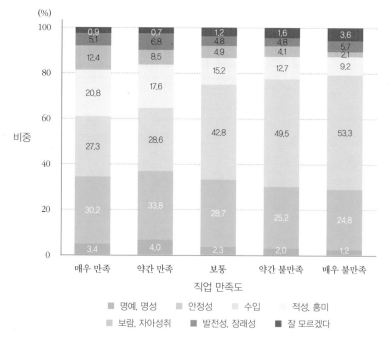

[그림 5-1] **직업 선택에 작용하는 가장 중요한 요인**

출처: 국가정보포털: 직업 선택 요인(복수응답, 13세 이상 인구)(kosis.kr)에서 저자 계산.

하는 요인에 대한 사람들의 응답을 정리한 것이다. 우선, 191쪽의 두 그림은 성별(상단은 남성, 하단은 여성), 연령별 주요 고려요인의 패턴이다. 대체로 소득에 대한 고려가 10대를 제외한 모든 연령 계층에서 30% 이상의 높은 비중을 차지하고 있다. 생계를 책임지게 되는 30대 이상, 특히 남성의 경우 이 비중이 40% 이상으로 높아진다. 그러나 젊은 세대로 올수록 직업이 제공하는 안정성에 비해 일이 주는 내재적 만족에 대한 추구가 체계적으로 높아진다는 점을 발견할 수 있다. 특히 적성, 흥미를 추구하는 비중이 체계적으로 높다.

한편, 192쪽의 상단 그림을 보면 경제적 계층 지위가 낮을수록 직업 선택에 있어 수입에 대한 고려가 크게 높아지는 반면, 지위가 높을수록 적성, 흥미, 보람 등에 대한 고려가 중시되는 경향을 보여 준다. 직업 만족의 정도를 가로축으로 한 192쪽의 하단 그림은 직업 만족도가 낮은 그룹일수록 수입을 중요하게 고려하는 비중이 체계적으로 높아지는 경향을 발견할 수 있다. 반대로 직업 만족도가 높은 그룹일수록 다른 요인보다 일의 내재적 요인을 추구하는 경향이 있다는 것을 발견할 수 있다. 이런 점은 기본소득론자들의 주장처럼 소득이 어느 정도 보장되면 사람들은 일하는 행위의 보다 고유한 측면과 본인의 내적 욕구를 일치시키려는 경향을 보여 줄 개연성이 높아진다.

사회조사 통계가 간단히 보여 주고 있는 '소득 이외의 내재적 측면'을 조금 더 파고 들어가 보자. 앞에서 설명한 것처럼 Van Parijs는 사람들이 돈보다는 '일 자체의 매력'에 따라 일을 선택할 수 있어야 더 많은 사람들이 '좋은 일'을 하는 사회가 될 수 있다고 했는데, 사람들은 어떤 일에 대해서 '그 자체의 매력'이 있다고 생각할까?

이와 관련해서는 사회학과 철학, 정치학, 심리학 등 학문 분야에서 탐구해 온 '의미 있는 일(meaningful work)'에 대한 문헌이 실마리를 줄 수 있다. '의미 있는 일'이 무엇인지를 알기 위해서는 먼저 사람에게 있어서 '의미'가 무엇인지를 질문해야 한다. Baumeister(1991)는 심리학 문헌 연구를 통해 '삶의 의미'에 대한 네 가지 요건을 제시한다. 목적의식과 효능감, 자신이 긍정적인 가치를 가지고 있거나 도덕적으로 정당하다고 생각할 수 있는 것, 그리고 긍정적인 자존감이다. Wolf(2010)는 우리의 삶이 우리 자신보다 더 큰 것(사회)과 연결되는 것, 자존감에 대한 욕구, 소속감 또는 혼자가 되고 싶지 않은 소망, 실존적인 안전 등을 의미를 구성하는 요소로 제시했다. 또한 우리의 삶을 가치 있는 것으로 판단하기 위해서는 외부적 관점에 의해서 생성된 기준이 필요하며, 이 관점은 적정 수준의 자존감을 가지게 되는 원천이 된다고 했다. 사람들이 조직적 혹은 사회적 인정에 관심을 갖는 이유이다.

'의미'의 개념은 일(노동)에 대한 고전적인 시각들에서도 확인할 수 있다. Morris(1884)는 모든 사람이 가치 있고 즐거운 일을 할 수 있어야 하며, 과도하게 지치거나 불안해지지 않는 조건에서 일할 수 있어야 한다고 했다. 이로써 일이 즐거움이 되고 예술 행위가 될 수 있다면 인간의 삶이 보다 아름답고 이성적으로 변할 수 있을 것이라는 주장이었다. Baumeister(1991)와 Wolf(2010)가 말한 목적의식, 가치(사회와의 연결), 자존감, 소속감과 안전 등의 개념들과 함께 당대 영국의 예술과 크래프트(장인적 공예) 운동을 이끈 Morris는 '즐거움' 등의 미학적 요소를 강조한 설명을 제공했다고 할 수 있다. Mills(1951) 또한 '완전히 이상적인 일 모델'로 장인이 하는 일(공예)을 제시하기도 했다. 그것의 중요한 특징은 일하는 사람이 일상 업무의 세부사항, 자신의 작업 동작을 자유롭게 제어하는 자율성을 누릴 수 있다는 점이었다. 또한 장인은 일하면서 배울 수 있으며 자신의 기술과 능력을 사용하고 개발할 수 있다. 이로써 장인의 일은 놀이, 문화와 분리되지 않는 것이 된다.

최근의 연구들을 통해서는 '의미 있는 일'의 보다 구체적인 요건을 확인할 수 있다. Reader(2005)는 사람이 음식을 먹는 이유가 단지 생존을 위해서가 아니듯이 일을 하는 것도 단지 생계를 위해서가 아니며, 따라서 일하는 사람들은 소외받지 않는 자율성, 지배받지 않는 자유, 타인과의 존엄한 관계로서의 사회적 인정을 가질 수 있기를 바란다는 점을 논증했다. Doherty(2009)는 은행에서 소매업에 이르기까지 여러 사례 연구를 통해서 '외부'에서 숙련도와 질적 수준이 낮은 것으로 여겨지는 일에 대해 노동자 스스로가 의미를 찾아내고 부여하는 현상을 발견했다. 노동자가 이런 해석적 감각을 갖추고 발휘할 만한 충분한 정치적 공간이 주어진다면, 일하는 사람들은 사회적 평가와도 독립적으로 '의미 있는 일'을 찾으려 한다는 것이다. Lips-Wiersma와 Wright(2012)는 의미 있는 일의 네 가지 차원(four dimensions)으로 내적 자아, 타인과의 연계, 타인에 대한 서비스, 잠재력의 표출 등을 들었다.

이상과 같은 분석들에서 나타나는 '의미 있는 일'의 공통 요소는 소외되지 않고, (일하는 사람이 작업 과정과 결과를 스스로 어느 정도 통제할 수 있다는 의미의) 자율성, 사회적 인정, 일을 함으로써 타인 또는 사회(공동체)에 기여한다는 효능감이다. 문제는 개인 차원에서 일의 의미 혹은 의미 있는 일이 사회적 차원에서 조정되고 구현될 수 있는가에 있다.

사회적 차원, 특히 조직에서 다수의 개인이 '의미 있는 일'을 할 수 있는 상황을 제공하지 않는 경우가 다수라는 데 주목할 필요가 있다. Pot과 Koningsveld(2009)는 많은 사람이 자신의 일에서 의미를 찾아내기 원하지만 현대의 기업 조직은 노동자들의 의사결정에 대한 통제력을 잃지 않으려 하는 반면, 높아지고 있는 각종 불확실성과 위험 요소에 대한 노동자 책임은 강화하려 한다고 지적한다. 이는 조직과 개별 노동자의 교섭 차이에서 비롯된다. Miller(2003)는 기업 조직의 의사선택은 노동자들이 노동과정 혹은 조직에 대한 상당 수준의 주도권, 역량 행사를 요구하지 않도록 조직 레짐을 구조화하고 차등적 교섭지위를 통해 이익을 극대화한다는 점을 강조한다. 즉, 노동자들의 조직 권한 및 자원 접근 등을 계층적으로 조정함으로써 효율성 통합 및 수익 창출을 가능하게 할 수 있다고 설명했다. 소위 인적자원관리(human resource management)의 관심이 조직화된 교섭보다 개별적 교섭을 강화하려는 기업의 고용관계 전략에 맞추어졌던 지난 30여 년의 과정도 이러한 맥락에서 설명할 수 있다. 조직 노동(organized labor)의 전 세계적인 하락과 이에 따른 노동자 교섭력의 하락도 이러한 경향에 힘을 실었다.

Yeoman(2014)은 의미 있는 일은 인간의 근본적인 필요라는 전제하에서, 정의로운 사회라면 모든 사람이 중요한 역량(capabilities)을 개발할 수 있는 기회를 확보하고 다른 사람들과 상호 존중하는 관계에서 가치 있는 일을 할 수 있도록 노력해야 한다고 주장한다. 그리고 사람들은 일의 의미 내용을 구성하는 민주적 관행에 동등하게 참여할 수 있어야 하는데, 이는 곧 일터 민주주의(workplace democracy)가 보장되어야 한다는 것을 함의한다. Yeoman은 이를 위한 구체적인 원칙으로 모든 사람이 자신이 하는 일의 의미를 자신의 삶에 부여할 수 있어야 한다는 '평등주의적 의미의 원칙'과 모든 일은 지배부터의 자유, 소외되지 않는 자율성, 사회적 인정이라는 기준을 충족해야 한다는 '충분한 의미의 문턱 원칙'을 제시하기도 했다.

즉, 국가 및 정부는 모든 사람이 의미 있는 일을 할 수 있도록 정책과 제도를 통해서 보장하는 역할을 적극적으로 해야 한다는 것이다. 개인 차원의 '의미 있는 일'에 이미 사회와의 연결, 사회적 효능감(가치, 기여, 인정 등) 등의 개념이 중요하게 작동한다는 점을 감안한다면, 일자리와 관련된 정책은 단지 소득을 여하히 보장하는 것을 넘어 사람들에게 개인적·사회적으로 '의미 있는 일'을 제공하는 것을 목표로 해야 한다는 주장이 더 설득력을 가진다. 모든 사람이 보다 평등하게 역량을 펼칠 수 있고 일터 민주주의가 보장되도록 하는 사회적 작동 방식을 기본적 삶의 경제적 조건을 충족한 개인들이 자동적으로 조정해 나갈 수 있다는 자유주의적 아이디어는 사회적 과정을 너무 단순하게 보는 것이다. 앞에서 언급한 바와 같이 개인과 가족의 도메인 안에 묶여 있는 의미 있는 일을 사회적으로 의미 있는 일로 만들고 그러한 일들을 끌어내 가치를 부여하고 제도화하는 일, 사회를 지속시키는 데 필수적인 일의 영역이 순조롭게 배분될 수 있도록 사회적 조정과 타협을 끌어내는 일, 보다 복잡하게 다차원화되고 있는 자원의 불평등한 배분으로 불평등이 강화되지 않도록 적절한 규제와 분배 정책을 실시하는 일 등은 개인과 시장이 자연스러운 조정을 통해 도출하기 어렵다. 20세기 국가가 학습한 다양한 역할이 21세기 기술과 노동의 대전환기에 한층 더 유연한 방식으로 작동할 수 있도록 하는 과제는 시장과 개인 영역에서 자유의 확대보다는 보다 유연한 조정자, 서비스 제공자로서의 국가 역할을 여하히 재구조화할 것인가에 집중된다.

그리고 이 측면에서 기본소득을 돌아보면 그 한계가 분명하다는 점을 알 수 있다. 기본소득의 기능은 일과 소득의 연결고리를 약하게 하는 데서 그치기 때문에 모든 사람이 '의미 있는 일'을 할 수 있도록 보장하는 국가 및 정부의 역할은 여전히 남아 있게 된다.

또 하나의 길? 잡 개런티[7]에의 탐색

일과 관련해서 사람들이 원하는 것이 단지 소득(임금)만이 아니라 '의미'이기도 하다는 전제하에서 본다면, 기본소득만으로는 노동의 대전환(또는 일자리 축소) 국면에 충분히 대응할 수 없다는 것이 이 장의 기본 관점이다. 이러한 관점에서 대두된 또 다른 정책 대안이 '잡 개런티(job guarantee)'이다.[8]

잡 개런티는 사람들이 '일'을 선택하는 데 있어서의 자유를 확대하려는 의도를 담고 있다는 점에서 UBI와 통하는 면이 있다. 현재의 고용 구조(노동시장의 구조)가 사람들의 자유를 억압하고 있다는

---

7) '잡 개런티'는 한국에서는 '일자리 보장제'라는 용어로 쓰이지만, 2022년 대통령 선거에서 정의당의 공약으로 제시된 '일자리 보장제'와 그 내용이 다른데도 동일한 것으로 오인될 우려가 있어서, 이 장에서는 영어 표현인 '잡 개런티'를 사용한다.

8) Tcherneva(2021: 23)에 따르면 취업권(right to employment)을 활용하기 위해 공공정책을 활용해야 한다는 아이디어는 세계인권선언과 Franklin Roosevelt 대통령이 제안한 경제적 권리장전에 들어 있으며, 많은 나라의 헌법에도 들어 있다. 그러나 국가의 강제적 책무로서의 일자리 보장은 아직 실현된 바가 없다. 오늘날 잡 개런티는 그린 뉴딜의 가장 중요한 부분으로 여겨지면서 호응을 얻고 있다. 임세웅(2021. 7. 1.), 장석준(2021. 6. 22.) 등에 따르면 한국에서도 사회 불평등 해소를 위해 기본소득이 아니라 '일자리 보장제(잡 개런티)'가 국가의 우선적인 정책으로 시행되어야 한다는 주장이 정의당 등을 통해서 제기되었다.

주장을 전제하고 있기 때문이다. 잡 개런티 아이디어의 가장 큰 특징은 앞에서 지적한 기본소득 아이디어의 한계와 관련된다. 다만, '소득'으로 인한 제약과 착취 구조만 없다면 노동시장은 스스로 잘 작동할 수 있는가에 대해서 기본소득은 '그렇다'는 쪽이고, 잡 개런티는 '그렇지 않다'는 쪽이다. 잡 개런티는 사회적 가치가 있는 노동, 필수노동 등에 대해서 특별한 관리 또는 인센티브 구조(국가가 책임지는)를 두지 않고서는 노동 배치가 이루어지지 않을 것이라는 우려를 내재하고 있다.

잡 개런티의 가장 기본적인 아이디어는 '소득을 위해 일하고자 하는 사람들에게는 국가가 고용자(employer of last resort)로서 일자리를 제공해야 한다.'이지만, 여기서 그치는 것이 아니라 '사회적으로 가치 있는 노동에 사람들을 적절히 배치해야 한다.'는 생각까지 포함한다.

만일 잡 개런티의 아이디어가 '소득이 필요한 사람에게 직접적으로 소득을 주지 않고 (공공) 일자리를 준다.'는 것뿐이라면 '뉴딜' 계열 정책들을 비롯해서 현재 우리나라에도 존재하는 '공공 근로' 일자리들, 심지어 일자리 창출을 주된 목적 중 하나로 제시했던 '4대강 사업'과도 구분하기 어려워진다. '어떤 일이냐'에 대한 기준이 중요하지 않다는 점에서 그렇다.

그러나 잡 개런티는 '사회적으로 가치 있는, 공동체가 필요로 하는 일자리를 국가가 적극적으로 만들어 낸다.'는 고려가 '소득이 필요한 사람을 여기에 배치한다.'는 고려 못지않게 강조되는 아이디어이다(Paddison, 2018. 6. 6.). 따라서 잡 개런티는 '생활임금+사회적으로 가치 있는 노동'을 기본 구성요소로 한다(Paddison, 2018. 6. 6.). 일례로 미국에서 논의되었던 구체적인 잡 개런티의 기본 구도는 '시간당 15달러 임금과 건강보험, 공중보건과 돌봄(간병), 청정에너지 등의 분야에 대해 국가가 직접 훈련시키고 고용하는 정규직 일자리'이다(Porter, 2021. 2. 18.). 이렇게 보면 미국에서 구상되었던 잡 개런티의 기본 관심은 노동이 매개하는 '생활임금 수준' 확보에 더 있었던 것으로 볼 수 있다. 최근 25%에 육박했던 저임금 일자리의 확대와 불평등의 심화를 맥락에 두고 볼 때 이와 같은 기준을 충족시키는 일자리가 현재도 부족할뿐더러 기술 및 산업 변화 영향으로 앞으로는 더 부족해질 것이라는 우려가 컸기 때문이다. 따라서 잡 개런티 정책에는 일종의 동형화 압력, 즉 국가가 생활임금을 선도하고 노동시장의 주요 일자리 제공자로서 그 영향력을 확대함에 따라 민간 고용주들도 향후 시간당 15달러와 건강보험을 제공하지 않으면 안 되는 상황을 조성한다는 기획과 기대가 내재되어 있다. 즉, 시간당 15달러와 건강보험 제공을 '노동의 최저기준'으로 삼고자 하는 것인데, 지금까지와 같은 산업 및 고용 구조 하에서는 어려웠지만 국가가 보장하는 다수의 일자리가 이 기준에서 창출될 때는 가능하다는 기대를 하고 있는 것이다.

그렇다 하더라도, 단지 임금 수준만이 아니라 '국가가 고용'하는 일자리, 더 나아가서 공동체에 의해서 가치와 필요성이 인정된 일자리를 확대한다는 점이 잡 개런티 아이디어에서는 상당히 중요한 부분을 차지한다. '일'은 단순히 소득의 도구로서가 아니라 사회적으로나 개인에게 있어서나 중요한 것이므로 (현실적으로 일을 할 수 없는 사람들을 제외한) 거의 모든 사람에게 일할 권리가 반드시 보장되어야 한다는 것이다. Spross(2020. 5. 20.)의 설명과 같은 맥락에서, 기본소득이 일자리와 소득 간의 연결고리를 끊으려는 기획이라면 잡 개런티는 이를 더 강화시키려는 의도를 담고 있으며, 기본소득의 목표가 소비의 최저선 보장을 기본 권리로 만드는 것이라면 잡 개런티의 목표는 시민의 개인적·사회적 의미와 연관되는 '괜찮은 일 그 자체'를 기본 권리로 만드는 것이다(Spross, 2020. 5. 20.).

그렇다고 해서 소득이 주어지는 모든 일, 공동체에 해악을 끼치는 일까지 권리에 포함하려는 것은 아니다. 미국 민주당 대통령 후보였던 Bernie Sanders가 작성한 잡 개런티 제안의 초안은 '지역사회와 국가에 봉사하고, 공동의 목적으로 우리를 단결시키고, 국가의 사회적 구조를 재건'하는 일자리라는 상을 제시한다(Paddison, 2018. 6. 6.). 사회적으로 필요하고 의미 있는 일자리이기 때문에 국가가 막대한 국가 재정을 들여서라도 생활임금을 제공하고 고용을 보장할 가치가 있다는 논리이다.

잡 개런티에 대한 비판은 대체로 그 아이디어 자체보다는 이를 실현시킬 수 있는지의 여부에 집중된다. 막대한 재정이 들어간다는 자체도 문제지만, 국가가 '가치 있는 노동'을 판단하고, 설계하고, 사람들을 훈련시키고, 배치할 능력을 가지고 있느냐가 더 큰 문제이다. 철학적으로는 이러한 가부장적 국가, 완결성을 추구하는 강한 국가를 개인과 시민사회가 수용할 수 있는지에 관한 문제를 포함한다. Spross(2020. 5. 20.)는 팬데믹 상황과 같이 민간 시장이 통제 불능에 빠졌을 때에 대한 임시방편이면 모를까, 영구적으로 운영하기 위해서 잡 개런티 정책을 설계하는 것은 상당히 복잡한 일이라고 지적한다. 대규모의 공공 프로젝트를 만들어 낼 숙련된 전문가 집단이 필요하고, 이 전문가 집단을 운용하기 위해서는 뛰어난 민간의 고용주들이 필요하게 된다. 이를 위해서는 다시 민간 노동시장에 의존할 수밖에 없는데, 오히려 이전보다 인플레이션 안정화가 어려워지는 상황이 될 수 있다는 것이다.

또 다른 문제는, 사회적으로 필요하다고 인정된 일자리들과 개인들이 선호하는 일자리가 일치하지 않을 때 발생할 수 있다. Paddison(2018. 6. 6.)에 따르면 '잡 개런티는 노동자를 일에 맞추는 것이 아니라 일을 노동자에게 맞추는 것이 목적'인데, '사회적으로 가치 있는 노동'이 반드시 노동자의 선호에 들어맞으리라고 볼 수는 없기 때문이다. 물론 절대적인 생존의 위기에 처한 사람들은 직종이나 직무와 관계없이 국가가 제공하는 일자리를 기꺼이 받아들일 수 있다. 그러나 잡 개런티가 영구적 제도라면, 사람들이 '내가 원하기만 하면 일할 수 있다.'는 보편적인 인식하에서 살아가는 상황을 상정해야 한다. 이러한 상황에서 사람들이 원치 않는 직종, 직무를 받아들일 것인지 아니면 국가에 '내가 원하는 일을 만들어 달라'고 요구하게 될 것인지를 생각해 보아야 하는 것이다. 그리고 이렇게 사람들이 원하는 형태의 일이 공동체 및 국가가 판단한 '사회적으로 가치 있는 일'의 범주에 존재하지 않는다면 문제는 복잡해진다.

미국에서 제시되었던 잡 개런티는 '사람들은 어떤 일을 좋은 일이라고 생각하는가?'라는 질문에 대해서 임금 수준과 공공성 이외의 다른 기준은 제시하지 않고 있다. 단지 국가가 관리할 경우 민간의 일자리보다 질적 수준이 높을 것이라는 가정이 들어 있는 정도인데, 이는 실제로 검증되지 않았으며 국가와 사회마다 반대 증거(공공보다 민간 일자리의 질적 수준이 높은 경우)에 의해 반박될 수 있는 가정에 불과하다.

워크페어(일-복지 연계) 프로그램의 경험과 같이 집행력을 갖는 국가(coercive state)의 관료적 체계와 이 아이디어가 연결될 경우, 자칫 임금과 복지를 매개로 개인의 자유를 심각하게 제약하는 상황이 재현될 수도 있다. 그리고 잡 개런티가 민간 일자리의 '최저수준'을 설정하는 역할을 할 것이라는 기대에서 또 하나의 문제를 찾아낼 수 있다. 그 기대대로 작동하는 것이 아니라 민간 노동시장이 붕괴될 가능성도 있기 때문이다. Paddison(2018. 6. 6.)에 따르면 '정부가 고용을 보장한다'는 점이 절대적인 장점으로 인식될 수 있기 때문에, 민간이 비슷한 수준의 일자리를 제공할 수 있더라도 사람들이 잡 개런티에 의한 일자리로만 몰리도록 할 수 있다. 이렇게 되면 정부는 더 많은 수의 일자리를 창출해야 하는데, 어디까지 가능할지 의구심을 가질 수밖에 없다. 자칫하면 사회주의 국가에서 시도했으나 실패한 것처럼 거의 모든 일자리를 국가가 보장하고 관리해야 하는 상황으로도 몰릴 수 있다.

여기까지 살펴본 바에 따르면 잡 개런티는 기본소득의 한계와 대비되는, 사람들로 하여금 의미 있는 일에 종사하게 해 주는 기능을 상정한 제도이기는 하지만, 그 실행의 규모[9]와 복잡성은 기본소득과 비교할 수 없이 크다는 단점을 가지고 있다. 그러나 노동 대전환 상황에서의 유효한 대책이자 사람들이 의미 있는 일을 함으로써 개인의 삶과 공동체(사회) 모두 풍요로워지게 하는 방향의 대안을 찾는다고 한다면, 시민사회의 개입과 참여를 적극적으로 통합하는 유연한 잡 개런티는 유력하게 고려할 만한 대상이다. 어떻게 한국의 특성에 맞게 설계하고 운영할 수 있을지, '공공 근로' 차원으로 축소되지 않도록 어떻게 그 본래의 취지 및 목적을 유지할 수 있을지에 대한 방안이 필요할 뿐이다.

---

9) 기본소득을 어느 정도 '충분하게' 지급하느냐에 따라서 소요 재정 규모는 기본소득이 잡 개런티보다 더 클 수 있다. 그러나 국가의 역할 측면에서 본다면 (지급하는 역할만 하면 되는) 기본소득보다 잡 개런티 쪽의 규모가 훨씬 더 크다고 할 수 있다.

유스 개런티, 조금 더 실행 가능한
대상별 정책 실험

기본소득과 잡 개런티가 제안된 맥락을 고려하면, 궁극적으로 중요한 것은 '사회적 필요(가치)'와 개인들의 '일의 의미'를 연결하는 일이며, 사회적 합의(컨센서스)를 가능하게 할 거버넌스를 구축하는 것이라는 점을 알 수 있다.

기본소득과 잡 개런티는 아직 실재하지 않는 아이디어이기 때문에 앞에서 살펴본 가능성과 한계는 모두 예측해 본 것에 불과하다. 따라서 아직은 어느 쪽도 긍정적·부정적 가능성을 모두 가지고 있다고 할 수 있다.

다만, 예측을 도와주는 유사한 제도는 존재한다. 팬데믹 상황에서 미국과 한국 등 여러 나라에서 시도한 보편적인 재난 수당은 '현금' 지급의 효과를 강조하는 기본소득 아이디어를 부분적으로나마 검증해 볼 수 있도록 해 줄 것이다. 핀란드와 미국 등에서 진행된 정책 실험들도 UBI의 요건은 충족하지 못하더라도 그 효과를 어느 정도 예측해 볼 수 있게 해 준다.

잡 개런티를 부분적으로 검증해 보게 해 주는 유사한 제도로는 유럽에서 시행하고 있는 유스 개런티(Youth Guarantee)가 있다. 유럽연합(European Union: EU) 회원국은 2013년부터 실직 후 4개월 이내인 25세 미만 청년 및 청소년에게 교육과 견습, 연수 기회 등을 제공하고 있다. 이는 잡 개런티, 그리고 기본소득 역시 아이디어의 바탕에 깔고 있는 세계인권헌장의 '노동할 권리'를 위한 제도로, 특히 청년층에 초점을 맞춘 것이다.

이 모델은 북유럽 국가들에서 먼저 시도되었는데, Hummeluhr(1997)에 따르면 이는 교육 시스템 자체에 내재된 불평등을 바로잡기 위한 것이었다. 유럽위원회(European Commission)에 따르면, 2013년부터 시행된 유스 개런티 프로그램은 '일자리를 보장'하는 것 자체보다는 청년들이 스스로 일자리를 찾을 수 있도록 능력을 배양시키고, 장기적으로는 청년들의 고용 가능성이 높아지도록 고용 구조를 개혁하는 것을 목표로 한다.

이는 정책 대상이 청년이라는 데서 오는 특징을 강조한 정책적 구상이라고 할 수 있다. 현 고용 구조하에서 청년들의 상황은 다른 취약 계층들과 일정 정도의 취약성을 공유한다 하더라도 분명히 차별적이다. 비록 현재의 고용 구조 및 경제 상황, 개인적인 처지 때문에 자력으로 원하는 일자리를 찾아갈 수 없는 사람이라 하더라도 실제로 노동 능력이 없는 것은 아니기 때문이다. 앞으로 디지털 경제화에 적응해 갈 수 있는 역량을 어렸을 때부터 자연스럽게 배양해 온 그룹으로, 적응력과 학습력의 측면에서도 기존 세대와 다르다. 또한 단지 소득을 위해서 국가가 제공하는 일자리를 기꺼이 받아들일 가능성도 낮다. 일단 어떤 일자리에서 필요로 하는 숙련도 및 능력을 갖춘다면 향후 수십 년간 일할 수도 있기 때문에 장기적인 관점으로 일자리를 탐색할 필요도 있다. 이 때문에 청년에 대해서는 적절한 교육, 그리고 일자리 탐색을 위한 직무 및 견습 경험이 '일자리 제공' 자체보다 더 중요할 수 있다. 반면, 이들의 실업이 장기화되었을 때는 다른 계층과 달리 개인적·사회적으로 보다 중요한 부정적 함의를 내포하는 그룹이기도 하다.

유스 개런티가 교육과 견습 기회 제공 수준에 머문다면 기존의 적극적 노동시장 정책하에서의 제도들(한국의 경우 고용노동부의 '취

업성공패키지' 등)과 다를 바가 없다. '보장'의 수준에 이르려면 교육
과 견습 기회가 실제 취직으로 이어지게 하는 구조를 만들어야 한
다. 이와 같은 노력은 본래 견습 제도가 잘되어 있는 나라(독일 등)
와 그렇지 않은 나라에서 차이를 보일 수밖에 없는데, 후자에서 어
떻게 '보장' 수준의 효과를 낼 것인가가 유스 개런티에 있어서의 관
건이라 할 수 있다.

　유스 개런티를 통해서 생각해 볼 지점은 기본소득과 잡 개런티
하에서 이와 같은 제도, 즉 구직자에 대한 교육과 견습 기회 제공
및 이를 실제 일자리로 연결하는 구조가 필요한지의 여부이다. 현
금을 지급(기본소득)하더라도, 국가가 만든 일자리에서 일할 권리
(잡 개런티)를 주더라도, 그것만으로 사람들(특히 청년들)이 각자 원
하는 일자리를 위해서 배우고, 기술 수준을 높이고, 실제로 일하면
서 탐색해 볼 수 있도록 하는 평등하고 보편적인 구조가 자연적으
로 생겨나는 것은 아니다. 두 아이디어가 각각 '사람들이 더 나은
일자리에서 일하는' 사회를 목표로 상정하고 만들어졌다는 것을 감
안할 때, '더 나은 일자리란 무엇이며, 사람들은 어떻게 각자의 기
준에 따라서 그런 일자리로 찾아갈 수 있는가?'라는 질문에 대해 좀
더 숙고해서 답을 내놓을 필요가 있다는 점을 유스 개런티가 알려
주고 있는 셈이다.

　또한 유스 개런티는 청년들에게 교육 및 견습 기회를 제공하기
위한 시스템에 국가 기관만이 아니라 민간의 교육 기관과 기업들까
지 참여한다는 점에서 사회적 거버넌스가 실질적으로 작동되는 사
례라고도 할 수 있다. 이제까지 유럽의 유스 개런티 실험 결과는 기
존의 워크페어와 구별되는, 근래 가장 혁신적인 노동시장 정책으로
서 긍정적인 평가를 받고 있다(Escudero & López Mourelo, 2017).

이를 통해서 알 수 있는 것은, '일의 의미'를 사회적으로 규범화하고 거기에 사회적으로 소득을 주는 방식의 대안을 만들기 위해서는 사회적 거버넌스에 기반한 적극적 국가가 요청된다는 것이다. 그리고 개인들도 사회적 맥락하에서 '의미 있는 일'을 하기 위해서는 일종의 타협을 할 필요가 있다. 사회적으로 요구되는 일과 자신이 원하는 일의 중간 지점을 찾아야 하는 것이다. 이러한 타협이 가능하려면 개인이 사회 또는 공동체의 실체 및 실효성을 체감할 수 있어야 한다.

의미 있는 일에 관한 사회적 성찰을 위하여

Schor(2020: 11)는 긱 이코노미에 대한 인류학적 연구에서 다수의 플랫폼 노동자를 인터뷰했는데, 그 내용을 보면 플랫폼 노동자들 사이에서 중요한 차이가 나타난다. 플랫폼을 통해서 일을 하는 주된 이유가 새로운 경험, 다양한 사람과의 교제 등이고 소득의 압박이 크지 않았던 인터뷰 대상자들은 플랫폼 노동을 긍정적으로 평가했다. 그에 반해 이 일을 통해서 생계를 꾸려야 했던 다른 인터뷰 대상자들은 플랫폼의 작은 변화에도 크게 휘둘렸고 하루하루 고군분투를 해야 했다.[10]

이 차이를 통해서 확인할 수 있는 것은 소득과 직업(일)의 고리

---

10) 전자의 인터뷰 대상자들(새로운 경험, 교제를 위해서 플랫폼 노동을 한 사람들)의 경우에도 플랫폼 기업이 이익 증대를 위해서 노동자들을 통제하는 원칙들을 도입하면서 부정적인 경험(수락률이 낮아지면서 평점이 하락하는 등)을 하기는 했다.

가 너무 단단하면 그 일에 매몰되어 버리게 되며 결국은 착취가 발생한다는 기본소득론자들의 주장(Bidadanure, 2019: 489)이다. 그와 동시에, 일을 통해서 단지 소득만이 아니라 의미를 찾고자 하는 경향, 그리고 소득 때문에 일에 매몰되지 않을 때 그런 경향이 더 잘 충족될 수 있으리라는 힌트도 얻을 수 있다.

또 한 가지의 통찰은, 노동 대전환기에는 우리가 기존에 가져 왔던 '노동'의 고정관념과는 다른 각양각색의 일자리들이 새롭게 생겨날 수 있는데, 그 '다르다는 점'만으로 나쁜 일자리로 단정할 수는 없다는 것이다. 사람들로 하여금 그 일에 얽매이게 만들고 착취당하도록 하는 이유를 새로운 일자리의 이런저런 요소에서 찾아낼 수도 있지만, 더 근본적인 이유는 우리 사회가 아직 대안적인 제도를 찾지 못한 데 있다고 할 수 있기 때문이다. 그렇게 본다면, 기존의 '양질의 일'의 프레임워크를 기반으로 플랫폼 각각을 규제하는 것 못지않게 시급한 것은 '어떻게 하면 사람들이 소득 때문에 원치 않는 일에 종사하면서 착취되지 않게 할 것인가?'라는 질문에 답할 수 있는 큰 제도를 설계하는 것이다.

그것이 기본소득일 수도 있고, 잡 개런티일 수도 있고, 또는 다른 제도일 수도 있다. 다만, 기억해야 할 것은 사람에게 있어서 일은 '소득원'만은 아니라는 점, 그리고 사람은 개인적·사회적으로 '의미 있는 일'을 원하는 존재이며, 사람들이 보다 평등하게 그리고 보다 순조롭게 이러한 일에 접근할 수 있도록 하는 것은 사회적 책임이라는 점이다.

최근 책을 낸 정치학자 Iversen과 Soskice는 현실 민주주의는 분배나 평등이라기보다는 중간계급의 이해를 증진시키는 데 초점을 맞추어 왔다고 진단했다(Iversen & Soskice, 2019: 20). 디지털·그린

경제화와 같이 특정 기술적 적용을 요구하는 선진 부문의 지속적인 성장과 그로부터 창출되는 새로운 부의 흐름으로부터 중장년층 중간계급의 뒤처짐이 이러한 진단을 오류라 인식하게 할 수도 있다. 그러나 세대 간 계층 유지 및 이동으로 시각을 넓혀 보면, 중간계급은 자녀들이 이 경제적 전환에 적응하는 데 필요한 기술을 습득하게 함으로써 간접적 혜택을 보는 방향의 의사결정에 적극적으로 대응해 왔다는 것을 알 수 있다. 세대 간 이동성은 선진 부문을 추진하는 정책을 지지할 중간계급 유권자들의 지지와 열망을 지속적으로 끌어낼 수 있고, 중간계급은 특히 첨단 기술에 적용할 차별적 교육투자와 투자를 실현할 경쟁 규칙, 즉 선거 등을 통해 열망을 지닌 투표권자(aspirational voters)로서 제도에 대한 압력을 행사함으로써 자신의 위치를 재생산할 수 있다. 서두에 언급했던 Dani Rodrik의 지적과 같이 단순한 분배 정책이 아니라 생산영역(산업, 노동시장 영역)에 대한 국가 정책이 보다 적극적으로 포용성을 추구할 때, 디지털 경제하에서 심화될 것으로 예상되는 계층적 불평등을 제어할 수 있다.

사회적 책임, 포용적 조정자로서의 국가의 역할은 21세기의 바뀐 환경하에서 더욱 중요해지고 있다. 단순히 개개인에게 세금 분배를 통해 생존을 위한 기본 소비수준을 충족시키는 소득 정책 이상의 복잡한 기획과 조정이 기존의 물질 자원뿐 아니라 지식과 사회적 자원을 기반으로 불평등이 심화되는 디지털 경제하에서 더욱 요구되고 있다는 것이다. 다만, 20세기의 경험은 이러한 국가의 역할이 비대해질 때 초래될 수 있는 다양한 문제를 각 개별 국가가, 또 노동자의 대표조직을 비롯한 사회 각 영역에 포진한 이해관계자들이 보다 혁신적인 실험을 통해 극복해 나가야 한다는 점을 알려 준다. 시민사회를 복원하고, 시민사회의 작동을 보다 적극적으로 포용하는 기획자, 조정자로서의 혁신적이고도 유연한 국가 역할과 제도를 찾아내고 만들어 내는 것이 21세기 디지털, 노동의 대전환기에 직면한 우리의 과제이다.

참고문헌

하대청(2018). 루프 속의 프레카리아트. 경제와 사회, 277-305.

Acemoglu, D., & Restrepo, P. (2017). Secular stagnation? The effect of aging on economic growth in the age of automation. *American Economic Review, 107*(5), 174-179.

Arnold, K. A., Turner, N., Barling, J., Kelloway, E. K., & McKee, M. C. (2007). Transformational leadership and psychological wellbeing: The mediating role of meaningful work. *Journal of Occupational Health Psychology, 12*, 193-203.

Arntz, M., Gregory, T., & Zierahn, U. (2017). Revisiting the risk of automation. *Economics Letters, 159*, 157-160.

Autor, D. H. (2015). Why are there still so many jobs? The history and future of workplace automation. *Journal of Economic Perspectives, 29*(3), 3-30.

Autor, D., Dorn, D., Katz, L. F., Patterson, C., & Van Reenen, J. (2020). The fall of the labor share and the rise of superstar firms. *The Quarterly Journal of Economics, 135*(2), 645-709.

Baumeister, R. F. (1991). *Meanings of life*. New York: Guilford.

Bidadanure, J. U. (2019). The political theory of universal basic income. *Annual Review of Political Science, 22*(1), 481-501.

Doherty, M. (2009). When the working day is through: The end of work as identity? *Work, Employment & Society, 23*(1), 84-101.

Escudero, V., & López Mourelo, E. (2017). The European Youth Guarantee: A systematic review of its implementation across countries. *ILO Working Papers*, 21.

Esser, I., & Lindh, A. (2018). Job preferences in comparative perspective 1989-2015: A multidimensional evaluation of individual and contextual influences. *International Journal of Sociology, 48*(2), 142-169.

Ford, M. (2015). *The rise of the robots: Technology and the threat of mass unemployment.* London: Oneworld.

Frey, C. B., & Osborne, M. A. (2017). The future of employment: How susceptible are jobs to computerisation? *Technological Forecasting and Social Change, 114*, 254-280.

Harrop, A., & Tait, C. (2017). Universal basic income and the future of work. Fabian Society. https://www.tuc.org.uk/sites/default/files/UBI.pdf.

Henderson, T., & Quiggin, J. (2019). Trade unions and basic income. In M. Torry (Eds.), *The Palgrave international handbook of basic income* (pp. 493-505). London: Palgrave Macmillan.

Hummeluhr, N. (1997). Youth guarantees in the Nordic countries (PDF).

Iversen, T., & Soskice, D. (2019). *Democracy and prosperity: Reinventing capitalism through a turbulent century.* Princeton, NJ: Princeton University Press.

Keynes, J. M. (1930). Economic possibilities for our grandchildren (1932). In J. M. Keynes (Ed.), *Essays in persuasion* (pp. 358-373). New York: Harcourt Brace.

Kogan, L., Papanikolaou, D., Seru, A., & Stoffman, N. (2017). Technological innovation, resource allocation, and growth. *The

Quarterly Journal of Economics, 132(2), 665-712.

Mastrostefano, V., & Pianta, M. (2009). Technology and jobs. *Economics of Innovation and New Technology, 18*(8), 729-741.

Lips-Wiersma, M., & Wright, S. (2012). Measuring the meaning of meaningful work: Development and validation of the Comprehensive Meaningful Work Scale (CMWS). *Group & Organization Management, 37*(5), 655-685.

Marx, K. (1971). Capital (v. 4 Pt. 3): A critique of political economy. Volume IV. Part III. Theories of Surplus-value. Progress Publishers.

Marx, K., & Engels, F. (1970). *The German ideology,* ed. CJ Arthur. New York: International.

McGregor, D., & Cutcher-Gershenfeld, J. (1960). *The human side of enterprise* (Vol. 21). New York: McGraw-Hill.

Miller, R. W. (2003). Capitalism & Marxism. In R. G. Frey & C. Wellman (Eds.), *A companion to applied ethics.* Malden, MA & Oxford: Blackwell Publishing.

Mills, C. W. (1951). *White collar: The American middle classes.* Oxford: Oxford University Press.

Morris, W. (1884). Art and socialism. [Online] http://www.marxists.org/archive/morris/works/1884/as/as.htm (Accessed 2011. 10. 16.).

Paddison, L. (2018. 6. 6.). What is a federal jobs guarantee? HuffPost. (Retrieved 2020. 3. 3.).

Porter, E. (2021. 2. 18.). Should the feds guarantee you a job? *The New York Times.*

Pot, F. D., & Koningsveld, E. (2009). Quality of working life and organizational performance-two sides of the same coin? Scandinavian Journal of Work and Environmental Health. [Online] http://www.rower-eu.eu:8080/rower/conferences/1stWorkshop/pot.pdf

(Accessed 2011. 6. 29.).

Reader, S. (2005). Aristotle on necessities and needs. In S. Reader (Ed.), *The philosophy of need: Royal institute of philosophy supplement*. Cambridge, New York & Melbourne: Cambridge University Press.

Rodrik, D. (2019). Globalization's wrong turn: And how it hurt America. *Foreign Affairs, 98*(4), 26-33.

Schor, J. (2020). *After the Gig: How the sharing economy got hijacked and how to win it back*. Oakland, CA: University of California Press.

Sloman, P. (2016). Beveridge's rival: Juliet Rhys Williams and the campaign for basic income, 1942-1955. *Contemporary British History, 30*(2), 203-223.

Snir, R. (2011a). Non-financial employment commitment and the social desirability bias. *International Journal of Humanities and Social Science, 1*(3), 130-133.

Snir, R. (2011b). To work or not to work: The measurement of non-financial employment commitment. *International Journal of Business and Social Science, 2*(16), 271-278.

Snir, R. (2014). Non-financial employment commitment: Some correlates and a cross-national comparison. *Cross Cultural Management, 21*(1), 39-54.

Sparks, J. R., & Schenk, J. A. (2001). Explaining the effects of transformational leadership: An investigation of the effects of higher-order motives in multilevel marketing organizations. *Journal of Organizational Behavior, 22*, 849-869.

Spross, J. (2020. 5. 20.). Universal basic income or job guarantee? Why not both? *The American Prospect*. (Retrieved 2020. 10. 21.).

Standing, G. (2018). 기본소득 [*Basic income*]. (안효상 역). 경기: 창비.

Tcherneva, P. R. (2021). 일자리보장: 지속가능사회를 위한 제안 [*Case for a*

job guarantee]. (전용복 역). 경기: 진인진.

Torry, M. (2020). 왜 우리에겐 기본소득이 필요한가: 삶을 일보다 중요하게 만
드는 무조건적 소득의 가치와 실현가능성과 시행에 대하여 [*Why we need
a citizen's basic income*]. (이영래 역). 서울: 생각이음.

Van Parijs, P., & Vanderborght, Y. (2018). 21세기 기본소득: 자유로운 사회,
합리적인 경제를 향한 거대한 전환 [*Basic income: A radical proposal for
a free society and a sane economy*]. (홍기빈 역). 서울: 흐름출판.

Vanderborght, Y. (2006). Why trade unions oppose basic income. *Basic
Income Studies, 1*(1). https://doi.org/10.2202/1932-0183.1002.

Wielers, R., & van der Meer, P. H. (2021). Beyond income: Why we
want to keep on working even if we don't need the money. *Applied
Research in Quality of Life, 16*(4), 1613-1635.

Wolf, S. (2010). *Meaning in life and why it matters*. Princeton, New
Jersey: Princeton University Press.

Yeoman, R. (2014). *Meaningful work and workplace democracy: A
philosophy of work and a politics of meaningfulness*. New York:
Springer.

남승표(2021. 3. 4.). 美 기본소득 실험 성공적… "믿기 어려울 정도의 결
과". 연합인포맥스.

이서희(2022. 1. 19.). 이재명, '기본소득' 불씨 살린다… "예술인·농민부
터 우선 적용". 한국일보.

이지혜(2021. 7. 6.). 월 4만원부터 60만원까지…적어도 많아도 '기본소득
딜레마'. 한겨레.

임세웅(2021. 7. 1.). 기본소득 아니라 일자리보장제 논의할 때. 매일노동
뉴스.

장석준(2021. 6. 22.). '일자리 보장제'가 다음 대선에서 '국가의 제 1목표'
가 돼야 한다. 프레시안.

최한수(2020. 5. 28.). [시론] 핀란드 기본소득실험의 '팩트 교훈'. 한겨레.

황윤태, 임송수(2021. 7. 13.). 미국은 기본소득 실험 중… 소외계층 특효,
   전국민은 글쎄. 국민일보.

European Commission. "The Youth Guarantee" https://ec.europa.eu/
   social/main.jsp?langId=en&catId=1327

국가정보포털 https://kosis.kr

06

:
:
:

기본소득과 신자유주의 사회연대

이승철(서울대학교 인류학과 부교수)

하나가 아닌 여럿의 기본소득들[1]

오늘날 기본소득론에는 이질적인 정치적 지향과 다양한 아이디어가 공존하고 있다. 먼저, 그 구체적인 아이디어에 있어서 일정한 기준 이하 가정의 연소득을 보전해 주는 음의 소득세(negative income tax)와 재난지원금과 같은 조건부 현금지급에서부터, 참여소득, 보편적 기본소득, 더 나아가 기본자산에 이르는 다양한 구상이 통상적으로 '기본소득'이라는 범주하에 뭉뚱그려진다. 더 나아가 이러한 아이디어를 정당화하는 이론적 논의에서도, Milton Friedman과 같은 우파 시장주의자의 논의에서부터 자유지상주의(libertarianism)와 공화주의를 거쳐 신좌파 마르크스주의까지, 아마도 다른 영역이라면 공존하기 힘들었을 이념들이 기본소득론의 논거로 함께 묶여 제시된다. 한마디로, 하나의 기본소득이 아니라 여럿의 '기본소득들'이 존재한다.

이러한 여러 기본소득 아이디어에서 발견되는 최소한의 공통점은, 하나의 정치공동체가 그 구성원들에게 기본적인 생존이 가능한 양의 현금을 지급함으로써 개개인의 삶의 리스크와 빈곤 문제의 해결을 도모하고 사회안전(social security)을 확보하려는 시도라는 점이다. 앞으로 살펴보겠지만, 이 '현금지급의 테크놀로지'는 역사적으로 서로 경합해 온 여타의 빈곤 및 리스크 관리의 테크놀로지들, 예컨대 전통적 자선사업의 도덕적 테크놀로지들이나 십시일

---

[1] 이 장은 필자의 논문 「천장 없는 바닥을 넘어서: 공유부 기본소득론의 도전과 과제」의 내용과 일부 중복됨을 밝힌다.

반의 연대를 통해 빈곤에 대처하는 상호부조, 리스크의 계산과 대수의 법칙에 기반한 상업보험의 테크놀로지나 선별적·규율적 성격을 포함하는 공공부조, 보험과 사회연대의 문제의식을 혼합한 사회보험의 테크놀로지 등과 구분되는 독자적인 특성을 지닌다. 근대 자본주의와 함께 등장해 오랫동안 상대적으로 주변적인 아이디어에 머물렀던 기본소득이라는 사회안전 테크놀로지는, 20세기 후반 신자유주의적 전환 속에서 여타의 이질적인 담론 및 장치들과 결합해 하나의 실험적 프로그램으로 인기를 얻어 왔고, 오늘날에는 전 세계적으로 가장 논쟁적인 사회 정책 중 하나로 부상하고 있다.

이 장에서는 한국에서도 격렬하게 벌어지고 있는 기본소득에 대한 찬반 논의에서 살짝 벗어나, 이러한 기본소득론의 정치적 포용성과 인기를 어떻게 이해해야 할 것인가라는 조금 더 근본적인 질문을 던져 보고자 한다. 즉, 전통적인 좌·우파의 정치적 지형을 가로지르며 찬성과 반대의 새로운 전선을 만들어 내고 있는 기본소득의 정치적 포용성은 어떻게 가능한 것일까? 혹시 이렇게 다양한 기본소득들의 정치적 지향을 판별하는 데 도움이 될 일종의 내부 기준을 모색해 볼 수 있을까? 오래된 아이디어인 기본소득이 오늘날 얻고 있는 인기에서 엿볼 수 있는 새로운 사회적 상상과 역사적 조건은 무엇인가? 다시 말해, 이 장의 일차적 목표는 기본소득의 아이디어를 현대 자본주의의 역사적 전환 속에서 검토함으로써 그 정치적 포용성의 의미와 내부적 긴장, 그리고 새로운 전망을 재고해 볼 수 있는 일종의 발견론적(heuristic) 틀을 모색해 보는 것이다.

앞의 질문들에 답하면서, 이 장은 다음과 같은 주장을 제기할 것이다. 첫째, 기본소득의 두드러진 정치적 포용성은 사회보험에 기반한 사회연대가 붕괴한 이후 등장한 '신자유주의적 조건들'을 수

용한 상황에서 새로운 실험을 요구하는 그 기본 특성에서 기인한
다. 기존의 많은 사회운동이 복지국가의 위기와 신자유주의의 확
산에 방어적 입장을 취하는 "반대의 정치"에 머무른다면(Ferguson,
2017: 360), 기본소득은 일정 부분 그 변화를 수용하고 그 조건 위에
서 새로운 대안을 모색하고 있는데, 바로 이러한 특성으로 인해 기
본소득에 이질적인 정치적 지향들이 투사되는 것이 가능해진다.
둘째, 이에 따라 기본소득은 기존의 사회보험에 기반한 사회연대
를 대체하는 새로운 사회연대에 대한 전망을 가지는데, 이 전망은
사회 내의 불평등 정도를 제한하고 적극적 재분배를 실시하기보다
는 구성원들에게 최소한의 생계를 보장하고 이를 '자유'로 정당화
하는 데 초점을 맞춘다. 이 장은 기본소득에 내재한 이러한 '신자유
주의적 사회연대'의 관점을 Moyn(2018)의 표현을 빌려 '천장 없는
바닥(floor without ceiling)'으로 요약하고, 그 한계를 지적할 것이다.
셋째, 그럼에도 우리가 기본소득론에서 새로운 사회연대의 적극
적 전망을 찾을 수 있다면, 그것은 '공유'와 '공유부'에 대한 문제의
식에서 발견할 수 있을 것이다. 기본소득을 모든 시민이 공유하는
부에 대한 '배당'으로 정의하는 '공유부 기본소득론'은 그 자체의 내
부적 긴장과 모순에도 불구하고 새로운 사회연대에 대한 요청으로
주목할 만한 정치적 프로그램이라 할 수 있다.

기본소득론의 간략한 역사

　일반적으로 근대적 형태의 기본소득은 서구 자본주의 태동기였
던 18세기 말 Thomas Paine과 Thomas Spence에 의해 최초로 제

안된 것으로 간주된다.[2] 프랑스 혁명과 미국 독립전쟁에 참여한 공화주의자 Paine은 1796년에 발간한 『토지 정의(Agrarian Justice)』에서 "자연 상태의 대지는…… 인류의 공동재산"이라는 인식하에, 토지에서 생산된 이익을 21세 이상의 시민들에게는 15파운드의 기본자산으로, 50세 이상의 시민에게는 매년 10파운드의 연금 형태로 분배할 것을 주장하였다(Paine, 2004[1796]). 이와 거의 동시에 영국의 급진주의자 Thomas Spence는 Paine의 논의를 조금 더 발전시켜 모든 토지와 건물을 공동체가 집합적으로 전유하고 이를 임대하여 나오는 수익을 모든 시민에게 분기마다 배당하는 방안을 제시하였다(Spence, 2004[1797]). 18세기 말 거의 동시에 제기된 이들의 논의는, 서구 사회에서 산업자본주의가 확고히 자리 잡기 이전에 토지를 중심으로 빈곤과 사회불안정 문제를 해결해 보려는 시도였다고 할 수 있다.

이후 기본소득은 19세기에 걸쳐 Charles Fourier를 비롯한 몇몇 유토피아 사회주의자의 아이디어로 계승되어 명맥을 유지하지만 사회적 담론으로 큰 영향력을 발휘하지는 못한다. 하지만 20세기 초중반 세계대전과 대공황의 위기 속에서, Clifford Douglas, George Cole, James Meade와 같은 일군의 경제학자들에 의해 사회신용제도나 사회배당과 같은 좀 더 구체화된 정책의 형태로 다듬어지게 된다. 아마도 이 시기에 새롭게 제시된 기본소득 아이디어의 정점은 제2차 세계대전이 종결될 무렵 영국의 정치가 Juliet Rhys-Williams가 제안한 '보편수당'에서 찾을 수 있을 것이다. 보

[2] 서구에서의 기본소득 아이디어의 개략적인 역사에 대해서는 Parijs와 Vanderborght (2018)의 4장과 야마모리 도오루(2018)를 참고하라.

수정치가 Rhys-Williams는 1943년에 '새로운 사회계약'이라는 슬로건 아래 18세 이상의 남녀가 부의 생산에 최선의 노력을 다하겠다는 국가와의 계약에 서명할 경우 남성에게는 21실링, 여성에게는 19실링을 매주 수당으로 지급하는 방안을 제안했다(Rhys-Williams, 2004[1943]). 이는 오늘날 '보편적 기본소득'이라 불리는 모델에 가까운 획기적인 아이디어였지만, 잘 알려져 있다시피 William Beveridge의 '포괄적 사회보험'에 기반한 사회보장 모델과의 경쟁에서 패배하게 된다.[3] 이는 영국을 비롯한 서구 국가들이 사회보험을 중심으로 한 전후 복지모델을 추구할 것임을 보여 주는 상징적 사건으로, 이후 기본소득 아이디어는 베버리지식 사회보험 체계의 위기가 가시화된 1960년대 말에 이르러서야 다시 대안적 사회 정책으로 재논의되기 시작한다(Sloman, 2018; Steensland, 2008).

　오랫동안 부침을 계속하던 기본소득론은 20세기 말에 접어들어 두 가지 역사적 맥락 속에서 새롭게 주목받게 된다. 한편으로는 서구 국가들 사이에서 고용노동과 사회보험에 기반한 복지모델의 위기가 점차 심화되어 새로운 복지 프로그램에 대한 요구가 증대되었다. 다른 한편에서는, 신자유주의 구조조정으로 고통받던 일련의 남반구 국가들에서 새로운 발전 및 복지 정책의 일환으로 조건부 현금지급(Conditional Cash Transfer: CCT) 프로그램들이 활발히 도입되었다.[4] 즉, 전후 대표적인 사회안전 체계였던 중심부 국가

---

3) 현재의 기본소득론과는 달리, 20세기 중반 Rhys-Williams의 논의는 탈노동적 요소를 담고 있지 않다는 점도 주목할 필요가 있다. Rhys-Williams의 보편수당 모델은 베버리지 모델이 기반한 남성 중심적·국가 중심적 모델에 대한 비판을 포함하고 있었는데, 이 두 모델 간의 정치적 경쟁과 그 함의에 대해서는 Sloman(2016)을 참고하라.

4) 분량과 내용의 제약으로 이 장에서 자세히 다룰 수는 없지만, 2000년대 이후 남반구

들에서의 사회보험 체계와 주변부 국가들의 발전주의 체계가 20세기 후반에 들어 동시에 위기에 처하면서 기본소득에 대한 관심이 재등장하게 된 것이다. 이에 따라 전 세계적으로 확산된 기본소득 논의는 2000년대에 들어 프레카리아트(precariat) 운동, 공유지(commons) 운동 등과 결합하고, 2010년대에는 네덜란드, 핀란드를 포함한 다양한 국가에서 정책 실험이 이루어지면서, 현재 가장 활발한 사회 정책 및 사회운동의 의제 중 하나로 급격히 성장해 왔다.

이렇게 간략히 살펴본 기본소득의 역사에서는 한 가지 중요한 특징이 발견된다. 역사적으로 기본소득에 대한 관심은 불평등과 불안정성이 확산되고 노동 중심의 사회안전 체계가 위기에 처할 때 반복적으로 높아졌다가 특정한 사회안전 체계가 자리 잡게 되면 주변화되곤 하였다(김공회, 2020; Sloman 2018). 예컨대, 기본소득론은 초기 산업자본주의로의 이행 과정에서 기존의 소농사회가 붕괴하고 대규모의 실업 빈곤 유민층이 발생하는 상황에서 처음 제기되었다. 하지만 19세기 동안 임금노동 체계가 확대되어 가는 상황에서, 기본소득론은 당시 활발했던 노동권에 대한 요구나 사회주의 이념의 확산, 그리고 자선사업의 성장 등과 비교하여 사회운동 내에서 주변적인 아이디어로 밀려나게 된다. 김공회(2020: 73)의 지적처럼, 임금노동 관계의 확산 속에서 "임금이야말로 '기본소득'으로 기능"하였기 때문인 동시에, 빈곤에 대한 보다 직접적인 대

국가들에서 진행된 현금지급 실험은 기본소득이 현재 얻고 있는 관심의 중요한(하지만 종종 간과되는) 한 축이라고 할 수 있다. 특히 아동의 취학지원과 현금지급을 연결시킨 브라질의 가족수당(Bolsa Familia) 프로그램이 유명하다. 남미에서 나타난 CCT 사례들에 대해서는 Lavinas(2013)를 참고하라. 남아프리카공화국과 나미비아의 사례에 대해서는 Ferguson(2017)을 참고하라.

책으로 도덕적 자선사업이나 공공부조의 테크놀로지들이 선호되었기 때문이다(Procacci, 2014). 이후 기본소득론은 서구의 고전적 산업노동 체계가 세계대전과 대공황 등으로 위기에 처한 20세기 초중반에 잠시 인기를 얻었다가, 전후 사회보험 중심 복지체계가 자리 잡게 되면서 다시 한번 주변화된다.

최근 기본소득의 인기 역시 20세기 중반의 노동 중심 사회안전 체계가 신자유주의적 조건의 확산으로 위기에 처한 것을 배경으로 하며, 2008년 금융위기 이후 더욱 확대된 불평등과 노동시장의 불안정성에 힘입은 것으로 보인다. 오해를 막기 위해 덧붙이자면, 이는 현재 기본소득론의 인기가 노동 중심 사회안전 체계가 재확립되면 사라질 일시적인 것이라고 주장하는 것은 아니다. (이러한 주장을 위해서는 현대 자본주의에서 노동의 위기가 얼마나 근본적인가라는 '사실'에 관한 질문과 노동 중심 안전체계가 우리가 추구해야 할 대안인가라는 '규범'에 관한 질문에 먼저 답해야 할 것이다.) 오히려 중요한 것은, 이러한 역사적 흐름을 고려할 때 오늘날 기본소득의 재부상은 제2차 세계대전 이후 설립된 사회안전 체계의 기능부진과 위기가 가져온 사회적·역사적 조건의 변화 속에서 이해되어야 한다는 것이다. 고용노동과 사회보험 중심의 기존 사회안전 체계의 한계가 현재 기본소득론이 누리는 인기의 직접적 배경을 이루기 때문이다.

전후 포드주의적 사회안전 체계의 배치와 특징

그렇다면 기본소득론을 주변화시켰던 전후 자본주의의 사회안전 체계는 어떻게 작동했을까? [그림 6-1]은 제2차 세계대전 이

[그림 6-1] 포드주의적 사회안전 체계의 배치

후 20세기 후반 신자유주의 부흥기까지 소위 '자본주의의 황금기' (Amstrong, Glyn, & Harrison, 1993)라 불리는 시기 동안 기능했던 '포드주의적 사회안전 체계'의 논리와 작동을 도식화한 것이다.[5] 이러한 모델이 서구 자본주의 국가들의 경험만을 일반화하여 매우 제한적인 것이고, 또한 구체적인 역사적 형태들을 사상한 추상적 도식임에 유의할 필요가 있다. 그럼에도 이 모델은 신자유주의적 사회연대에 대한 요청으로서 기본소득론의 특징을 판별하기 위한 발

---

5) 여기서는 흔히 '복지국가'로 정의되는 이 시기 사회안전 체계를 '포드주의적 사회안전 체계'로 명명하고자 한다. 이는 두 가지 이유 때문이다. 하나는 이 시기의 사회안전 체계를 '복지국가'로 명명할 경우, 이후의 신자유주의적 전환이 '복지국가의 붕괴'로 오해될 수 있기 때문이다. 그러나 Garland(2018)가 설득력 있게 보여 주듯이, 복지국가는 현대 자본주의 국가의 핵심적인 기능으로 신자유주의로 인해 그 형태가 변화했을 뿐, '붕괴'에 대해 논할 수 있는 성격의 것은 아니다. 다음으로 고용노동과 사회보험에 기반한 사회안전이라는 아이디어와 테크놀로지들은 그 이전부터 존재해 왔으나(Ewald, 2020), 이 프로그램이 구체적으로 실현된 것은 20세기 중반 '포드주의'라는 자본 축적체제에 기반해서만 가능했음을 강조하기 위한 것이기도 하다. 포드주의 축적체제의 일반적 특성에 대해서는 Harvey(1994), Boyer(2017)를 참고하라.

견론적 시도에 유용하게 활용될 수 있다.

이 포드주의적 사회안전 체계는 소위 '정상가족'과 '고용노동'이라는 상호 긴밀하게 연결된 요소들을 기본적인 두 축으로 가진다. 먼저, 포드주의 생산체계하에서의 남성 노동자-생계부양자는 노동과정의 합리적 관리(테일러주의)를 통해 강화된 노동 강도와 높은 생산성에 대한 요구를 수용하는 대신, 이에 대한 보상으로 상대적인 고임금과 안정된 고용관계를 보장받는다.[6] 이때 고임금은 여성 가정주부의 가사 노동 등 재생산 노동에 대한 보상을 포함하는 '가족임금(family wage)'으로 기능하며, 이를 통해 대중노동자들이 남성 생계부양자와 여성 가정주부 그리고 자녀들로 구성된 중산층 '정상가족'의 생애경로를 계획하고 영위하는 것이 가능하게 되었다. 동시에 이 대중 중산층 가족의 높아진 구매력은, 한편으로는 포드주의하에서 대량으로 생산되는 상품들의 소비를 가능하게 하여 대량생산-대량소비로 이어지는 안정적 경제순환을 보장하고, 다른 한편으로는 노동자들에게 기존의 무산자(無産者) 지위에서 벗어나 주택을 중심으로 한 일정 정도의 자산 축적을 가능케 함으로써 '대중소유자 사회' 형성의 기반을 제공하였다(Adkins, Cooper, & Konings, 2020: ch. 3). 또한 포드주의 체계하에서 고용노동은 단순히 물질적 보상을 위한 활동 이상을 의미했음을 덧붙여야 하겠다.

---

6) David Harvey(1994: 168-185)는 포드주의의 시작을 Henry Ford가 1914년 미시간주 디어본의 조립라인 노동자들에게 당시 노동자 평균 임금의 2배 이상인 '일당 5달러, 8시간 노동'의 보상체계를 제안한 것에서 찾는다. 이는 어셈블리 라인으로 인해 증가한 노동 강도와 생산성 향상에 대한 보상의 성격을 가짐과 동시에 대량생산된 상품에 대한 유효수요를 창출하여, "임금 향상과 생산성 향상, 소비 향상 간의 새로운 연결고리"를 창출해 냈다(Castel, 2003: 313).

이 시기 노동은 사회적 인정(recognition)을 배분하는 핵심 통로이자 가정의 구성과 주택 소유를 중심으로 안정된 생애 경로를 계획할 수 있는 핵심적 기반으로 기능하였고, 사회보험을 포함한 각종 사회적 권리에 접근할 수 있는 기반이 되었다(Castel, 1996).

이 사회안전 체계에서 사회보험은 핵심적인 기능을 수행했다. 복지국가에서 운영되는 포괄적 사회보험은 형식상으로는 상업 보험의 테크놀로지를 그대로 채택했지만, 개별 가입자의 리스크 정도가 크면 보험료가 올라가는 상업 보험과는 달리 리스크 크기와 관계없이 자격조건을 만족하는 모든 이가 가입 가능한, 일종의 사회연대의 정신을 실현하는 사회안전 테크놀로지였다(Garland, 2018). 좀 더 전통적인 형태의 사회보장제도인 공공부조가 '정상가족'과 고용노동이라는 기본 문턱에 도달하지 못한 이들을 보조하는 도구로 활용되었던 반면, 사회보험은 안전보장의 핵심 테크놀로지로서 대중노동자 개개인의 취업-결혼-자녀양육-은퇴라는 표준적인 생애경로에서 발생할 수 있는 각종 리스크들, 예컨대 실업, 산업재해, 질병, 은퇴 등을 관리해 주는 기능을 수행하였다. 동시에 사회보험은 하나의 사회를 함께 구성한다고 상상되는 익명의 존재들과 함께 보험에 가입하여 보험료를 납부하고 확률에 따라 보상을 받게 된다는 점에서 일종의 "추상적 상호성"과 무의식적 연대, 그리고 부의 재분배를 가능케 하였다(Ewald, 2014: 300). 사회보험의 이러한 재분배 효과는 좀 더 강조될 필요가 있는데, 사회학자 Robert Castel은 사회보험과 사회서비스를 통해 제공되는 집합적 보상들, 예를 들어 의료보험 지원, 공적연금, 실업급여 등을 '사회적 재산(social property)'이라 명명하면서, 이러한 잠재적 형태의 재산이 고임금과 함께 포드주의하에서 "대중노동자들의 부르주아화 혹은 소유자화"에 기여하고 과도한 부의 불평등을 시정하는 효과를 가졌음을 지적한다(Castel, 2003: 280-291).

마지막으로 이러한 네 가지 축(정상가족, 고용노동, 사회보험, 대중소유자 사회)의 재생산을 관리하고 사회보험의 운영을 궁극적으로 책임지는 "최종 보험자(insurer of last resort)"의 역할은, 당시 완성되어 가던 "사회국가" 혹은 복지국가가 담당하게 된다(Cooper, 2020: xxi). 사회국가는 경제적으로는 국민경제의 성장과 재생산을 관리하고, 정치적으로는 사유재산의 보호와 사회적 재산의 이전 그리고 사회적 시민권의 확장을 둘러싸고 벌어지는 각종 집단 간의 투쟁들을 조절하는 역할을 요구받게 된다(Donzelot, 2014). 이러한 과정에서 사회국가의 행정적 · 관료제적 역량은 급속히 확대되어 가는데, 이를 통해 사회국가는 사회적 불평등을 조절하고 부의 재분배 기능을 수행함과 동시에, 시민들의 삶의 재생산 과정을 보장하는 안전체계의 배치 전반을 조절 · 관리하는 생정치적(biopolitical) 기구로 기능하게 된다(Garland, 2018).

이러한 의미에서 포드주의는 단순한 경제체계를 넘어서 "상대적인 경제적 안전과 웰빙, 실현 가능한 중산층에 대한 열망, 그리고 선형적인 생애경로를 인식하는 감각"을 반영하고 조직하는, 하나의 "총체적 생활양식"으로 기능하였다(Muehlebach & Shoshan, 2012: 317). 실제로 전후 서구 자본주의에서 이 모델은 각 사회의 사회 · 문화 · 정치적 조건들 속에서 상이한 형태로 구체화되었지만(Esping-Andersen, 1989), 고용노동과 정상가족, 사회보험과 대중소유자 사회를 네 축으로 삼고 이를 사회국가가 조정하는 이 사회안전 체계의 배치는 모든 복지국가가 추구하는 하나의 이상(理想)으로 기능했다고 말해도 좋을 것이다. 이렇듯 노동에 기반한 포드주의적 사회안전 체계가 자리 잡고 운영되었던 전후 서구 자본주의 공간에서, 국가의 직접적인 현금지급을 통한 안전 보장과 빈곤 해소를 강조하는 기본소득론은 상대적으로 주변화될 수밖에 없었다. 물론 이러한 모델이 제대로 작동하기만 한다면 말이다.

포드주의적 사회안전 체계의 붕괴와 신자유주의로의 전환

포드주의적 사회안전 체계는 사실 처음부터 다양한 내부 모순을 포함하고 있었다. 첫째, 이 시기 복지국가는 당시 실재하던 공산주의의 위협에 대응한 계급타협의 산물로서, 자본주의 시장경제의 모순 자체를 해결하기보다는 특정한 방향으로 관리하려는 체계였다(Garland, 2018; Offe, 1984). 포드주의적 사회안전 체계는 자본주의 사적 소유의 원리 자체는 보호하되, 자본주의의 여러 모순과 부작용(예컨대, 불평등, 노동소외, 시장지배 등)을 사후적으로 개입하여 관리하려는 성격을 가진다. '사회적 재산'을 통한 재분배의 경우도, 핵심은 기존의 사적 소유를 공동 소유나 국가 소유로 대체하는 것이 아니라 이미 보장된 "사적 소유권의 사용"을 "사회적으로 유용한 방향으로" 조정하는 것을 목표로 하였다(Castel, 2003: 280).

둘째, 사회보험 체계의 근간이 되는 '정상가족'과 고용노동이 가진 억압적 성격을 간과할 수 없다(Fraser, 2014; Pedersen, 1993). 포드주의적 사회안전 체계가 전제하는 특정한 생애경로는 남성 생계부양자-여성 가정주부라는 성별분업에 기반해 있었을 뿐 아니라, 고임금의 대가로 강화된 노동 통제와 생산성 향상을 도입함으로써 노동현장에서의 불만을 누적시켰다. 동시에 이러한 획일적 생애경로의 규범을 따르기 어렵거나 따르기를 거부하는 집단들, 예컨대 유색인종 비숙련 노동자들과 장애인, 여성, 동성애자 집단 사이에서도 불만이 커질 수밖에 없었다.

셋째, 포드주의적 사회안전 체계에서는 최종 보험자로서 국가에 과도한 힘이 부여된다. 앞서 언급했듯이 사회국가는 계급투쟁을 조절하고 경제 성장 및 위기를 관리할 뿐 아니라 주체들을 개별화된 국민으로 만들어 내는 일련의 재생산 과정을 총괄하게 되며, 이에 따라 국가장치들의 사회 각 영역에 대한 감시와 지식의 축적이 확장되고 이를 활용한 행정적·관료제적 역량이 급격히 증가한다(Donzelot, 2014). 이는 국가의 과도한 권력과 권위적 성격에 대한 광범위한 불만을 낳을 위험으로 이어졌다(Zoll, 2008).

마지막으로, 이 체계는 계속해서 안정된 고용노동을 창출해 내고 새로운 고용인구가 사회보험에 기여해야만 정상적으로 운영될 수 있었다는 점에서, 국가경제의 지속적인 성장과 발전을 전제로 한 체계였다(Castel, 2003: 343-352). 고용노동이 안정적인 소득원으로 작동하지 못하고 구조적 실업의 비율이 상승하게 되면 사회보험 체계의 전체 토대가 흔들리기 때문에,[7] 포드주의적 사회안전 체계는 경제위기 상황에서 사회국가가 감당해야 할 재생산 비용이 급속도로 커질 수밖에 없는 구조였던 것이다.

잘 알려져 있다시피, 1970년대 세계 자본주의가 불황기에 접어

---

7) Castel의 지적처럼, 이러한 사회보험 체계에서 실업은 여타의 다른 리스크들, 예컨대 산업재해나 질병, 소득이 없는 노년의 리스크와는 그 결을 달리한다. 실업은 사회보험에의 접근을 차단함으로써 "다른 리스크를 감당할 가능성 자체를 상실하는 것을 의미"하기 때문이다(Castel, 2003: 378).

들면서 포드주의적 사회안전 체계의 이러한 내부 모순들은 전면화되고, 그 결과 신자유주의적 재편의 과정을 거치게 된다.[8] 하지만 세계 경제위기 이전에 이미 1960년대 동안 전 세계적으로 탈식민운동과 68혁명, 흑인민권운동, 페미니즘 2세대 운동 등이 활발히 전개된 사실은, 포드주의적 사회안전 체계의 위기가 단순히 객관적 조건의 변화에 의한 것만이 아니라 이러한 체계에서 소외된 집단들의 저항, 즉 주관적 차원의 위기 또한 포함한 것임을 보여 준다. 이러한 객관적·주관적 위기로 인해 지금까지 당연한 것으로 간주되었던 사회안전 체계의 요소들, 특히 고용노동, 정상가족, 사회보험은 좌·우파 모두에게 "의심과 비판, 정치적 갈등의 대상"으로 전환되고, 포드주의 안전 체계는 "이데올로기적 위기이자 동시에 토대의 위기"를 맞이하게 된다(Offe, 1984: 147).

먼저 고용노동의 경우, 우파 측에서 신자유주의 구조조정에 따른 조직노동에 대한 탄압 및 유연화, 그리고 '제3의 물결'부터 근래의 '4차 산업혁명'에 이르는 일련의 탈산업화 담론이 제기되었다면, 좌파 사회운동에서는 고용노동의 소외적·착취적 성격에 대한 비판과 '노동거부' 전략을 통한 탈노동 관점에서의 저항이 지속되었다(예컨대, Negri & Hardt, 1996; Weeks, 2016). 이러한 노동중심성에

---

[8] 1970년대 경제위기의 원인에 대해서는 포드주의의 성공이 가져온 고임금 구조와 고용 구조의 경직성에 따른 이윤압박이라는 내부 원인을 강조하는 입장과 이윤율의 하락과 생산성의 정체라는 근본적 원인에 초점을 맞추는 분석, 브레튼우즈 금융체계의 붕괴와 오일 쇼크와 같은 외부적·상황적 요인에 초점을 맞추는 상이한 (그러나 상호배타적이지는 않은) 입장들이 존재한다. 전후 포드주의 체계의 위기와 그 원인을 둘러싼 다양한 논의에 대해서는 Boyer(2017), Amstrong 등(1993), Duménil과 Lévy(2006)를 참고하라. 좀 더 광범위한 세계체계론의 시각에서 포드주의에 기반한 전후 미국 헤게모니의 역사적 부침에 대한 분석으로는 Arrighi(2014)를 참고하라.

대한 문제 제기는 경제위기와 기술혁신, 서비스 산업의 발달로 인해 유연화된 노동 형태가 확산되고, 전문직–숙련직 노동자와 불안정 노동자가 뚜렷이 구분되는 이중노동 시장이 형성되면서 점점 더 설득력을 얻어 나가게 되었다. 포드주의적 사회안전 체계의 또 다른 한 축인 '정상가족'의 경우에는 조금 더 복잡한 논점들이 존재하지만,[9] 일반적으로 우파가 포드주의적 가족임금을 해체하고 기업가적 개인과 유연한 가족 모델을 생산하는 데 긴밀한 이해관계를 가지고 있었다면, 페미니즘을 중심으로 한 사회운동 쪽에서는 남성 생계부양자 모델 및 '정상가족'이 가진 가부장성·이성애 규범성에 대한 비판이 제기되었다(야마모리 도오루, 2018: 2장; Weeks, 2016: 3장). 현실 속에서 신자유주의 구조조정은 가족임금의 파괴와 여성의 노동시장 참여 확대를 가져온 한편, 결혼과 육아라는 가족 중심의 획일적 생애경로가 붕괴하면서, 노동시장이 유연화된 만큼이나 가족구조와 개인의 삶의 경로도 다양화·유연화되는 결과를 가져왔다.

　마지막으로 사회보험의 경우, 우파 담론들에서 복지국가의 과중한 재정 부담과 비효율성을 집중적으로 문제화하고 리스크 관리의 개인적 책임을 강조했다면, 좌파 진영에서는 사회보험이 가정하는 규범성과 배제, 사회보험의 운영 및 관리 과정에서 확장되는 국가 관료제의 비민주성에 초점을 맞춘 저항들이 등장하게 된다(Donzelot, 2014). 실제로 인구구조의 변화와 고용노동의 축소, 이

----

9) 포드주의적 가족임금의 해체와 저렴한 여성 노동력의 활용에 이해관계를 가진 신자유주의와 합리성과 도덕적 가족주의를 강조하는 신보수주의 이데올로기 간의 긴장관계와 결합에 대해서는 Cooper(2017)를 참고하라.

중적 시장구조의 확산에 의해 사회보험은 기존에 가졌던 사회안전의 핵심 테크놀로지로서의 위상을 조금씩 상실해 갔으며, 그 대신 리스크에 대한 개인의 유연한 대처와 책임감을 강조하는 경향이 사회안전의 새로운 담론으로 전면에 등장하였다.

서구 자본주의 사회에서 기본소득이 대안적 사회안전 프로그램으로 다시 부상하게 된 것은, 20세기 후반 포드주의적 사회안전 체계가 노동과 가족의 유연화에 기반한 신자유주의 체계로 전환해 나간 이러한 시대적 배경과 긴밀히 연결되어 있다. 이러한 변화 속에서 전후 자본주의 체계에서 사회보험에 비해 주변적 위치를 차지하던 현금지급과 기본소득의 테크놀로지는 새로운 사회안전 체계를 둘러싼 모색 속에서 재등장하게 된다. 예를 들어, 1970년대 미국에서 빈곤 해소를 위해 고용노동 여부와 상관없이 일정한 소득을 보장하는 '연간소득보장' 정책이 고려되거나 비슷한 시기에 영국에서 가족 단위 복지가 아닌 개인을 대상으로 한 현금지급을 요구한 '청구인조합운동(the Claimants' Unions Movement)'이 등장하게 되는데, 이들 운동은 기존 포드주의적 사회안전 체계를 지탱했던 고용노동, 정상가족, 사회보험의 방식에서 벗어나 직접적인 현금지급을 통한 빈곤 해소와 리스크 보장을 모색했던 선구적 시도들로 간주될 수 있다(야마모리 도오루, 2018; Steensland, 2008). 비록 이러한 아이디어들은 다양한 저항에 부딪혀 즉각적으로 실현되지는 못했지만, 2000년대에 들어 기본소득이 전 세계적으로 새로운 관심을 받는 초석을 이루게 된다.

기본소득과 신자유주의 사회안전 체계:
천장 없는 바닥

그렇다면 기본소득론의 부상과 신자유주의적 전환 간의 이러한 밀접한 관계는 어디에서 기인하는 것일까? 무엇보다도 기본소득론은 정치적 입장차에 따라 그 정도의 차이는 있을지라도, 대체로 전후 포드주의적 사회안전 체계를 구성했던 고용노동, 정상가족, 사회보험의 세 축이 붕괴하고 이를 대체하는 신자유주의적 조건이 '비가역적으로' 자리 잡았다는 공통의 현실인식에 기반한다. 앞서 살펴보았듯이, 포드주의적 사회안전 체계의 요소들이 그 내부 모순으로 인해 좌·우파 양쪽의 도전에 직면했던 만큼, 기본소득론 내부의 이러한 합의가 오늘날 전통적인 좌·우파를 가로지르며 다양한 지지자를 끌어들이는 기본소득이 가진 정치적 포용성의 근간이라 할 수 있을 것이다. 즉, 오늘날 많은 전통적 (좌파) 정치세력과 사회운동들이 신자유주의를 비판하는 입장에서 기존의 사회안전의 요소들(고용노동, 가족임금, 사회보험)을 방어하는 입장을 취하는 반면, 기본소득론은 '신자유주의적 조건'을 수용한 상태에서 새로운 안전 프로그램과 사회연대를 요청한다는 특징을 가진다(Ferguson, 2017).

이러한 현실인식은 기본소득론 내부에서 제시된 기본소득의 정의와 원칙에서도 잘 드러난다. 예를 들어, 가장 널리 인용되는 기본소득의 정의 중 하나인 '기본소득지구네트워크'의 정의("자산심사나 노동에 대한 요구 없이 무조건적으로 모두에게 개별적으로 주어지는 정기적인 현금이전")는 바로 이러한 세 가지 축의 변형에 대한 기본소득론 내부의 합의를 압축적으로 보여 준다(BIEN, 2016). 이러한 정의에서 추출할 수 있는 기본소득의 중요 원칙들 중에서 "자산심사나 노동에 대한 요구 없이"라는 '무조건성'은 고용노동이 더 이상 안전 보장의 기반이 될 수 없다는 현실인식을, "모두에게 개별적으로"라는 '개별성'의 원칙은 정상가족의 규범성과 포드주의적 가족임금체계에 대한 비판적 평가를, "현금이전"이라는 '현금성' 원칙은 사회보험이 야기한 비효율성과 억압성에 대한 문제 제기를 반영한 것으로 이해할 수 있다. 달리 말하면, 리스크 관리와 빈곤 해소를 위해 개별 시민에게 현금을 지급한다는 간단한 아이디어인 기본소득은, 포드주의적 사회안전 체계의 붕괴라는 현실 속에서 고용노동에 대한 동일한 회의를 공유하는 탈산업·탈노동 담론, 정상가족 이데올로기와 가부장적 성별분업에 반대하는 페미니즘 담론, 사회보험의 해체를 바라는 자유지상주의 및 시장주의 등의 흐름과 적극적으로 결합해 나가면서, 이질적인 정치적 지향이 결합된 복잡한 담론 형성체로 발전해 왔다.[10]

10) 앞서 말했듯이, 기본소득은 하나가 아니라 여럿이다. 실제로 광의의 기본소득론 내에서 포드주의적 사회안전 체계를 뒷받침하던 각 요소들의 변화를 어느 정도로 수용하느냐에 대한 의견차가 발견되기도 한다. 예컨대, 몇몇 논자가 제기하고 있는 참여소득(participation income)의 경우, 고용노동의 중심성에 대한 비판에는 동의하나 현금지급의 근거를 개인이 자원봉사나 돌봄노동을 통해 사회적으로 유용한 기여를 하는 것에서 찾음으로써 완전한 탈노동 패러다임으로의 이행을 점진적으로 진행하고자 한다(예컨대, Atkinson, 2015). 반면, 우파적 기본소득 모델로 간주되는 음의 소득세나 그 변형인 안심소득 모델은 가구를 대상으로 제공한다는 점에서 개인지급의 원칙을 수용하지 않는다(박기성, 변양규, 2017). 혹은 일부 좌파 기본소득론은 사회보험의 모델을 해체하지 않고 기본소득과 사회보험의 공존 가능성을 주장하기도 한다(금민, 2020; 서정희, 2020). 그럼에도 이들은 이러한 공존을 "완전기본소득으로 나아가는 과도기 모델"로 규정함으로써, 포드주의적 사회안전 체계의 재구성 및 부활은 불가능하다는 현실인식에 의견을 같이한다(금민, 2020: 236).

한편, 노동과 가족의 유연화, 다변화되고 개별화된 삶의 경로, 복지에서의 시장의 선차성 등 신자유주의적 조건을 비가역적 현실로서 수용하는 기본소득 아이디어는 그 지향점에 있어서도 신자유주의와 '시장 유토피아'의 이상(理想)을 공유할 위험성을 지닌다. 이것은 기본소득이 제시하는 사회안전 체계의 특성을 살펴볼 때 가장 잘 드러난다. 일반적으로 기본소득론은 자본 축적과 불평등 확대에 제한을 걸고 사회적 부에 대한 집합적 통제를 모색하기보다는, 사회 구성원 개인에게 화폐를 지급함으로써 개별적인 사회안전을 추구할 선택권을 제공하는 것에 더 강조점을 둔다. 앞서 살펴보았듯이, 기존의 포드주의적 사회안전 체계는 가족임금과 사회보험의 형태로 재생산에 대한 자본의 직접적 기여를 일정 정도 강제하고, 부분적으로나마 사회적 재산의 형태를 통한 부의 재분배와 불평등의 교정을 추구했다. 이에 반해 가족임금·사회보험·사회적 재산 등의 재분배 기제에 회의적이며 현금과 시장을 통한 개별적 안전 확보를 강조하는 기본소득론은,[11] "부의 축적과 불평등을 제한하는 천장"은 없고 단지 "자유시장이 야기할 수 있는 최악의 비극에 대한 바닥의 보호만을 제공"하는, Samuel Moyn이 "천장 없는 바닥"이라 명명한 사회안전 체계를 추구하는 것으로 보인다

---

11) 예컨대, 대표적인 기본소득론자 중 한 명인 Guy Standing은 사회적 재산이 전문직-숙련직 노동자와 불안정 노동자 간의 불평등을 심화시킨다며 다음과 같이 주장한다. "이러한 비화폐적 혜택들은 불평등의 주된 원천이며, 효율적인 노동시장에 반대된다. 이 혜택들은 안정된 조직 노동자들에게만 제공된다. …… 적절한 상품화는 진보적 움직임이다. 이 비화폐적 혜택들을 상품화하도록 내버려 두라. 만약 상품화가 자유시장경제의 규칙이라면, 그것이 모든 상품에 적용되게 하라."(Standing, 2011: 162-163)

(Moyn, 2018: 215-216; Zamora, 2017).[12]

Moyn에 따르면, 근대 사회안전 체계는 충분성(sufficiency) 원리와 평등(equality) 원리 간의 결합과 갈등 속에서 변화해 왔다. 충분성 원리가 모든 사회 구성원이 일정 수준 이상의 인간적 삶을 영위하기 위해 충분한 소득이 보장되어야 한다는 원칙('바닥')을 의미한다면, 평등 원리는 사회 구성원 간 불평등이 지나치게 확대되지 않고 일정한 범위 내에서 제어되어야 한다는 것('천장')을 의미한다(Moyn, 2018). 역사적으로 이 두 원리는 서로 결합되기도 하고 정치적 입장에 따라 둘 중 한 원리가 좀 더 강조되기도 하였으나, 1970년대 이후 진행된 신자유주의화는 평등 원리에 대한 충분성 원리의 압도적인 승리로 특징지어진다. Moyn 본인은 인권담론 및 인도주의 논리가 가진 정치적 한계를 논하면서 이러한 충분성 원리의 우위('천장 없는 바닥')에 대해 논하고 있지만, 이러한 한계는 기본소득을 둘러싼 논의에도 동일하게 적용할 수 있을 것이다(Zamora, 2017). 즉, 일반적인 기본소득론이 꿈꾸는 사회안전 체계는 사회적 장치들을 통한 불평등의 제한보다는 개인적 차원에서 현금과 시장을 통해 최소한의 생존과 생활수준을 보장받는 것으로, 자유지상주의적 기본소득론은 이를 '실질적 자유'의 이름으로 정당화하기도 한다(Parijs & Vanderborght, 2018).

Michel Foucault는 일찍이 이러한 '천장 없는 바닥'의 사회안전 체계가 신자유주의의 핵심적인 구성요소임을 지적한 바 있다.

---

12) 기본소득의 이러한 편향된 관심은 근대적 기본소득의 창시자로 칭송받는 Thomas Paine에게서도 발견된다. 그는 『토지 정의』에서 기본소득에 대해 논하며 다음과 같이 덧붙인다. "아무도 빈곤에 고통받지 않는다면, 나는 우리 중 몇몇이 얼마나 부유해지는지에 대해서는 관심이 없다."(Paine, 2004[1796]: 11)

Foucault는 1979년에 콜레주 드 프랑스에서 이루어진 강의에서, 일정 수준의 연소득에 미치지 못하는 각 가정에 국가가 보조금을 지급하되 여타의 사회안전 체계는 해체하자는 Milton Friedman의 '음의 소득세' 제안에 대해 논한다. Foucault에 따르면, 이 신자유주의 경제학자의 아이디어는 경제 영역을 일종의 게임의 영역으로 재구성하는 한편, 국가와 사회를 경제를 제어·관리하는 주체가 아니라 이러한 경제 게임의 '공정성'을 보장하고 개인들의 경제 게임 참여를 보장해 주는 최소한의 안전장치로만 바라보는 신자유주의적 상상의 정수를 보여 준다.

> [사회국가하에서의-인용자] 경제적인 것과 사회적인 것의 결합을 어떻게 해체할 수 있을까? …… 나는 이미 독일의 질서 자유주의와 미국의 신자유주의에서 발견되는 공통적인 원칙에 대해 말한 바 있다. 그것은 경제가 기본적으로 하나의 게임이고, 전 사회는 이러한 경제 게임에 종속되며, 국가의 핵심적 역할은 이 게임의 규칙을 정의하고 실제로 적용되도록 감독하는 것이라는 생각이다. …… 경제 게임은 최대한 활기차고 가능한 한 많은 이에게 이익이 되어야 하는데, 이를 위해 말하자면 참가자 보호조항, 즉 게임의 과정 자체는 전혀 바꾸지 않으면서 누군가 게임 바깥으로 완전히 그리고 영원히 쫓겨나는 것은 방지하는 간단한 제한 규칙이 필요하다. …… 경제는 하나의 게임이며, 국가가 그 게임을 보장하고, 사회적인 것은 참가자들이 게임에서 이탈하지 않도록 보호한다. …… 이제 사회적 규칙, 사회적 조절, 그리고 광범위한 의미에서의 사회안전은 간단히 그리고 순수하게 경제 게임과 관련해 이러한 비(非)배제를 보장하는 것이라는 생각이 자리 잡게 된다(Foucault, 2008: 201-202).

오늘날 기본소득론자들의 주장을 예견한 듯이, Foucault는 이러한 경제 게임에서의 비(非)배제를 강조하는 음의 소득세와 같은 접근들이 서구 통치성이 오랫동안 수립하려 했던 "좋은 빈자와 나쁜 빈자, 자발적 실업과 비자발적 실업 간의 구분"을 없앰으로써 "완전고용에 중점을 둔 사회안전 체계보다 훨씬 덜 관료적이고 훨씬 덜 규율적인" 테크놀로지라는 점을 인정한다(Foucault, 2008: 207). [13] 하지만 동시에 이러한 접근이 사회와 국가의 역할을 축소시킴으로써 불평등이 만들어 내는 "상대적 빈곤의 문제에 무관심"하며 궁극적으로 다수의 인구를 언제든지 값싸게 활용 가능한 산업예비군으로 환원시킬 것을 우려한다. "완전고용이라는 목표를 포기한 경제에서 이들은 항구적인 예비노동력이 될 것이다. 필요하다면 활용했다가 다시 원조를 받는 지위로 되돌려 보낼 수 있는 그런 존재들 말이다."(Foucault, 2008: 206)

이것이 아마도 테슬라의 Elon Musk나 알파벳의 Eric Schmidt 등을 포함한 일련의 실리콘밸리 기업가들과 보수 정치인들, 그리고 일부 자유시장주의자들이 오늘날 기본소득의 열렬한 지지자를 자처하는 이유일 것이다. [14] 기본소득(특히 충분하지 않은 양의 기본소득)은

---

13) 기본소득의 옹호자들은 기존의 포드주의적 사회안전 체계가 정당한 빈민과 그렇지 않은 빈민을 구분하고 선별된 빈민들에게만 복지가 제공되는 규율적 효과를 발휘해 왔음을 지적하면서, 기본소득이 이러한 규율적 효과를 제거하는 데 기여할 것으로 기대한다. 예컨대, Ferguson(2017)을 참고하라.

14) 포드주의적 사회계약의 위기 속에서 Richard Nixon이 계획했던 연간보장소득 프로그램 역시 많은 보수주의 정치인들과 기업가들의 지지를 받았다(Steensland, 2008). 앞서 언급한 보수 정치인 Juliet Rhys-Williams의 예에서도 보듯이, 기본소득 아이디어는 사회보험 제도의 노동 중심적 성격이나 사회국가의 과도한 권력에 비판적인 보수 정치인들과 기업가들의 오랜 관심과 지지를 받아 왔다.

그 효과에 있어서 노동력을 포함한 각종 재생산 비용에 대한 자본의 부담을 한층 덜어 주는 한편, 유연한 저임금 노동자층(Foucault가 "언제든지 값싸게 활용 가능한 산업예비군"이라 부른 인구집단)을 적극적으로 확산시키는 데 기여할 수 있다. 더 나아가 기본소득의 현금지급 테크놀로지는 노동소득 감소에 따라 발생할 수 있는 유효수요 부족에 대한 해결책으로도 기능할 수 있으며, 시장을 통한 안전보장을 확대해 시장 영역 자체를 확장시킬 수 있다. 동시에 이러한 '바닥'의 제공이 경제 게임에서 이루어지는 부의 계속된 축적을 도덕적으로 정당화하는 데 도움이 된다면, 혁신 기업가들과 자유시장주의자들이 이를 지지하지 않을 이유를 찾기가 힘들 것이다.

물론 이러한 지적이 모든 기본소득론자가 '천장 없는 바닥'이라는 신자유주의적 사회안전 체계에 동의하며 신자유주의적 전환에 호의적이라는 뜻은 아니다. 특히 좌파 기본소득론자들은 포드주의적 사회안전 체계를 해체한 신자유주의적 전환이 불평등을 심화시키고 빈곤을 심화시킨다는 데 동의하며, 혹자는 오늘날 확산된 불안정 노동자들을 19세기 영국 빅토리아 시대의 도시빈민층을 일컫는 용어였던 '위험한 계급(dangerous class)'에 빗대어 "새로운 위험한 계급"으로 명명하기도 한다(Standing, 2011). 그러나 19세기 산업자본주의하에서의 도시빈민층에 대한 고민이 노동권 및 사회연대의 확대와 사회주의 운동을 거쳐 이후 20세기 포드주의적 사회안전 체계의 성립으로 이어졌다면,[15] 오늘날 기본소득론은 새로운

---

15) 19세기 산업자본주의의 발달에 따라 등장한 도시 빈민의 문제가 어떻게 '사회적인 것' 및 '사회연대'의 문제의식을 형성하고 이후 사회국가의 탄생으로 연결되었는지에 대해서는 다나카 다쿠지(2014), Donzelot(2005), Procacci(2014)를 참고하라.

사회안전 체계의 필요성에는 동의할지언정 과거의 해결책이 다시 한번 반복될 가능성에 극도로 회의적이다(예컨대, Ferguson, 2017; Standing, 2011; Weeks, 2016). 그렇다면 기본소득론은 어떠한 방법으로 신자유주의 조건의 수동적 수용과 '천장 없는 바닥'의 신자유주의 유토피아를 넘어, 적극적인 대안적 사회안전 프로그램, 혹은 더 나아가 새로운 사회연대의 요청으로 기능할 수 있을까? 기본소득이 경제 게임을 보장해 주는 '바닥'으로서의 기능뿐 아니라 불평등의 정도를 제어하고 부의 재분배를 가져오는 '천장'의 역할도 수행하기 위한 조건은 무엇인가?

'소유문제'라는 쟁점과 공유부 기본소득론

이 질문에 답하기 위해, 포드주의적 사회안전 체계의 배치([그림 6-1])로 잠시 돌아가 보자. 흥미로운 것은, 포드주의적 사회안전 체계의 세 요소(고용노동, 정상가족, 사회보험)의 기능부전에 대한 기본소득론 내부의 광범위한 합의에도 불구하고, 이 사회계약의 마지막 한 축이자 이 체계가 보호하고자 했던 최종적 원리인 '소유문제'와 관련해서는 기본소득론 내부의 뚜렷한 합의가 발견되지 않는다는 점이다. 예를 들어, 음의 소득세를 포함한 우파 기본소득론은 기본소득과 소유문제를 최대한 분리시키면서 기존 복지예산의 전환이나 재정적 조정을 통한 기본소득 도입을 논한다면, '물질적 생존이라는 인권'의 차원에서 기본소득을 논하는 공화주의적 관점(Raventós, 2016)이나 '실질적 자유' 개념에 의지하는 자유지상주의적 접근(Parijs & Vanderborght, 2018)은 공유의 문제의식을 부분적으로 언급하기는 하지만, 기본소득을 위해 사적 소유와 부의 불평등을 어떻게 적극적으로 제한해 나갈 것인가의 문제에 대해서는 사실상 침묵한다. 반면에, 좌파적 기본소득론의 일부는 기본소득의 원칙 중 하나로 공유와 공유부(共有富) 배당의 문제의식을 제기하고(금민, 2020; Negri & Hardt, 2014), 일부 기본자산론은 더 나아가 사적 소유의 제한과 공동 소유의 강화를 그 핵심 원리이자 목표로 제시하기도 한다(김종철, 2020).

소유문제를 둘러싼 기본소득론 내의 이러한 입장차는 여럿의 기본소득론 '내부'의 상이한 정치적 지향점을 극적으로 드러낸다. 한편으로는 앞서 언급했듯이 기본소득이 원자화되고 개별화된 시장주의적 상상과 친화성을 가진다는 점을 부정할 수는 없다. 우파 기본소득론에서 좌파 기본소득론까지 기본소득론은 사회연대보다는 시장을, 사회보험이나 도덕적 상호성보다는 현금지급의 테크놀로지를 통한 리스크 관리와 빈곤 해결을 선호한다는 사실을 숨기지 않는다. 그러나 다른 한편으로 기본소득론이 단순히 신자유주의적 사회안전 체계의 일부로 환원되지 않고 새로운 사회연대의 전망과 구심력을 제공할 수 있다면, 그것은 기본소득이 소유문제와 관련해 사회의 공동 소유와 공유부의 문제를 적극적으로 제기하고 쟁점으로 구성해 나갈 가능성을 그 내부에 포함하고 있기 때문이다. 소유문제는 공통의 시대 인식에 기반해 있지만 또한 이질적인 정치색을 가진 다양한 기본소득 간의 차이를 판별하는 일종의 '리트머스 시험지'로 기능하는 것이다(이승철, 2021).

따라서 마지막으로 기본소득의 재원이자 기본소득을 정당화하는 기반으로 공유부 혹은 공유지(commons)를 제시하는 소위 '공유부 기본소득론'의 논의를 간략히 살펴보도록 하자. 사실 기본소득의 정당성을 사회적 부에 대한 공통의 권리에서 찾는 것은 초창기 Paine과 Spence의 아이디어까지 거슬러 올라가는 것이지만, 기존의 기본소득 논의들이 포드주의적 사회안전 체계와의 변별점을 강조하는 방식으로 이루어지면서, 기본소득에 내재한 공유의 문제의식은 탈노동적 관점이나 개별지급의 원리 등에 비해 상대적으로 간과되어 왔다. 공유부 기본소득론에 따르면, 공유부는 자연적으로 주어진 토지, 천연자원, 환경과 같은 '자연적 공유부'와 지식, 문화재, 데이터와 같은 '인공적 공유부'로 구분되며, 이러한 공유부 혹은 공유지는 전체는 아니더라도 일정 부분 사회 구성원 모두의 몫이거나 그 부의 창출에 있어서 사회가 집단적으로 기여한 바가 있기 때문에, 이로부터 얻어지는 수익은 기본소득 배당의 형태로 사회 구성원들에게 돌려주는 것이 정당하다고 말한다(권정임, 곽노완, 강남훈, 2020; 금민, 2020). 예를 들어, 토지의 개간이나 지하자원의 개발을 통한 사적 이익의 추구는 인정한다 하더라도, 토지나 지하자원 그 자체는 사회 구성원 모두의 것이기 때문에 이익의 일부를 모두의 몫으로 돌려주어야 한다는 것이다. 혹자는 이러한 공유부에 대한 권리의 경험적·이론적 근거를 전자본주의 전통사회에서의 공유의 관행에서 찾거나(Standing, 2021; Widlok, 2016), 상호부조론을 주장한 Kropotkin 등의 아나키즘 전통 속에서 재발견하기도 한다(Ferguson, 2017).

더 나아가 공유부 기본소득론에서 공유부는 단순히 기본소득 재원의 일환으로 사고되는 것이 아니라, 기본소득의 다른 원리들을 규정하는 보다 근본적인 가치로 제시되기도 한다.

무조건성, 보편성, 개별성은 기본소득의 종차를 분명히 드러내는 핵

심적 지표로 볼 수 있지만, 이것만으로는 기본소득의 고유한 원천을 드
러내지는 못한다. …… 반면에, 기본소득을 '공통부의 무조건적·보편
적·개별적인 배당'으로 다시 정의한다면, 기본소득의 원천이 무엇인지
가 분명하게 드러난다. 거꾸로 살펴보면, 기본소득의 원천이 공통부라
는 점을 명확히 할 때 무조건적·보편적·개별적 소득이전이라는 특유
의 분배 방식도 원천에 적합한 분배 방식으로서 훨씬 명확하게 이해할
수 있다. 모두의 몫인 공통부를 분배하는 데 어떠한 조건에 따라 대상을
선별하는 것은 정당하지 않기 때문이다. …… 특정인의 성과로 귀속시킬
수 없는 모두의 몫은 모든 사람에게 조건 없이 평등하게 분배되어야 한
다(금민, 2020: 15).

　최근 기본소득을 둘러싼 논의에서는 기본소득을 요구하는 근거
로 개인의 자유나 인권보다는 공유부 혹은 공유지의 존재에 주목
하는 흐름이 점차 눈에 띄고 있다(권정임 외, 2020; 이관형, 2020). 예
를 들어, 초기 저작들에서 불안정 노동과 불평등의 확산에 대한 대
안으로 기본소득을 주창하던 Guy Standing은 최근 저작에서는 기
본소득을 공유지에 대한 권리와 연결시키고, 기본소득을 "노동기
반 복지나 그 필연적 귀결인 '노동연계복지(workfare)'와 구분되는
'공유복지(commonfare)'"로 규정하기도 한다(Standing, 2021: 424).
이러한 경향은 이론적 논의를 넘어 현실운동에도 반영되고 있다.
예를 들어, 2019년 기본소득한국네트워크는 정관을 개정하면서,
공유부의 문제의식을 기본소득 정의에 포함시켰다. "기본소득이라
함은 공유부에 대한 모든 사회 구성원의 권리에 기초한 몫으로서,
모두에게, 무조건적으로, 개별적으로, 정기적으로, 현금으로 지급
되는 소득을 말한다." (이 정의를 앞서 언급한 기본소득지구네트워크의

기본소득 정의와 비교해 보라.) 또한 2020년 2월 경기도 정부가 빅데이터로 얻은 이익의 일부는 그것을 생산한 시민들의 소유라며 '데이터 배당'을 실시한 것 역시 공유부 기본소득의 문제의식을 반영한 것이라 할 수 있다.

이와 같은 공유부의 문제의식을 통해, 기본소득론은 현금지급을 수단으로 하는 일종의 안전 테크놀로지 혹은 유연화된 노동과 가족이라는 조건과 결합된 대안적 안전 체계를 넘어, 하나의 사회연대에 대한 요구로 기능하게 된다. 제한적이나마 공유부라는 쟁점이 단순한 '바닥'의 보장을 넘어 사회 전체의 불평등을 제한하고 부의 재분배를 요청하는 평등과 '천장'의 문제의식을 재도입할 가능성을 제공하기 때문이다.

물론 이제 막 제기되고 있는 공유부 기본소득론이 실제 새로운 사회연대의 요청으로까지 발전하기 위해서는 여전히 많은 질문에 답할 필요가 있다. 무엇보다도 공유부 기본소득론자들도 일정 부분 인정하듯이, 공유부의 문제의식이 기본소득의 아이디어와 직접적·필연적으로 연결되는 것은 아니다. 즉, 공유부에 대한 평등한 권리가 존재한다 하더라도 이것이 기본소득의 형태로 분배되어야 할 필연적인 이유는 존재하지 않으며, 역으로 기본소득이 꼭 공유부 배당의 형태로 실현되어야 할 이유도 없다(금민, 2020: 99-100). 동시에 공유부나 공유지의 범위를 명확히 규정하기 힘들다는 점에서, 공유부의 범위를 어느 정도로 어떠한 원칙에 따라 설정할 것인가라는 중요한 논점 역시 고민되어야 한다. 예를 들어, 한편에서는 공유의 문제의식을 시장의 원활한 작동을 위해 보조적 수단으로 활용하는 시장적·기술적 접근이 존재한다면(예컨대, Posner & Weyl, 2019), 총자본의 50%를 국가 소유 기금으로 관리하고 이 투

자수익을 기본소득으로 배당하자는 James Meade의 '재산소유 민
주주의'(Meade, 2012: 40), 더 나아가 공유부의 사유화를 자본주의
의 핵심적 토대로 파악하고, 공유부 기본소득에 대한 요구를 자본
주의의 지양 및 코뮤니즘의 지향과 연결시키는 마르크스주의적 입
장들도 존재한다(De Angelis, 2019; Negri & Hardt, 2014). 이들은 모
두 공유부의 문제의식에 기반해 있지만, 그 원칙과 범위에 대해서
는 매우 이질적인 관점에 기반해 있다. 이러한 이견(異見)들은 기본
소득론이 공유의 문제의식과 만나는 지점에 여전히 논의되어야 할
다양한 쟁점이 있음을 보여 준다.

　더 나아가 기본소득이 수용하는 신자유주의적 조건들(노동 유연
화와 화폐 및 시장에 대한 의존, 원자화된 개인의 자율성에 대한 강조)이
공유부의 배당이라는 공유부 기본소득론의 정치적 지향과 충돌하
거나 잠재적 긴장관계를 형성하지는 않는가 하는 물음을 던져 볼
필요가 있다. 무엇보다 공유부 혹은 공유지의 문제의식은 그것을
관리하는 공동체의 구성과 구성원 간 '사회적 협력과 호혜관계'를
요구하는 반면(Federici & Caffentzis, 2020), 국가와 개인의 관계를
단순화하고 개별화된 안전보장을 강조하는 기본소득 프로그램에
는 이러한 협력과 호혜적 문제의식이 자리 잡을 공간이 협소하다.
또한 본인의 기여분과 혜택의 양을 일정 부분 분리시켜 제한적이
지만 상호연대의 원리를 구현했던 사회보험 테크놀로지와는 달리,
공유부 기본소득론은 자신의 '정당한 몫'을 화폐로 돌려받는다는
아이디어에 기반한다는 점에서, 의도치 않게 모든 대상에는 소유
자가 있으며 그 소유권을 보장받는 것이 '정당하다'는 "소유권의 표
준적인 자유주의적 모델"을 재생산·강화하는 것으로 귀결될 위험
역시 가진다(Hann, 2005: 11). 마지막으로 '모두의 몫'으로 일컬어지

는 공유부의 기본 아이디어와는 달리, 실제 기본소득의 운영은 국민국가를 비롯한 정치적 공동체의 시민권(거주권)에 기반함으로써 기본소득의 사회계약은 시민권의 경계를 둘러싼 갈등을 증폭시키거나, 더 나아가 공유부의 증대를 위한 정치공동체 간의 시장에서의 경쟁과 자본 축적을 격화시킬 위험마저 존재한다.[16] 이는 공유부 기본소득론이 신자유주의적 조건을 수용한 상황에서 공유부의 문제의식을 발전시키고 새로운 사회연대의 요청으로까지 나아가는 과정이 쉽지 않은 험난한 과정이 될 것임을 예상케 한다.

새로운 '신자유주의 사회연대'의 기획으로

이러한 잠재적 긴장과 모순에도 불구하고 공유부 기본소득론은 신자유주의적 조건 위에서 새로운 사회안전과 사회연대를 추구하는 흥미로운 기획으로 주목할 만한 가치가 있다. 사실 기본소득 혹은 기본자산의 문제의식이 최초로 제기되었던 18세기 말~19세기 초와 오늘날의 자본주의는 한 가지 유사점을 가진다. 임금노동이 안정된 분배의 토대이자 안전보장의 통로로 제대로 기능하지 못하고 있다는 점이다. 앞서 언급했듯이, 산업자본주의가 처음 태동

---

16) 국부펀드와 유사한 형태의 공유부 기금을 조성하고 그 이익을 기본소득으로 배당할 것을 주장하는 Guy Standing은 이러한 위험성을 인식한 것처럼 보인다. "한 가지 우려는 배당의 규모를 늘리기 위해 공유자가 공유자원의 채굴 속도를 높이고 공유지를 고갈시키는 상업화를 지지할 수 있다는 것이다." 그러나 그는 이러한 잠재적 모순에 대해 진지하게 고민하기보다는, 공유자(시민)들이 단기적 시각에 매몰되지 않도록 '생태교육'을 강화하는 것을 그 해결책으로 제시하고 있다(Standing, 2021: 412-413).

하던 18세기 말은 경제적 자유주의에 기반한 생산수단의 사적 소유가 확립되고, 이로 인해 생산수단과 분리된 대량의 도시 빈곤층이 등장한 시기였다. 이후 서구자본주의 사회에서 이러한 '자유주의적 조건'에 저항하고, 수용하고, 수정하려는 사회운동의 시도들이 등장하고 발전해 왔으며, 20세기 중반에 수립된 포드주의적 사회안전 체계는 이러한 다양한 노력 중 한 가지 방향의 정점으로, '자유주의적 조건을 수용한 상태에서' 사회연대를 통해 그 구체적 원리들을 조절·관리하는 체계였다고 볼 수 있을 것이다(Feher, 2018). Castel이 요약하듯이, 이러한 포드주의적 사회안전 체계의 결정적인 기여는, 개개인이 자신의 재산에 기반해 안전보장을 행하던 고전 자본주의의 '안전-재산(security-property)'의 결합을, 고용노동과 사회보험의 연계를 통해 대중노동자들에게 집합적으로 안전보장을 제공하는 '안전-노동(security-work)'의 패러다임으로 대체한 것에서 찾을 수 있다(Castel, 2003: 191-194).

　20세기 말부터 전 세계적으로 진행된 신자유주의로의 전환은, 고용노동의 토대를 침식하고 삶의 불안정성을 심화시키며 사회적 재산을 해체함으로써 무엇보다도 이러한 '안전-노동'의 연결고리를 파괴해 왔다. 동시에 이러한 전환이 '안전-재산'이라는 과거 패러다임으로의 복귀로 귀결되는 것을 막기 위해, 새로운 '신자유주의적 조건'에 저항하고, 수용하고, 수정하려는 다양한 사회운동의 노력도 지속되어 왔다. 이 장이 보여 주었듯이, 기본소득론, 특히 공유부 기본소득론은 이러한 '신자유주의 조건을 수용한 상태에서' 기존의 '안전-노동'의 결합을 '안전-공유'의 패러다임으로 대체하려는 기획이라고 할 수 있다. 다만, 기본소득이 추구하는 '신자유주의적 사회안전' 혹은 '신자유주의적 사회연대'는, 이 용어들이 그 자체로 형용모순처럼 들리는 것만큼이나 현재로서는 명쾌한 해답보다는 더 많은 질문을 제기하는 기획으로 이해되어야 할 것이다. 이 기획이 꿈꾸는 미래의 모습 한편에는 Moyn과 Foucault의 우려처럼 경제 게임의 참가자들에게 최소한의 보호만을 제공하는 '천장 없는 바닥'의 신자유주의의 유토피아가 존재할 것이고, 다른 한편에는 노동이라는 매개 없이 우리의 존재 자체를 공유부에 대한 청구권의 기반으로 삼는 새로운 보편성의 추구와 사회연대의 이상이 자리 잡고 있을 것이다. 이 장은 이렇게 새롭고 모순적인 상상에 기반해 있는 기본소득에 대해 섣불리 찬반을 논하기보다는, 이들의 정치적 포용성이 어떠한 특성에 기반하고, 이들의 이질적인 정치적 지향을 판별할 수 있는 내부 기준은 무엇이며, 그 정치적 지향이 더 분명해지기 위해서는 어떠한 고민들이 필요한지에 대해 검토해 보았다. 이제 막 본격화된 사회운동인 기본소득의 미래는 지금으로서는 열린 가능성으로 남아 있다. 기본소득이 여럿인 만큼이나, 그 미래와 가능성도 여럿인 것이다.

참고문헌

권정임, 곽노완, 강남훈(2020). 분배정의와 기본소득. 경기: 진인진.

금민(2020). 모두의 몫을 모두에게: 지금 바로 기본소득. 서울: 동아시아.

김공회(2020). 기본소득 논의로 보는 국가의 역할. 홍기빈, 김공회, 윤형중, 안병진, 백희원 공저, 기본소득 시대: 생존 이상의 가치를 꿈꾸다(pp. 49-83). 경기: 아르테.

김종철(2020). 기본소득은 틀렸다: 대안은 기본자산제다. 경기: 개마고원.

박기성, 변양규(2017). 안심소득제의 효과. 노동경제논집, 40(3), 57-77.

서정희(2020). 기본소득과 사회보장. 경기연구원 편, 모두의 경제적 자유를 위한 기본소득(pp. 154-175). 서울: 다할미디어.

이관형(2020). 기본소득의 역사와 정당성. 경기연구원 편, 모두의 경제적 자유를 위한 기본소득(pp. 80-99). 서울: 다할미디어.

이승철(2021). '소유문제'라는 리트머스 시험지. 기본소득, 9호.

다나카 다쿠지(2014). 빈곤과 공화국: 사회적 연대의 탄생 [貧困と共和国: 社会的連帯の誕生]. (박해남 역). 경기: 문학동네.

야마모리 도오루(2018). 기본소득이 알려주는 것들: 국민 복지의 뜨거운 화두, '기본소득'에 대한 입문서 [ベーシック・インカム入門: 無条件給付の基本所得を考える]. (은혜 역). 서울: 삼인.

Adkins, L., Cooper, M., & Konings, M. (2020). *The asset economy*. Cambridge, Medford: Polity.

Amstrong, P., Glyn, A., & Harrison, J. (1993). 1945년 이후의 자본주의 [*Capitalism since 1945*]. (김수행 역). 서울: 동아출판사.

Arrighi, G. (2014). 장기 20세기 [*Long twentieth century*]. (백승욱 역). 서울: 그린비.

Atkinson, A. (2015). 불평등을 넘어: 정의를 위해 무엇을 할 것인가 [*Inequality: What can be done*?]. (장경덕 역). 경기: 글항아리.

BIEN (2016). The Report from the General Assembly. https://basicincome.org/news/2016/10/bien-report-general-assembly/ (2021. 8. 21. 접속)

Boyer, R. (2017). 자본주의 정치경제학 [*Économie politique des capitalismes: Théorie de la régulation et des crises*]. (서익진, 서환주 공역). 경기: 한울.

Castel, R. (1996). Work and usefulness to the world. *International Labour Review*, 135(6), 615-622.

Castel, R. (2003). *From manual workers to wage labourers*. New Brunswick, NJ: Transaction Publishers.

Cooper, M. (2018). *Family values*. New York: Zone Books.

Cooper, M. (2020). Risk, insurance, security. In F. Ewald (Ed.), *The birth of solidarity: The history of the French welfare state* (pp. xv-xxvii). Durham: Duke University Press.

De Angelis, M. (2019). 역사의 시작: 가치 투쟁과 전 지구적 자본 [*Beginning of history: Value struggles and global capital*]. (권범철 역). 서울: 갈무리.

Donzelot, J. (2005). 사회보장의 발명: 정치적 열정의 쇠퇴에 대한 시론 [*L'invention du social: essai sur le d'eclin des passions politiques*]. (주형일 역). 서울: 동문선.

Donzelot, J. (2014). 사회의 동원. 푸코 효과: 통치성에 관한 연구 [*Foucault effect: Studies in governmentality*]. (이승철 외 공역). 서울: 난장.

Duménil, G., & Lévy, D. (2006). 자본의 반격: 신자유주의 혁명의 기원 [*Crise et sortie de crise: ordre et désores néolibéraux*]. (이강국, 장시복 공역). 서울: 필맥.

Esping-Andersen, G. (1989). *The three worlds of welfare capitalism*. Cambridge: Polity.

Ewald, F. (2014). 보험과 리스크. 푸코 효과: 통치성에 관한 연구 [*Foucault effect: Studies in governmentality*]. (이승철 외 공역). 서울: 난장.

Ewald, F. (2020). *The birth of solidarity: The history of the French welfare state*. Durham: Duke University Press.

Federici, S., & Caffentzis, G. (2020). 자본주의에 맞선 그리고 넘어선 커먼즈 [*Commons against and beyond capitalism*]. (권범철 역). 문화과학, 101, 173-190.

Feher, M. (2018). *Rated agency: Investee politics in a speculative age*. New York: Zone Books.

Ferguson, J. (2017). 분배정치의 시대: 기본소득과 현금지급이라는 혁명적 실험 [*Give a man a fish: Reflections on the new politics of distribution*]. (조문영 역). 서울: 여문책.

Foucault, M. (2008). *The birth of biopolitics*. New York: Picador.

Fraser, N. (2014). 삼중운동?. 홍기빈 외 공역, 뉴레프트리뷰, 5(pp. 167-188). 서울: 길.

Friedman, M. (1962). *Capitalism and freedom*. Chicago: Chicago University Press.

Garland, D. (2018). 복지 국가란 무엇인가 [*Welfare state: A very short introduction*]. (정일영 역). 서울: 밀알서원.

Hann, C. (2005). Property. In J. Carrier (Ed.), *A handbook of economic anthropology* (pp. 110-124). Cheltenham, UK: Edward Edgar Publishing.

Harvey, D. (1994). 포스트모더니티의 조건 [*Condition of postmodernity*]. (구동회, 박영민 공역). 서울: 한울.

Lavinas, L. (2013). 21st century welfare. *New Left Review, 84,* 4-40.

Meade, J. (2012). *Efficiency, equality and the ownership of property*. London: Routledge.

Moyn, S. (2018). *Not enough: Human rights in an unequal world*. Cambridge: Harvard University Press.

Muehlebach, A., & Shoshan, N. (2012). Introduction: Post-Fordist affect. *Anthropology Quarterly, 85*(2), 317-343.

Negri, A., & Hardt, M. (1996). 디오니소스의 노동 I [*Labor of dionysus*]. (이원영 역). 서울: 갈무리.

Negri, A., & Hardt, M. (2014). 공통체: 자본과 국가 너머의 세상 [*Commonwealth*]. (정남영, 윤영광 공역). 경기: 사월의 책.

Offe, C. (1984). *Contradictions of the modern welfare state*. London: Hutchinson & Co.

Paine, T. (2004[1796]). Agrarian justice. In J. Cunliffe & G. Erreygers

(Eds.), *The origins of universal grants* (pp. 3-16). New York: Palgrave Macmillan.

Parijs, P. V., & Vanderborght, Y. (2018). 21세기 기본소득: 자유로운 사회, 합리적인 경제를 향한 거대한 전환 [*Basic income: A radical proposal for a free society and a sane economy*]. (홍기빈 역). 서울: 흐름출판.

Pedersen, S. (1993). *Family, dependence, and the origins of the welfare state*. New York: Cambridge University Press.

Posner, E. A., & Weyl, E. G. (2019). 래디컬 마켓: 공정한 사회를 위한 근본적 개혁 [*Radical markets: Uprooting capitalism and democracy for a just society*]. (박기영 역). 서울: 부키.

Procacci, G. (2014). 사회경제학과 빈곤의 통치. 푸코 효과: 통치성에 관한 연구 [*Foucault effect: Studies in governmentality*]. (이승철 외 공역). 서울: 난장.

Raventós, D. (2016). 기본소득이란 무엇인가: 기본소득은 처음으로 모두에게 자유로울 기회를 줄 것이다 [*Derecho a la existencia: la propuesta del Subsidio Universal Garantizado*]. (이한주, 이재명 공역). 서울: 책담.

Rhys-Williams, J. (2004[1943]). Something to look forward to: A suggestion for a new social contract. In J. Cunliffe & G. Erreygers (Eds.), *The origins of universal grants* (pp. 161-169). New York: Palgrave Macmillan.

Sloman, P. (2016). Beveridge's rival: Juliet Rhys-Williams and the campaign for basic income, 1942-55. *Contemporary British History, 30*(2), 203-223.

Sloman, P. (2018). Universal basic income in British politics, 1918-2018: From a 'vagabond's wage' to a global debate. *Journal of Social Policy, 47*(3), 625-642.

Spence, T. (2004[1797]). The rights of infants. In J. Cunliffe & G. Erreygers (Eds.), *The origins of universal grants* (pp. 81-91). New

York: Palgrave Macmillan.

Standing, G. (2011). *The Precariat: The new dangerous class.* London: Bloomsbury.

Standing, G. (2021). 공유지의 약탈: 새로운 공유 시대를 위한 선언 [*Plunder of the commons: A manifesto for sharing public wealth*]. (안효상 역). 경기: 창비.

Steensland, B. (2008). *The failed welfare revolution: America's struggle over guaranteed income policy.* Princeton, NJ: Princeton Univ. Press.

Weeks, K. (2016). 우리는 왜 이렇게 오래, 열심히 일하는가?: 페미니즘, 마르크스주의, 반노동의 정치, 그리고 탈노동의 상상 [*Problem with work: Feminism, Marxism, antiwork politics, and postwork imaginaries*]. (제현주 역). 경기: 동녘.

Widlok, T. (2016). *Anthropology and the economy of sharing.* London: Routledge.

Zamora, D. (2017). The case against a basic income. Jacobin (12. 28. 2017.), https://www.jacobinmag.com/2017/12/universal-basic-income-inequality-work (Accessed 2022. 5. 23.)

Zoll, R. (2008). 오늘날 연대란 무엇인가: 연대의 역사적 기원, 변천 그리고 전망 [*Was ist Solidarität heute*?]. (최성환 역). 경기: 한울.

07

국토에 대한 권리로서
보편적 기본서비스와 공간정의

김용창(서울대학교 지리학과 교수)

불평등과 세습의 시대,
복지에 대한 사고의 전환

오늘날 자본주의 발전은 몇 가지 측면에서 우리의 일상적인 삶을 매우 불안정하게 만들고 있다. 그 때문에 보편적 기본소득을 비롯하여 다양한 복지 정책 논의가 최근 큰 관심을 받고 있다. 삶의 불안정이 경기순환에 따른 일시적 현상이 아니고, 자본주의 발전 성격 자체가 변하는 구조적 전환에서 온다고 보기 때문에 복지 정책 또한 근본적 전환을 꾀하게 된다. 우리나라에서도 Piketty의『21세기 자본(Capital au XXle siècle)』출판과 더불어 불평등 문제가 크게 주목을 받는 중이다. 지난 40여 년 동안 신자유주의 경제 정책을 추진한 결과, 부동산, 주식과 같은 자산시장의 급성장, 자산 기반 불로소득의 증가와 불평등의 심화는 자본주의의 지속 가능성을 침해할 정도로 위협적으로 되었다. 이러한 불로소득과 불로소득 향유 계층의 강력한 귀환이 자본주의 사회경제의 새로운 핵심을 이루는 상황을 일컬어 불로소득 자본주의(rentier capitalism)라 부른다.

이러한 변화에서 가장 두드러진 것은 사회경제적 불평등이 날로 심해짐에 따라 기본적인 생활수단과 조건 역시 불안정해진다는 것이다. 이처럼 자본주의 경제 성격의 변화와 불확실성의 증가는 전통적인 사회경제 개념에 기초한 통상적인 정책 수단에 대해 재검토를 요구한다. 생활에 필요한 수단과 기회의 불평등 및 세습자본주의 성격 심화에서 유래하는 기회의 차이, 결과의 차이를 최대한 줄이기 위한 사회질서의 선택, 즉 공정과 정의(justice)가 중요한 쟁점으로 부각된다.

자본주의적 역동성은 날로 떨어지고 불평등과 세습은 거꾸로 심화되는 시점에서 어떠한 경로를 선택할 것인가에 대한 갈림길이 우리 앞에 있다. Daron Acemoglu는 결정적 분기점(critical juncture)에서 포용적 제도를 채택하느냐 착취적 제도를 채택하느냐에 따라 국가의 발전 정도가 달라진다고 말한다. 나아가 기성의 기득권 집단은 자본주의 장점이라고 하는 창조적 파괴로부터 잃을 것이 많다고 판단할 때, 새로운 혁신의 도입을 주저하는 것에 머물지 않고, 혁신을 중단시키기 위해 강력한 장벽을 쌓는다고 말한다(Acemoglu & Robinson, 2012). 불평등과 세습을 극복하고 역동적 발전을 이끌 수 있는 대안적 복지 체제의 도입 역시 그만큼 많은 논란과 저항이 있게 된다.

기본소득을 비롯한 다양한 복지체제 논의가 생활의 불안정과 불평등의 세습을 극복하는 정책 대안 마련에 커다란 기여를 하고 있다. 그러나 놓치고 있는 중요한 점이 하나 있다. 바로 기본 생활조건 및 기회의 균등에서 지리적 공간의 차별을 극복해야 진정한 공정과 정의가 달성될 수 있다는 것이다. 특히 같은 시대를 사는 인간으로서 그 시대에 기본적인 문명 수준의 삶을 누리는 데 필요한 기본기능이 충족되어야 한다. 그리고 그 기능을 충족시키고자 하는 경우에는 '살고 있는 장소'에 따른 차별이 없어야 진정한 공정과 정의가 달성되는 것이다. 이러한 기능을 일컬어 사회지리학에서는 '인간존재기본기능'이라고 한다.

이 시점에서 기본 생활조건 보장시스템의 근본적 개혁이 필요하다. 지리적 장소와 위치에 따른 차별이 없도록 기본기능을 충족하는 공간정의(spatial justice)가 중요한 불평등 정책 대안이 되어야 한다. 보편적 기본소득 역시 이러한 관점을 충족시킬 때에만 의미 있

는 정책 대안이 될 것이다. 이 장에서는 인간존재에 필요한 기본서
비스를 실질적이고 보편적으로 구현할 수 있는 공간적 복지시스템
실현이라는 관점에서 최근의 보편적 기본소득, 보편적 기본서비스
접근을 포함한 대안적 복지체제 논의를 검토하고자 한다.

인권으로서 기본생활보장

앞서 말한 것처럼 오늘날 사회경제적 불평등이 깊어지는 것을
넘어 세습자본주의 성격이 강화되면서 자본주의 본질이 퇴색하는
것은 물론, 점차 부패하고 타락한 형태로 변질되고 있다는 비판이
거세지고 있다. 창조적 기업가 정신은 사라지고, 새로운 생산보다
는 이미 창출된 상품과 가치를 놓고 재산권 가격 변동을 바탕으로
하는 불로소득 추구 지향의 약탈적 성격과 그에 따른 기회의 불평
등이 커지고 있다는 것이다(Sayer, 2020; Standing, 2019b).

생활 기회의 불평등과 관련하여 우리나라 「헌법」은 일상적 삶에
필요한 기본적인 자원과 기회를 보장받아야 한다는 것, 그것도 단
순한 추상적 선언이 아니라 구체적인 국토 생활공간 차원에서 보
장받아야 한다는 것을 생각보다 많이 규정하고 있다. 이러한 정신
은 「제헌헌법」에서부터 이어져 오고 있다. 우리나라 「헌법」은 「제헌
헌법」 이래 경제에 관한 장을 독립적으로 두고 있다. 이러한 헌법
편제는 오늘날 자유민주주의 헌법 체계에서는 보기 드문 예이며,
독일 「바이마르헌법」의 규정을 본받아 지금까지 헌법에서 경제 질
서에 대한 기본 원칙으로 규정하여 왔다. 경제체제와 관련하여 「제
헌헌법」 제84조 규정을 보면, "대한민국의 경제 질서는 모든 국민

에게 생활의 기본적 수요를 충족할 수 있게 하는 사회정의의 실현과 균형 있는 국민경제의 발전을 기함을 기본으로 삼는다. 각인의 경제상 자유는 이 한계 내에서 보장된다."라고 하였다. 우리나라 경제 질서의 기본 원칙으로서 기본수요 충족, 사회정의 실현, 균형 발전, 경제 자유의 한계 등을 천명함으로써 자유방임적 경제체제가 아니라는 것을 명확히 하였다(김용창, 2021).

지금 「헌법」에서는 "정치·경제·사회·문화의 모든 영역에 있어서 각인의 기회를 균등히 하고, 능력을 최고도로 발휘하게 하며, …… 국민생활의 균등한 향상을 기하고"라고 전문에 기술하고 있어, '기회균등'은 우리 사회경제 체제 최상의 가치임을 명시하고 있다. 이러한 기회 균등을 국토 공간에서 구체적으로 구현하기 위해 거주·이전의 자유(제14조) 및 주거공간의 사생활 보호(제16조), 재산권 보장과 재산권 행사의 공공복리 적합성(제23조), 쾌적한 환경에서 생활할 권리와 환경권, 쾌적한 주거생활 보호(제35조), 자유와 권리의 본질적인 내용을 침해받지 않을 권리(제37조), 경제상의 자유와 창의 존중과 더불어 시장의 지배와 경제력의 남용 방지(제119조), 국토와 자원의 보호와 균형개발·이용(제120조), 경자유전 원칙과 소작제도 금지(제121조), 국민 모두의 생산 및 생활 기반이 되는 국토의 효율적이고 균형 있는 이용·개발과 보전(제122조), 농업 보호·육성과 농어촌개발(제123조)을 모두 「헌법」으로 규정하고 있다.

이러한 「헌법」의 규정이 실제 현실에서 잘 구현되고 있다고는 볼 수 없고, 때로는 정권에 따라 이러한 「헌법」 규정과 가치가 무시되고 있다. 그러나 일상적 생활에 필요한 기본 서비스와 기회 균등은 모든 국민이 누려야 할 가치라는 것이 명확하게 확립되어 있는 것이다. 이를 좀 더 일반화하여 말하자면, 공간정의와 공간 민주주의를 구현하기 위해 생활 기회를 보편적으로 보장하는 것은 하나의 인간적 기본권이라고 우리 「헌법」이 선언하고 있는 것이다.

이러한 생활 기회 보장에 대한 기본권적 인식은 일찍이 UN 「세계 인권선언」 제25조 제1항에서 다음과 같이 규정한 바 있다. "모든 사람은 식량, 의복, 주거, 의료, 필수적인 사회서비스를 포함하여 자신과 가족의 건강과 안녕에 적합한 생활수준을 누릴 권리를 가지며, 실업, 질병, 불구, 배우자와의 사별, 노령, 기타 자신이 통제할 수 없는 상황의 생계 곤란과 같은 경우에 사회보장의 권리를 갖는다."

기본생활서비스의 보장을 기본 인권으로 간주하는 UN의 접근은 이후에도 더욱 구체화되었다. 1986년 「발전의 권리에 대한 선언」에서는 UN 자유권과 사회권 규약의 규정들을 강조하면서 발전권(right to development)을 양도할 수 없는 인권으로 보았다. 발전을 위한 기회 균등이 모두의 특권임을 천명하면서 주거를 포함한 기본적 자원들에 대한 접근에서 기회 균등을 보장해야 한다고 제시하였다. 그리고 1997년 개혁 프로그램을 통해 UN의 모든 시스템에서 인권 기준과 준칙을 반영할 것을 요구하는 인권기반접근(Human Rights-Based Approach: HRBA)을 선언하였다. 이 접근은 개발 정책과 프로그램 실행 및 평가 등 모든 행위의 전 과정에 걸쳐 인권적 준칙을 지키는 것이며, 핵심 실천기준은 참여, 책무, 비차별, 역량 강화, 인권 규범 준수이다.

기본 생활에 대한 인권론적 접근에도 불구하고 인권의 실질적 구현 과정에서 자본주의적 재산권 체계는 여전히 모순적 위치에 있다. 재산권이 자산 기반 불평등 심화의 근본 원인인 동시에, 연금 수급권처럼 기본 생활을 확고하게 실질적으로 보장할 수 있는 것 또한 재산권 체계이기 때문이다. 근대 재산권 사상의 탄생에서부터 주류 정치학·법철학, 재산권 경제학에 이르기까지 재산권, 특히 사유재산권은 개인의 자유와 독립(해방)의 물적 토대로 여겨졌다. 사유재산제도가 개인에게 프라이버시와 자율성 기반을 제공하며, 자유로운 삶을 사는 데 필요한 자원에 접근할 기회와 선택권을 제공한다는 것에 이의를 제기하지 않는다. 우리나라 헌법재판소도 재산권이 기본권의 주체로서 국민 각자가 인간다운 생활을 자기책임 아래에 자주적으로 형성하는 데 필요한 경제적 조건을 보장해 주는 기능을 한다고 인정한다. 이처럼 근대 '개인'의 자유와 독립을 이루는 데 밑바탕이자 근대 자본주의 출발의 핵심이 토지재산권과 사적 소유권이었다. 그러나 오늘날 자산 기반 불로소득 경제 성격이나 세습자본주의 성격의 심화를 보면서 자유와 인격을 갖춘 '독립개인형성'의 토대였던 사적 소유는 이제 빈부격차와 불평등의 토대로 바뀌었다. 개인 독립 기반은 더욱 훼손되면서 해방과 진보의 수단에서 억압의 물적 토대로 변한 것이다(김용창, 2019).

지구적 현상으로 전개되고 있는 금융위기와 부동산 투기는 타인의 주거생활과 거주 조건을 악화시키는 것을 넘어서 부동산 가격의 불균등한 상승을 바탕으로 타인의 부를 상대적으로 재편한다. 이러한 효과 때문에 재산권과 배타적 사적 소유권이 합법을 가장하여 사실상 타인 재산을 강탈·착취하는 매개체로 작동하고 있다. 그래서 공용수용의 남용을 용인하는 현대의 도시개발과 도시재생 사업들은 가난한 사람의 재산을 빼앗아 부자에게 돌려주는 '뒤집어진 로빈훗'으로 기능한다는 비판을 받는다(김용창, 2019; Harvey, 2005).

도시에 대한 권리의 보장과 일상공간의 혁명, 그리고 공간정의 추구

  이처럼 전통적인 자본주의적 사적 소유권이 해방과 진보의 성격을 급격하게 상실하고 있다면, 우리는 지금 시대에 걸맞은 수준의 문명적 삶에 필요한 기본적인 생활을 모두에게 보장할 수 있는 새로운 시스템을 구상해야 한다. Acemoglu의 말처럼 결정적 분기점에 서 있다. 자본주의적 재산권 체계는 기본생활서비스에 대한 접근성에서 차별과 불평등을 심화하는 치명적 결함을 드러내고 있다. 생존적 기본권으로서 재산권 보장체계로 전환해야 하며, 공통사용(common use) 대상에서 '배제당하지 않을 권리'를 포함하는 권리 개념으로 전환해야 한다. 나아가 단순한 소득보장이나 서비스 제공 차원이 아니라 실제 삶이 이루어지는 구체적인 생활공간 관점에서 인권과 재산권 기반 접근을 모두 포괄하는 방법으로 기본생활을 보장해야 한다. 사람은 공중이나 허공에서 삶을 영위하는 것이 아니기 때문이다.

  도시·국토에 대한 권리(le droit a la ville: the right to the city) 접근이 공간적 관점의 정의와 공정을 구현하는 데 토대가 될 수 있다. 이 접근은 저명한 마르크스주의 철학자이면서 일상생활 비판으로 잘 알려진 Henry Lefebvre에게서 기원을 찾을 수 있다. Lefebvre는 이 개념을 1968년에 처음 제시하였으며, 그해 프랑스 전역을 휩쓴 시위에서 널리 사용된 인기 구호 중 하나였다. 이후에도 세계 여러 도시에서 발생한 도시사회운동의 지향점이 되었다. 도시에 대한 권리는 자본이 지배하는 도시를 그곳에 살고 있는 사람을 위한 도

시로 변혁시켜야 한다는 그의 생각을 집약한 핵심 개념이다. 도시
에 대한 권리의 확보는 현대적 시민으로서 온전히 존재하기 위한
기본 조건이자 품위 있는 도시적 삶에 접근·참여할 수 있는 보편
적 권리로 확립하려는 노력을 말한다(강현수, 2010; 김용창, 강현수,
2018).

이후 도시에 대한 권리 개념과 접근은 더욱 정의롭고 평등한 도
시생활을 구현하기 위한 전략이나 도시계획, 도시행정 집행에서
중요한 실천 수단으로 큰 관심을 끌게 되었다. 학문적으로도 Soja,
Harvey, Friedman 등 지리학자와 도시계획학자들의 논의를 거쳐
대안적 도시발전 모델을 설계하고 실현하는 데 중요한 위치를 차
지하고 있다.

아울러 국제기구 차원에서도 이 개념이 채택되었다. 2005년부터
UN 산하 기관인 유네스코와 UN 해비타트(UN-HABITAT)가 공동으
로 도시에 대한 권리 개념에 입각한 도시 정책들을 소개·보급하
는 프로젝트에 착수하였다. 2016년 10월 에콰도르 키토에서 개최
된 '주거 및 지속 가능 도시발전에 관한 유엔회의'(해비타트 Ⅲ)에서
채택한 '새로운 도시의제(New Urban Agenda)'의 핵심 개념이자 기
조로 자리하였다. 이 의제에서 도시와 인간 거주공간의 평등한 이
용과 향유를 의미하는 '모두를 위한 도시(city for all)' 비전을 공유
한다고 선언함으로써 도시에 대한 권리가 구현되는 도시와 거주공
간 실현을 목표로 제시하였다. 새로운 도시의제의 근간을 이룬 도
시에 대한 권리는 ① 토지와 도시공간의 상품화에 대한 통제를 포
함하는 자원배분에서 공간정의, ② 의사결정에서 시민참여, ③ 사
회·경제·문화적 다양성 존중이라는 원칙으로 구성하였다(박세
훈, 2016).

이제 전통적인 복지 정책이나 개발모델을 넘어서는 보다 본질적인 대책은 이 시대가 요구하는 수준의 문명적 삶에 균등하게 접근하기 위한 기본적 권리를 공간적 차원이 결합된 보편적 권리로 설정하는 것이다. 그래야 비로소 모든 인간이 차별받지 않고 기본생활공간에 대한 접근권을 보장받게 되는 새로운 시대로 전환하는 것이다. 이러한 공간적 원칙을 구현하는 것을 곧 공간정의(spatial justice)라고 할 수 있을 것이다. 정의를 공간적으로 이해한다는 것은 정의에 대한 기존의 이론적 사유양식을 재구성하는 것을 의미한다. Soja(2010)는 공간정의에 대해 하나의 이론적 개념이자 정치적 행동주의를 위한 경험적 분석범주이며 실천의 전략적 수단으로 간주한다. 우리가 살고 있는 정의롭지 못한 지리적 공간들을 새롭게 이해하고 변화시키기 위한 개념이자 실천수단으로 공간정의를 바라보는 것이다. 이처럼 공간정의는 도시에 대한 권리 개념에 입각하여 그 권리를 구현할 수 있는 도시 의사결정을 검증하기 위한 전략적 수단이라는 것이고, 이러한 의사결정이 도시공간에 미치는 차별적 영향을 개혁한다는 것이다. 도시에 대한 권리는 저항운동에서 상이한 이해관계들을 결합·집중시키고, 자원, 서비스 및 접근성에 대해 지리적으로 형평성 있는 배분을 실현할 목적으로 정치적 쟁점과 사회적 투쟁을 공간화하기 위한 도구라고 보는 것이다(Pavoni, 2010; Soja, 2010). 이처럼 도시에 대한 권리를 실현하기 위한 공간정의는 공간생산과정, 보다 구체적으로는 엘리트 전문가주의를 넘어 도시계획과정의 민주화(democratizing the urban planning)를 실현한다는 것을 의미한다.

한 사회와 나라가 발전한다는 것은 경제뿐만 아니라 가정을 포함한 모든 영역에서 자본주의적 관계가 폭넓게 재생산된다는 것을 의미한다. 이러한 자본주의적 관계의 확산 과정에 대해 여러 학자가 자본의 지속적 집중과 집적(Marx), 인구의 급속한 증가와 집중(Malthus), 국가의 성장과 생활 구석구석으로 국가 관료제의 침투(Weber), 급속한 시공간 수렴과 확산(Harvey) 등의 개념으로 포착하였다(Thrift, 1983).

도시에 대한 권리와 공간정의 관점이 새삼 주목을 받는 이유는 그동안의 이러한 자본주의 관계의 발전에도 불구하고 일상공간의 진부함과 생활공간의 식민화 · 상품화가 더욱 심화되고 있기 때문이다. 우리의 일상생활을 바라보면, 사소함, 두드러지지 못함, 항상 그저 그런 것 같은 생활의 반복, 이윤 추구 중심의 상품적 관계의 증가로 특징지어진다. 전반적인 물질적 풍요에도 불구하고 구체적인 일상생활 공간 측면에서 볼 때, 진보와 해방 가능성에 대한 의구심이 커진 것이다. Lefebvre는 일상에 대한 이러한 통념을 깨고 타성과 활력으로서 일상생활의 이중성을 주목한다. 그에게 일상생활은 비참과 소외가 드러나는 것인 동시에 실천의 실질적 중심이다. Lefebvre가 강조하는 것은 진정한 해방이란 바로 일상생활 공간의 혁명을 요구한다는 것이다. 기성의 '국가사회주의'가 몰락한 것은 바로 일상생활 공간의 실질적 변혁을 수반한 공간혁명을 낳지 못했기 때문이라고 간주한다(김용창, 1995; Lefebvre, 2011: 108-109).

그렇다면 공간정의를 구체적으로 실천한다는 관점에서 도시에 대한 권리는 어떠한 요소들을 주목해야 할 것인가? Lefebvre는 다음과 같이 핵심 요소를 제시한다. 이러한 요소들은 현대 도시 · 국토공간에서 기본 생활 보장을 위한 권리인 동시에 주체적으로 그러한 공간을 창출하는 적극적 자유를 실천하기 위한 전략으로서도

유용하다. Lefebvre가 말하는 도시에 대한 권리는 ① 작품(oeuvre)
으로서 도시와 작품에 대한 권리, ② 전유의 권리, ③ 참여의 권리,
④ 차이에 대한 권리와 정보에 대한 권리, ⑤ 도시거주자의 권리와
도시 중심부에 대한 권리로 구성되어 있다(김용창, 강현수, 2018). 이
제 우리는 이러한 권리 구성 전략을 바탕으로 신자유주의 경쟁도
시화를 지양하고, 일상공간의 혁명적 변화나 해방을 꾀하는 것이
필요하다. 도시에 대한 권리 접근에 입각하여 기본 생활자원에 대
한 보편적 기본서비스 수급권을 기본 권리로 간주하는 공간정의가
대안적 접근이 될 수 있다.

일상생활의 기회 균등을 위한
다양한 복지급여 유형

그동안 자본주의 발전과 신자유주의 정책에 따른 문제점들을 치
유하기 위해 다양한 사회경제 정책과 복지제도 개혁이 이루어졌으
나, 불평등의 심화에서 보듯이 우리가 바라는 균형 잡힌 사회로 나
아가는 데는 완전히 실패했다. 기본임금 또는 최저임금 제도는 기
본 생활수준을 제공하고자 했으나 우리가 알다시피 여러 가지 면
에서 목적 달성에 실패했으며, 기초적인 일상적 생활서비스를 제
공받지 못하는 빈곤층 역시 계속 늘어나고 있다. 따라서 완전히 새
로운 정책철학에 기초하여 새로운 도전을 향해 나아갈 필요가 있
다(Institute of Global Prosperity, 2017).

오늘날 불로소득 자본주의에 따른 사회경제적 불평등 심화, 기
후 변화와 4차 산업혁명의 빠른 전개는 '불평등의 극복'과 더불어

'공정한 전환' 문제를 제기하고 있다. 오늘날 세계가 직면하고 있는 양대 핵심 문제에 대처하기 위한 다양한 급진적 전략이 제출되고 있다. 크게 보자면, 불평등 극복과 공정한 전환을 위해 무엇을 보장할 것인가와 어떠한 방식으로 전달할 것인가로 구분할 수 있다. 먼저 보장 대상의 관점에서 보자면, 대표적인 대안적 복지수단으로 논의되고 있는 것으로는 기본소득(basic income)을 비롯하여 음의 소득세(negative income tax), 기초자산(stakeholder grant), 보편적 기본서비스(universal basic service), 참여소득(participation income), 일자리 보장(job guarantee) 등이 있다(유영성, 정원호, 서정희, 마주영, 2021). 복지자원 전달체계의 관점에서 보자면 현금급여와 현물급여, 바우처 형태로 구분할 수 있고, 전면적 시행의 관점에서 보자면 보편적 기본소득(universal basic income), 보편적 기본서비스(universal basic services), 보편적 기본 바우처(universal basic vouchers) 범주로 구분할 수 있다(Bohnenberger, 2020).

보편적 기본소득, 음의 소득세 등 보장 대상과 관련해서는 비교적 국내에서 많은 논의가 있기 때문에 여기에서는 복지자원의 전달체계를 주로 살펴본다. 생태적 지속 가능성과 공정한 전환 관점에서 복지자원의 전달체계를 구분한 Katharina Bohnenberger의 논의가 유용하다. 그녀는 인간적 삶에 필요한 기초수요(basic human needs) 충족, 사회적 포용, 생태적 한계의 고려, 고유의 생활양식을 결정할 자유, 경제적 실현 가능성 및 경제성장으로부터 복지의 독립성, 전환적 유인책을 기준으로 다양한 복지급여(welfare benefits)를 구분하고 있다. 이 기준에 따라 복지급여를 보편적 기본소득, 보편적 기본바우처, 보편적 기본서비스라는 3대 범주로 나누고, 수급자의 차이, 전달하려는 재화와 서비스의 차이에 따라 아홉 가지 유형으로 세분하고 있다(이하 내용은 Bohnenberger, 2020).

　먼저, 보편적 기본소득 범주는 대표적인 현금급여 유형으로서 논자에 따라 다양한 기본소득 모델이 제시되었지만 기본적으로는 모두에게 실질적 자유를 보장하기 위한 물질적 수단을 기본소득으로 본다. 이 범주에는 무조건부 기본소득(unconditional basic income)과 전환소득(transition income)이 속한다. 무조건부 기본소득은 우리에게 잘 알려진 보편적 기본소득 유형으로서 자산심사나 노동에 대한 요구 없이 모두에게 무조건 지급되는 현금, 범용화폐로서 지급 소득의 활용에서 완전한 자율성이 주어진다. 전환소득은 특정한 상황, 조건, 행동에 따라 특정 집단의 사람들에게 제공되는 현금이다. 이는 사회에 대해 의미 있는 '기여'가 있는 경우에만 제공되는 것으로서 보편적 참여소득과 유사하다. 생태적 기여와 연계하는 경우 녹색조건부 기본소득(생태기본소득)으로도 확장될 수 있다.

　보편적 기본바우처는 현금급여와 현물급여 사이 중간 형태에 속하는 범주이다. 이 범주는 그동안 지속 가능한 복지연구 분야에서 적극적으로 검토되지 않던 범주이지만 일찍이 Adam Smith가 『국부론』에서 교육 바우처를 제시했었고, 오늘날에도 주거 바우처, 점심 바우처, 스포츠 바우처 등의 사례처럼 매우 다양하게 활용되고 있는 복지전달수단이다. 재화와 서비스, 대상 집단에 따라 네 개 유형으로 세분할 수 있다. 먼저, 전환바우처(shift vouchers)는 환경 친화적인 행동이나 소비 촉진처럼 특정 목적으로 재화와 서비스 이용을 전환시키는 데 중점을 두고 발행하며, 비현금 복지수단을 제공한다. 국가통화로도 표시될 수 있어서 특정 목적 재화나 서비스에 대한 보조금 형식을 띨 수도 있다. 준화폐바우처(quasi-currency vouchers)는 희소자원의 사용을 억제하고 배분을 관리하기 위해 수급자에게 할당된 권리이다. 공유자원을 효과적으로 관리하는 데 유용한 수단이다. 전환바우처와 달리 국가 통화로 표시되지 않고 목적 달성에 필요한 고유의 통화(특수목적 화폐)로 표시된다. 기초수요(욕구)충족 바우처(needs vouchers)는 정책 변화에 따라 부정적인 영향을 받는 사람들에게 제공한다. 특정 가격으로 기본 재화와 서비스에 대한 접근을 보장하여 이들의 기초수요를 충분하게 만족시키는 것이 목적이다. 전환바우처 성격을 가미하여 환경세의 역진 효과 방지나 기후 관련 위험에 취약한 사람들을 돕는 방식으로 생태적 사회복지 향상을 위해 도입할 수 있다. 공유재기반혁신바우처(commons-innovation vouchers)는 전환적 혁신을 유도하기 위해 발행된다. 특정한 재화와 서비스에 대한 수요를 촉진하지만 전환바우처와 달리 공유재(commons) 기반으로 재화와 서비스를 제공하는 새로운 혁신적 제도(기구)를 창출하는 것이 목적이다. 공유재 공급·관리 시스템 구축을 바탕으로 지역사회 기반 협력사업 증진, 협동적 주거서비스 제공, 시간은행 활용, 유기농산물 보급, 교통취약지역 개선 등의 목적으로 도입한다.

보편적 기본서비스 범주는 대표적인 현물급여 형태로, 세 개 유형으로 구분된다. 보편적 기본서비스는 지불 능력과 상관없이 기초수요(basic needs)를 충족시키기 위해 무상으로 동일한 원칙에 입각하여 필요한 서비스에 대한 접근 권리를 모두에게 부여한다. 무상국가서비스(state services)는 무상의 자유이용 형태로 서비스를 제공하는 공공서비스 방식이다. 보건의료, 교육, 어린이 돌봄 서비스 등이 가장 전형적인 유형으로, 북유럽 복지국가에서 발달한 모델이다. 개인 취향이 중요하지 않고 품질이 객관적인 재화와 서비스에 가장 적합하다. 무상소비재(free consumption goods)는 모든 사람 또는 특정 집단에게 무료로 제공되는 재화이다. 무상급식, 무료인터넷, 노인식사배달서비스 등이 대표적이다. 수급자의 시장의 존도를 줄여서 적극적 자유 증진에 기여할 수 있다. 마지막으로 공공하부구조(public infrastructures)는 공원, 광장, 지역공동체 공간, 정보 등의 사례처럼 고전적인 공공재이며, 사람들의 기초수요를 충족시키는 데 필수적인 자원이다. 잘 설계된 공공하부구조는 사회적 포용에 기여한다.

이상에서 알 수 있듯이, 불평등 심화와 4차 산업혁명, 기후 변화 위기라는 불확실성 증가 시대에서 인간적 삶의 개선을 위한 복지 수단으로 고려되는 대안들은 아주 다양하다. 기본 생활자원의 충족, 의사결정의 자유, 생태적 지속 가능성, 사회통합성 등 각 대안에 대한 평가 기준에 따라 장단점이 다르다. 따라서 특정한 방법이 현저하게 우월한 것은 없기 때문에 특정 대안을 배타적으로 선호할 이유도 없고, 국가나 지역 및 문화적 관습을 고려하여 유연하게 적용하거나 여러 수단을 결합하여 사용하는 것이 효과적이다. 〈표 7-1〉은 지속 가능성을 고려하여 다양한 복지수단의 특징을 정리하고 비교한 것이다.

표 7-1 지속 가능성을 고려한 다양한 복지수단 유형과 비교

복지급여 유형		기초수요 보장과 충족	사회적 포용 지원	생태적 한계의 존중(고려)	고유생활양식 결정의 자유	경제적 실현 가능성 및 복지 독립성	전환적 인센티브
보편적 기본소득	무조건부 기본소득	+ 새로운 기초수요 충족지원금 포함, 상이한 정도의 기초수요 충족수단 − 가격 변동, 비선 기초수요	+ 시장참여 촉진, 돌봄과 공동체 작업 촉진 − 결함(혐의)조장, 형성 저해, 소득과 자산 불평등 존속	+ 작업 관련 비용 감소, 시간 효율 성 중심 소비 감소, 자원집약적 소비 감소 − 높은 탄소비용 (소비), 소득효과를 통한 과소비	+ 노동시간 감소와 공유 가능, 시장 자율성, 다양한 생활양식 실험 가능	+ 탈성장 생활양식에 기여 − 비싼 생활비용	+ 작업보조금, 탈생산주의적 생활양식 − 시장 중심 배분 체계 존속
	전환소득	+ 기후 관련 위험 방지 보장 체제의 일환 − 기초수요 충족이 중심 목적이 아님	+ 일자리 보장과 포용적 작업장 − 특정 집단을 배제하는 녹색규정	+ 기후 변화 과업 기금으로 기능, 지속 가능한 작업 지원	+ 지속 가능하지 않은 부문 제외 가능성 − 녹색행동규정	(환경과 전환소득 유형에 따라 장단점이 달라짐)	+ 외부적 혁신 과정 촉진

보편적 기본바우처						
전환바우처	+ 부수적 이익으로서 탄소 교화 배출규제 목을 통한 빈곤극복 - 기초수요 충족이 중심 목적이 아님	+ 모든 대상 수급가구를 위한 재화와 서비스 정보 제공, 생산성이 다소 낮은 마주여경제로 전환과 실업 감소 효과 - 사회집단별 상이한 수혜비율	+ 사저적 탄소 배출과 교화탄소 배출을 목표 대상으로 삼음, 지속가능한 생활양식을 촉진하는 - 화폐적 편익 비화폐적 편의 (자유시간 등), 자원 절감과 시간활용 촉진	+ 자유 증가와 지속가능한 생활양식의 동시적 장점 가능성 - 빈곤억제 보장이 없는 생활양식 전환 유도가능	(환경과 전환바우처 유형에 따라 장단점이 달라짐)	+ 다양한 인센티브 구조, 새로운 선택사항에 대한 정보
준화폐바우처	+ 저소득 집단에 대한 재화 접근 보장, 화폐교화성 보장의 경우 저소득층 소비를 위한 추가소득	+ 자불 역량과 의사를 조월한 분배, 환경정의 지원, 소비최량 강조 - 전한 남용	+ 배출총량보장상한 유지, 과소비 억제 - 일정 정도의 유해소비 정당화 가능성	+ 시장 기반 자유 균등화(적극적 자유) - 과소비집단 인센티브 효과미흡	+ 편이 자체에에 대한 비용 없음 - 강제집행을 요구하는 개혁, 정치적 실현가능성 약화	+ 영향력 큰 소비에 대한 강은 인센티브, 투명 성과 분명한 기대, 낮은 통약성(다른 생태요소로 대체가능성이 낮음)

보편적 기본서비스						
기초수요충족바우처	+ 급부 대상과 빈곤을 목표로 설정(에너지 빈곤 등), 가격변동과 낙인효과 무관함	+ 모두에게 분배 경우 소비 신호 − 모두에게 미분배 경우 낙인효과	+ 과소비 위험 − 교차 배출 강화 가능성	+ 자기구속 매커니즘 − 상이한 정도의 품질 요구	+ 높은 수용성 − 많은 비용	+ 환경 정책 반대자의 수용성 제고 가능 − 생활양식 전환 없음
공유재기반혁신바우처	+/− 설계 방식, 기초수요 만족, 예상 외의 결합 편의에 따라 장단점 달라짐	+ 정치경제적 민주화 촉진, 소득 불평등을 감소시키는 시간은행, 제조화를 통한 제조직화 지원 − 성공 여부는 숙련노동 등에 따라 달라짐	+ 전환적 제화와 서비스에 대한 수요 촉진, 제조 직화를 통한 간 편의 − 부정적 환경 영향 감소의 직접적 연관 부재	+ 새로운 사업모델과 해결책을 위한 공간 개방	+ 바우처가 즈세 일체 해결에 절감 − 많은 상황적 요소가 작용함	+ 생태적 해결책의 출현, 신속 해결 가능, 집합적 행동 촉진
무상국가서비스	+ 기초수요 중심, 비싸고 숨겨진 욕구를 충족하는 제화 − 새롭거나 다양한 욕구를 충족하는 데 지체	+ 낙인효과 없음, 동등한 편의, 교육과 지식 불평등 등 영향 억제	+ 현금급여에 비해 탄소발도를 낮춤, 생태사회적 하부구조 포함 가능	+ 소득과 자유에 낮은 관련성, 적극적 자유 지원 − 기초수요 충족 수단에 대한 하향식 의사결정	+ 낮은 거래비용 − 효율성에 중점을 두지 않음, 불필요한 편의 회피	+ 탈상품화에 기여, 생태사회적 서비스 포함 가능 − 생태적 관점이 중심이 아님

유형						
무상 소비재	+ 물자 부족 없음	+ 소비 패턴 균등화, 소득 불평등이 중요하게 작용하는 영역을 통제함 - 기준수요 충족 수단의 다양화	+ 지속 가능하지 않은 대안적 제화, 체외효과, 생태적 효율성 - 욕구 중족에 제한 활용 시 잠재적 과소비	+ 기준수요 충족수단 구성이 용이하여 하향식 의사결정 가능, 적극적 자유 지원 - 지속 가능한 생활양식의 의도적 유도 가능성	+ 개별 구매보다 효율적 - 높은 운영비용, 과잉소비 위험	+ 시장의존성을 여줌 - 생산의 생태적 비용이 가려짐
공공 하부구조	+ 다수의 기준수요에 필수적임 - 기준수요 충족 수단의 다양화	+ 경제적 장벽 없는 공간	+ 생태적으로 유의한 기준수요 충족수단 제공	+ 적극적 자유를 위한 필수적 하부구조 - 일부 선택대안 제거 (소득적 자유)	+ 낮은 운영비용 - 권력구조에 종속	+ 지속 가능한 생활양식 촉진, 비상업적 공간 창출

주: 색상은 평가 기준의 충족을 나타냄. 연한 색: 해당 기준에 대한 매우 긍정적인 영향, 중간색: 복합적 영향(긍정적이지만 일부 부정적), 진한 색: 긍정적인 영향이 없거나 심지어 부정적인 영향.
출처: Bohnenberger(2020)를 바탕으로 필자가 일부 수정함.

보편적 기본서비스와 기본소득

보편적 기본서비스(universal basic services)는 보편적 기본소득과 달리 국내에서는 아직 많은 논의가 이루어진 것은 아니다. 이후에 서술하는 바와 같이 지리학에서는 비교적 논의 역사가 있지만 사회과학계와 정책 분야에서는 비교적 최근에 떠오른 대안이다. 최근의 논의와 정책 대안은 영국 유니버시티 칼리지 런던(University College London)의 글로벌번영연구소(Institute for Global Prosperity: IGP)가 2017년에 발간한 짧은 보고서에서 비롯되었다.

보편적 기본서비스의 핵심 인식은 인간생활에 필수적인 자원, 즉 기본서비스에 대한 보편적 접근과 일정한 생활수준을 보장함으로써 우리 사회의 번영과 발전을 위한 공통의 토대(common floor)를 제공한다는 것이다. 보편적 기본서비스의 플랫폼 제공을 통해 과거 복지 정책의 대안이었던 기본(최저)임금 제도가 구현하려던 목표를 현실로 만들자는 것이다. 이를 위해 모두가 향유할 수 있도록 공공서비스(public services) 개념을 확장하고, 우리가 당면할 핵심 문제들을 해결하는 수단으로서 공공재(public goods)의 공급 확대를 추구하는 전략이다. 보편적 기본서비스의 핵심 원칙은 다음과 같이 구성된다(Gough, 2021).

- 보편성(universal): 지불능력이 아니라 필요에 따라 해당 서비스를 모두가 보장받을 권리 부여(수급자격)
- 기본성(basic): 최저기준으로 보장하는 것이 아니라 충분하게 보장한다는 관점. 기초수요(욕구)를 충족시키고, 사회참여와

번영을 이룰 수 있을 정도로 보장함

- 서비스(services): 공공이익에 부합하면서 집단적으로 만들어진 활동들
- 형평성(equity): 필수품을 무상으로 공공이 공급하기 때문에 가장 재분배 효과가 큼
- 지속 가능성(sustainability): 보편적 기본서비스를 통한 공적 공급과 소비는 시장시스템보다 지속 가능성, 경제의 탈탄소화를 촉진함

2017년 글로벌번영연구소는 '미래를 위한 사회번영: 보편적 기본서비스 제안'을 통해 모든 시민이 더 나은 삶(larger life)을 살 수 있도록 일곱 개의 기본 공공서비스를 보편적 접근과 무상제공 원칙으로 구현하는 사회보장 정책을 제시하였다. 7대 보편적 기본서비스 범주는 보건의료, 교육, 주거, 교통, 민주주의·법률, 음식(food), 정보(information)로 구성하였다. 복지수단으로서 기본소득과 기본서비스의 양자택일은 필요 없으며, 지속 가능한 사회보장과 보편적 복지의 미래를 위해 이 두 요소(제도)가 보완적인 동반자 관계라고 제시하였다(Institute for Global Prosperity, 2017).

여러 가지 공공서비스 가운데 어떠한 것을 보편적 기본서비스 공급 대상으로 할 것인지를 결정하는 판단 기준으로서 이 연구소가 제시한 기준은 ① 사회의 모든 구성원이 물질적 안정을 유지하는 것, ② 개인 역량을 발휘하여 개인적으로 사회에 기여할 수 있는 기회를 보장받는 것, ③ 민주주의 정치체계의 작동에 필요한 참여에 대한 접근을 보장하는 것이다.

보편적 기본서비스가 갖는 가장 큰 장점은 무엇보다도 전통적

복지모델의 경우, 이미 발생한 불평등을 사후적으로 보정하는 접근이라면 보편적 기본서비스 접근은 기득권 체계를 가능한 한 해체하여 사전적으로 교정하는 접근으로 전환할 수 있는 토대를 제공한다는 것이다. 즉, 재분배적 사회보장 모델 체제에서 전환하여 기본서비스 지향 모델(primarily service-orientated model)로 이동함으로써 적극적 자유의 기반을 높이게 된다.

전통적인 최저임금 접근법으로는 인간사회에 가치와 의미가 있는 수많은 소규모 활동을 유지할 수 없으나, 기본서비스 접근은 생활비를 낮추고 가처분 소득을 증대함으로써 가치는 있지만 자본주의적 시장성을 확보하지 못하는 소규모 작업(small work)과 일자리의 지속 가능성을 높여 준다. 이러한 효과를 통해 민간경제의 역동성을 더욱 높일 수 있고, 사회의 제도적 기반을 튼튼히 할 수 있다(Institute for Global Prosperity, 2017).

보편적 기본서비스의 핵심 효과는 제공되는 서비스의 사회적 임금(social wage) 효과이다. 기본서비스가 없다면, 개인들은 자신의 소득에서 기본적 욕구를 충족시키기 위한 비용을 지출해야 하는데, 저소득층일수록 소득 중에서 그 비용이 차지하는 비중은 크다. 따라서 기본서비스는 소득 불평등을 완화시키며, 소득 불평등에 대한 강력한 재분배적 정책 수행 효과와 더불어 기본소득보다 더 평등주의적(egalitarian)이다. 이러한 이유로 보편적 기본서비스의 재원을 조세로 충당해도 되는 중요한 근거가 된다. 실제로 OECD 국가들의 공공서비스는 평균 20%의 소득 불평등 완화 효과가 있는 것으로 추정되고 있다(유영성 외, 2021).

사회보장 정책 수단의 실행 측면에서 볼 때, 사회복지 개혁에는 이른바 철의 삼각 딜레마(iron triangle of social security)가 있다. 경제적 효율성, 사회적 적절성, 노동 유인성을 동시에 달성하는 것은 불가능하고, 어느 하나의 목표를 이루기 위해서는 다른 목표를 희생해야 하는 상충적인 3대 정책 목표를 말한다. 보편적 기본서비스는 철의 삼각 딜레마와는 달리 비용 억제, 필요수요(needs) 충족, 노동 인센티브 제고와 같은 철의 삼각 이점을 전달하는 효과적이고 비용 효율적인 안전망을 제공한다.

표 7–2 보편적 기본서비스(UBS)의 장점

필요수요의 직접적인 충족	• 필요할 때 필요한 장소에서 필요 서비스를 이용할 수 있음 • 구체적인 서비스 누락을 서비스 공급 목표 대상으로 삼을 수 있음
효율성 증대	• 보편적 공급체계를 통해 규모의 경제를 달성할 수 있고, 이에 기초하여 개별적 구입에 따른 요구조건 충족 할증료를 피할 수 있기 때문에 개별 수혜자가 받는 서비스의 가치는 서비스 비용을 상회함 • 구체적 지역 상황에 대한 밀접한 지식과 이해를 바탕으로 서비스를 지역 현지에서 설계하고 제공하면 효율성을 더욱 높일 수 있음. 한 연구에 따르면 최대 14% 증가
비용 절감	• 유연노동시장의 피드백 효과 • UBS가 노동비용을 포함하는 경우에 UBS 수혜를 받고 있는 노동기여자의 사회안전망 강화를 통해 이러한 비용들은 사회적 임금에 의거하여 잠재적으로 감소함
역동적인 민간경제 촉진	• UBS가 제공하는 사회안전망 제고는 사회보장을 위험에 빠뜨리지 않으면서 유연노동시장을 촉진함 • 노동시장 유연성 제고로 노동교섭력과 기업가 정신을 강화하여 노동비용 대응성이 높아지며, 환경적으로 유익한 수리서비스업과 같은 미시경제활동이 촉진됨
제도적 기반의 강화	• UBS는 사회제도가 필요하고, 공공서비스 하부 구조의 발전을 지원함

출처: Institute for Global Prosperity (2017).

보편적 기본서비스와 기본소득의 옹호자들은 오늘날 우리 사회
가 직면하고 있는 기본 문제들에 동의한다. 특히 사회경제적 불평
등의 구조적 심화에 대한 근본적 대응 필요성에 공감한다. 그러나
두 접근은 기본철학과 방법에서는 차이가 있다.

　　보편적 기본소득은 보편성과 개별성 원칙에 근거하고, 화폐소득
에 중점을 두며, 국가의 역할은 명확하지 않다. 이러한 특성 때문에
기본소득에 대한 부정적 평가론자들은 이 접근이 개인주의를 촉진
하고, 소비주의와 현금주의를 중심으로 하는 기존 시장기반 가치
체계(current value system)를 다시 강화한다고 본다. 실리콘밸리의
기업들(Google's Foundation, Silicon Valley Company Y-Combinator
등)이 기본소득의 주요 실험자라는 것을 주목해야 한다고 주장한
다. 이 때문에 기본소득에 비판적인 입장에서는 기본소득이 신자
유주의 철학을 지지하는 것이며, 기후 변화의 위급성을 주목하지
않는다고도 비판한다(Gordon, 2020).

　　보편적 기본서비스는 사회적 임금의 향상에 근거하여 지불 역량
이 아니라 모두에게 최저소득 보장과 결합된 종합적(포괄) 공공
서비스 제공에 중점을 둔다. 보편적 기본서비스를 전달하는 체계는
기초수요의 공유(shared needs), 수급 과정의 집단적 책임과 녹색뉴
딜 원리 적용, 각 필요 영역에 대한 맞춤형 접근, 분산적 민주적 통
제, 거주자와 서비스 사용자의 적극적 개입, 실효적 권리로서 서비
스 접근 청구권이라는 요소로 구성된다. 기본서비스 주창자들은 이
러한 구성 체계를 바탕으로 기본서비스 공급에서 시장과 이윤 기반
공급의 단계적 폐지를 중시하며, 정부의 기존 재정 구조에 큰 변화
를 주지 않고도 큰 효과를 거둘 수 있다고 본다(Gordon, 2020).

　　반면에, 기본서비스에 대한 비판적 입장에서는 현재의 보편적

기본서비스가 통일적 서비스 프로그램의 형태를 갖추지 못하고 있으며, 일부 정책만 보편성을 띠고 있을 뿐이라고 본다. 예컨대, 주거는 모두에게 제공되는 것이 아니라 필요한 사람에게만 제공되기 때문에 보편적이 아니라 선별적이다. 이러한 선별성에는 낙인효과가 수반될 수밖에 없다. 따라서 현재 상태로는 보편적 기본소득과 비교하여 경쟁력이 없다고 판단한다(유영성 외, 2021; Standing, 2019a).

현재 보편적 기본소득과 기본서비스 접근에 대해서는 다양한 찬반 주장이 있다. 정치권에서는 영국 노동당이 기본소득에 대해서는 아직 당론을 결정하지 않은 것에 비해서 기본서비스에 대해서는 우선 도입해야 한다는 입장을 정하였다. 2017년 공약집에 보편적 기본서비스 구상을 삽입하였고, 보건·교육·주거처럼 20세기 복지국가가 주력했던 분야뿐만 아니라 교통·정보·안전 등의 서비스까지 공적으로 운영하며, 시민은 이를 무상으로 이용하고, 재원은 주로 누진적 소득세로 마련한다는 입장을 정하였다. 보편적 무상 공공서비스는 단순히 빈곤 문제를 해결하는 수단을 넘어 사회적 연대를 강화하고, 하나의 사회를 만드는 공유 경험을 창출함으로써 모두가 완전한 삶을 영위하고 잠재력을 실현하는 데 필수적이라고 선언하였다. 앞으로도 노동당과 노동운동은 보편적 기본서비스를 확장하여 풍요롭고 의미 있는 삶을 구현하는 사회비전을 위해 투쟁하여야 한다고 결론을 내렸다(Labour Party, 2019).

국제공공서비스노동조합연맹 사무총장인 Rosa Pavanelli는 공공서비스가 없는 기본소득은 신자유주의적인 천국이라고 비판하면서 기본소득에 앞서 기본서비스 투쟁에서 먼저 승리하는 전략을 선택할 것을 제안한다. 반면에, 기본소득지구네트워크(Basic

Income Earth Network: BIEN)의 공동창립자이자 불로소득 자본주의 체제의 타락을 신랄하게 비판하는 Guy Standing은 보편적 기본서비스 대안이 기본소득에 비해 결코 저렴한 대안도 아니고, 서비스의 보편적 제공이 어려우며, 서비스 제공 과정에서 권력 집중 경향 등의 문제가 있기 때문에 보편적 기본서비스 제안이 보편적 기본소득을 대체할 수 없다고 주장한다(Standing, 2019a).

이러한 양 진영의 논쟁에 대해 양자는 원리적 타당성, 영역별 상호보완성, 역사적 경험 측면에서 볼 때 대체 관계가 아니라 상호 보완적이라는 입장도 있다. 특히 기본서비스는 필요의 원리에, 기본소득은 사회가 공통으로 창출한 부(공유부, wealth)에 대한 권리에 근거를 두고 있어서, 기본서비스는 일반 조세로, 기본소득은 공유부 수익으로 재원을 조달한다면 비용 문제에서도 큰 충돌 없이 함께 발전할 수 있을 것으로 본다(유영성 외, 2021). 그리고 영국 노동당 정책 개발에 관여하고 진보경제포럼(PEF)을 이끌었던 경제학자 John Weeks는 보편적 기본소득과 보편적 기본서비스가 진보적 자유주의(progressive liberalism)와 사회민주주의에 근거하고 있기에 서로 보완성을 갖고 있다고 본다.

기본생활서비스의 공간 불평등 심화

보편적 기본소득이든 기본서비스이든 인간 삶과 관련하여 가장 중요한 문제는 자기가 살고 있는 장소에서 필수적인 기본 생활자원에 접근할 때, 실질적으로 그 어떤 차별도 받지 말아야 한다는 것이다. 그래야 진정한 보편성과 기본성이 충족된다고 말할 수 있다.

두 접근 모두 이러한 측면을 놓치고 있으며, 상대적으로 기본소득
이 좀 더 공간 관점이 부족하다. 이 절에서는 보편적 기본생활 보장
에서 공간적 접근이 왜 필수적인지를 살펴본다. 사는 장소에서 기
초적 생활서비스에 대한 균등한 접근 기회가 만들어지지 않는 한,
단순한 보편적 기본소득의 제공만으로는 생활 불평등의 기본조차
도 충족시키지 못하게 될 수 있다. 비공간적인 소득 불평등 개선만
으로는 실제 살고 있는 장소까지 이어지는 복지자원 전달체계를
개혁할 수 없다. 특히 지역 불균등 발전이 구조적으로 심화되는 상
황에서 기본적 삶의 보편성 충족을 위해서 생활 기회에 대한 지리
적 접근성 차별 개선이 더욱 시급한 과제가 된다.

생활 기회 개선에서 가장 중요한 것은 삶의 만족도를 높이는 새
로운 공간의 창출이다. 우리나라는 대규모의 새로운 공간을 신도
시 관점으로 주로 창출해 왔고, 공익 목적에 근거한 강제수용 방식
을 통해 대규모 토지와 주택을 공급하는 방식으로 이루어졌다. 그
러나 이러한 방식이 지역 불균등 발전과 주거 불평등을 더욱 강화
하는 방향으로 전개되었다는 데 큰 문제가 있고, 여전히 기본 방향
이 바뀌지 않고 있다. 공익 목적의 공간 창출이 생활 기회의 불평등
을 부채질하는 역설이 더욱 심해지는 것이다.

1982년 이후 2019년 현재까지 전국에 걸쳐 약 1,027.9km²(약 3억
1,095만 평)의 토지를 공급하였고, 서울에서는 전국의 7.3%에 해당
하는 약 74.8km²(약 2,262만 평)를 공급하였다. 서울은 1980년대에
택지 공급이 가장 많이 이루어졌고, 2010년대에는 경기도가 66.7%
에 달하면서 수도권이 전국 택지 공급의 74.8%를 차지하고 있다.
강력한 수도권 억제 정책에도 불구하고 「택지개발촉진법」 체제에
입각한 공공택지 공급 방식이 수도권 집중과 과밀화를 부채질한

꼴이 되었다.

이와 같은 수도권 중심의 택지개발 정책은 인구는 물론 제반 사회경제활동의 수도권 집중을 더욱 촉진하고, 그에 따른 생활 기회의 지역 불균등을 더욱 심화시킨다. 특히 서울 대도시권에 해당하는 과밀억제권역은 우리나라의 블랙홀 기능을 수행하면서 '국내 식민지 체제'를 구축한다고 볼 수 있다. 2019년 기준 수도권 면적은 전 국토의 11.8%, 인구는 50.1%를 차지하고 있다. 특히 수도권 가운데 과밀억제권역 면적은 전 국토의 2.01%에 불과하지만, 이 좁은 면적에 인구는 36.8가 집중될 정도로 과밀과 지역 불평등에 시달리고 있다. 수도권과 지방 사이 지역 격차가 심화되는 것은 물

표 7-3   수도권 정비권역 현황(2019년 현재)

구분	과밀억제권역	성장관리권역	자연보전권역
면적 (11,860km^2)	2,020km^2 (17.0%)	6,010km^2 (50.7%)	3,830km^2 (32.3%)
인구 (25,925천 명)	19,012천 명 (73.3%)	5,683천 명 (21.9%)	1,230천 명 (4.8%)
행정구역	서울특별시, 인천광역시(일부), 의정부시, 구리시, 남양주시(일부), 하남시, 고양시, 수원시, 성남시, 안양시, 부천시, 광명시, 과천시, 의왕시, 군포시, 시흥시(일부) (16개 시)	인천광역시(일부), 동두천시, 안산시, 오산시, 평택시, 파주시, 남양주시(일부), 용인시(일부), 연천군, 포천시, 양주시, 김포시, 화성시, 안성시(일부), 시흥시(일부)(14개 시, 1개 군)	이천시, 남양주시(일부), 용인시(일부), 가평군, 양평군, 여주시, 광주시, 안성시(일부) (6개 시, 2개 군)

단위: 천 명, km²		수도권 계		과밀억제권역		성장관리권역		자연보전권역	
		값	비율 (%)	값	비율 (%)	값	비율 (%)	값	비율 (%)
2014	면적	11,826	11.8	2,087	17.6	5,908	50.0	3,831	32.4
	인구	25,364	49.4	19,230	75.8	5,037	19.9	1,097	4.3
2015	면적	11,830	11.8	2,086	17.6	5,913	50.0	3,831	32.4
	인구	25,471	49.4	19,205	75.4	5,145	20.2	1,121	4.4
2016	면적	11,851	11.8	2,093	17.7	5,928	50.0	3,831	32.3
	인구	25,590	49.5	19,171	74.9	5,266	20.6	1,153	4.5
2017	면적	11,856	11.8	2,023	17.1	6,002	50.6	3,831	32.3
	인구	25,680	49.6	19,091	74.4	5,401	21.0	1,188	4.6
2018	면적	11,856	11.8	2,015	17.0	6,011	50.7	3,830	32.3
	인구	25,798	49.8	19,023	73.7	5,560	21.6	1,215	4.7
2019	면적	11,860	11.8	2,020	17.0	6,010	50.7	3,830	32.3
	인구	25,925	50.1	19,012	73.3	5,683	21.9	1,230	4.8

출처: 국토교통부(2020).

론, 수도권 지역 내부에서도 과밀억제권역과 나머지 지역 사이, 서울시 내에서도 강남지역과 강북지역 사이 발전 격차가 커지고 있다. 이러한 격차 심화로 일상생활의 질의 차이가 커지는 것은 물론, 자산과 부의 불평등 역시 커지는 다중적 불평등 심화가 고착되고 있다. 이처럼 총체적인 기회의 지리 불평등 정점에 서울과 그 인근 지역이 자리하고 있다. 이러한 구조적인 공간 불평등을 개선하지 않고는 인간적인 삶을 보장하는 보편성 원칙과 기본성 원칙은 허구적·명목적 목표에 불과할 수밖에 없다.

이러한 자본주의적 지역 불균등 발전과 관련하여 제2차 세계대전 이후 1970년대 초반까지의 안정적인 자본주의 발전기, 이른바 황금시대(golden age)에는 지역 정책에서 적어도 일정한 합의가 존재하였다. 바로 낙후 지역이나 저성장 지역을 정책적으로 배려하는 지역균형발전 정책이었다. 그러나 신자유주의 지역 정책은 이중적 부정의(injustice)를 낳았다. 하나는 신자유주의 성장이론이 주장하는 것처럼 성장이익의 확산효과를 낳지 못하였다는 것이고, 다른 하나는 경제위기 비용을 놀라울 정도로 한계집단에게 전가한다는 것이다. 이러한 흐름에서는 성장이익을 재분배하는 지역균형 정책, 즉 공간적 케인즈주의(spatial Keynesianism)를 파기하면서 자본과 성장중심주의를 추종하게 된다. 국가의 공간 선택성에 입각하여 특정 공간적 규모와 지역에 특권을 부여하는 정책이 중심을 이루었다(Omstedt, 2016; Townroe & Martin, 2002).

국가의 공간 선택성에 따른 지역 불균등 발전과 지역 불평등, 생활 기회의 지역 불평등은 더욱 악화되고 있다. 생활 기회의 측면에서 우리나라의 지역 불균등 발전과 불평등은 날로 악화되고 있다. 생활 기회의 지리적 불평등을 총체적으로 드러내는 지표는 인구잠재력에 기초한 지역소멸 위험이다. 지역소멸의 의미는 사람의 거주공간으로서 부적절한 황폐한 공간, 비인간의 땅, 생활 사막 지역이 되었기 때문에 곧 지역 자체가 사라진다는 것이다. 기본적인 생활 기회와 여건 자체가 마련되어 있지 못하기 때문에 기본소득 자체가 아무런 의미를 갖지 못하는 공간이 된다는 것이고, 우리 국토이지만 사실상 국토에서 사라지는 지역이다. 현재 수도권과 부산·울산 지역, 주요 광역 대도시를 제외하면 전 국토가 이런 위험에 처해 있다.

한국고용정보원에서 제시한 소멸위험지수는 한 지역의 20~39세 여성인구 수를 해당 지역의 65세 이상 고령인구 수로 나눈 값이며,

소멸위험지수가 0.5 미만이면 소멸위험 지역이라고 정의한다. 즉, 가임여성인구 수가 고령자 수의 절반이 안 되는 지역은 저출산 고령화로 인한 인구 감소 탓에 공동체가 붕괴되고 지역이 사라질 수 있다고 판단한다. 한국고용정보원의 분석에 따르면 전국 3,463개 읍·면·동 가운데 소멸위험에 처한 지역 수는 2013년 1,229개 (35.5%)에서 2018년 1,503개(43.4%)로 증가하였고, 2020년 4월 기준 전체 3,545곳 중 1,702곳(48.0%)으로 늘었다. 시·군·구 기준으로는 전국 228개 지역 가운데 소멸위험 지역은 2013년 75개 (32.9%)에서 2018년 89개(39%), 2020년 4월 105개(46.1%)로 증가했다. 지역 정책 대안으로 교육, 교통, 주거, 문화 등과 관련된 생활양식의 혁신이 이루어질 수 있도록 획기적인 전환이 필요하다고 제시한 바 있다. 보편적 기본서비스의 확충과 보장이 없다면 지역소

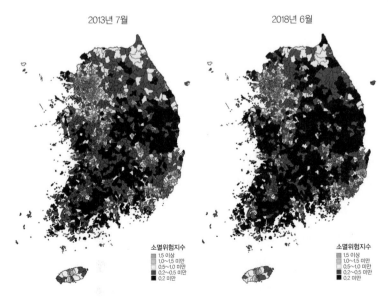

[그림 7-1] 읍·면·동 기준 지역소멸 위험 현황과 변화

출처: 이상호(2018).

멸은 가속될 수밖에 없음을 잘 보여 준다(이상호, 2018; 한국고용정
보원, 2020. 7. 7.).

　생활 기회의 측면에서 사는 장소에 따른 구체적 불평등을 나타
내는 대표적인 지표는 기본생활서비스 접근성의 지역 불평등이다.
OECD에서도 2011년부터 11개 영역(주거, 소득, 직업, 공동체, 교육,
환경, 시민참여, 건강, 삶의 만족, 안전, 일과 삶의 균형)에 대한 '더 나은
삶의 질 지수(Better Life Index)'를 발표하여 사회발전을 삶의 질 관
점에서 다각적으로 측정하고 있다. 한국농촌경제연구원은 지역발
전지수의 한 범주로 지역별 생활서비스 지수를 발표하고 있다. 주
택, 상 · 하수도 등의 기초생활 여건, 학교와 사설학원 등의 교육 여
건, 보건 · 복지 서비스 여건을 대표하는 8개 변수를 종합하여 구성
하기 때문에 기본생활서비스의 지역별 불평등과 변화를 살펴볼 수
있다. 2009년 지수 집계 이래 '생활서비스 지수' 상위 50위권에는
수도권과 대도시권 시 · 군, 지방 중심도시가 다수를 차지해 왔으
며, 최근 들어 그 경향은 더욱 강해지고 있다. 특히 2020년 기준 수
도권 및 광역시 소속 군을 제외한 상위 50위권에서 군 지역은 화순
군 1개만 포함되어 있을 뿐이고, 2010년에는 2개의 군 지역만 포함
되어 있었다. 그만큼 지방과 농촌지역에서는 기본생활서비스의 개
선이 어려울 정도로 지역 불평등이 구조적이라는 것을 알 수 있다
(송미령, 성주인, 심재헌, 서형주, 2021).

　대안적 복지와 기본소득 관련 논의에서 일자리 보장(job guarantee)
수단이 중요한 복지수단으로 부상하는 것에서 알 수 있듯이, 생활
기회와 기본서비스에서 주거와 더불어 가장 중요한 것이 일자리라
고 할 수 있다. 일자리는 특히 공간적 관점의 접근이 중요하다. 일
자리와 일자리 품질의 지역 격차는 개인의 역량과 무관하게 사는

장소에 따라 소득 상승과 계층 이동의 기회가 원천적으로 봉쇄되기 때문이다. 한국고용정보원이 발표한 '지역의 일자리 질과 사회적 경제적 불평등' 보고서에 따르면 2015년 기준 전국 17개 시·도 중 서울과 대전이 '지역 일자리 질 지수'에서 상위지역에 꼽혔고, 전남·경북·전북은 하위지역으로 분류되었다. 일자리 질에서도 수도권 편중 문제가 심각한 수준인 것으로 조사되었고, 소득이 높

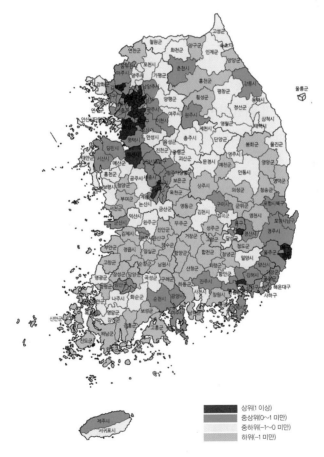

[그림 7-2] 시·군·구별 일자리 질 지수 분포(2015년)

출처: 이상호(2019).

은 질 좋은 일자리의 80%가 수도권에 집중되어 수도권과 지방 간 격차가 아주 심하게 나타나고 있다. 서울 안에서도 강남과 강북의 일자리 질 양극화 현상이 뚜렷하며, 소득과 학력, 숙련 수준 등 일자리의 질을 측정하는 모든 지표에서 강남이 강북을 월등히 앞서고 있다(이상호, 2019).

　이러한 생활서비스와 기회의 불평등을 가장 비극적으로 보여 주는 것은 인간 생명 보호의 불평등, 즉 보건의료서비스 접근과 건강 불평등이다. 2021년 6월 24일 농산어촌 유토피아 특별위원회 2차 회의에서 보고된 내용에 따르면, 전국 농촌 면지역(1,182곳) 가운데 76%에 이르는 곳에 병·의원이 하나도 없다. 생명 보호 불평등의 지리적 차별을 단적으로 보여 준다. 보건복지부의 지역의료 강화 대책에 따르면 지역 내에서 중증질환 입원진료를 받는 비율이 서울시민은 93%인 반면, 경북도민은 23%에 불과하여 지방에 있는 환자는 진료를 위해 다른 지역으로 이동하고 있다. 양질의 보건의료서비스가 제공되었다면 피할 수 있었던 치료 가능한 사망률은 충북이 서울에 비해 1.3배 높다. 전국을 70개 지역(중진료권)으로 구분하면, 입원·응급·뇌혈관질환 사망비 차이는 최대 2.1~2.5배로 벌어진다. 300병상 이상 종합병원과 응급의료센터가 없는 기초자치단체(시·군·구)가 140여 개에 달하고, 인구 대비 활동 의사 수는 경북이 서울의 절반 이하 수준이다(보건복지부, 2019. 11. 11.).

　한국건강형평성학회가 2010~2015년까지 6년간의 국민건강보험공단 자료 2억 9,500만 건과 154만 명의 사망자료, 157만 명의 지역사회 건강조사 자료를 분석한 결과에 따르면, 시·군·구 사이 기대수명과 건강수명(기대수명 중 건강하게 삶을 유지하는 기간)에서 큰 차이가 나타나고 있다. 이러한 건강 불평등이 소득 격차, 지역

격차와 결합되는 경우 수명 격차가 더욱 벌어진다. 예컨대, 강원도 철원군의 경우 소득에 따른 건강수명 차이가 무려 11.4년이나 벌어진다. 경기도 분당구에서 가구소득 상위 20%에 드는 사람의 건강수명은 78.5세이지만, 전라남도 신안군에서 가구소득 하위 20%에

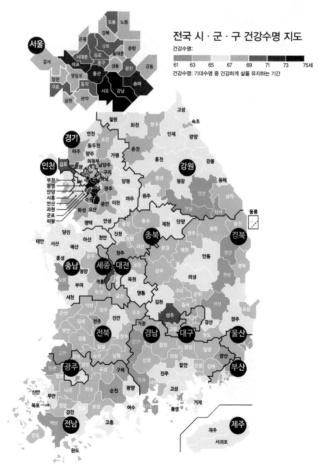

[그림 7-3] 건강수명의 지역별 차이

자료: 한국건강형평성학회.
출처: 한국일보(2018. 9. 1.).

드는 사람의 건강수명은 겨우 52.0세로 무려 26.5년의 차이가 난다 (한국건강형평성학회, 2018; 한국일보, 2018. 9. 1.).

기회의 지리와 인간존재기본기능 접근

지금까지 불평등의 심화와 새로운 사회경제체제로 전환에 따른 불확실성 증가의 시대에 대응하기 위해서는 무엇보다도 기본적인 생활자원의 보장이 필수적이며, 기본소득을 비롯하여 다양한 대안적 복지체제 논의가 이루어지고 있다는 것을 검토하였다. 반면에, 우리나라의 경우 인간적 품위를 유지하는 데 필요한 기본적인 생활자원의 지역 불균등과 불평등이 더욱더 커지고 있다는 것도 살펴보았다.

기본적인 생활자원에 대한 접근과 향유에 대한 권리가 인권 차원의 권리로 간주되어야 하는 것은 물론, 추상적 인권 차원을 넘어 국민연금 수급권처럼 하나의 새로운 재산권 형태로 보다 구체적으로 보장할 필요가 있다. 그래야 기본적인 인간적 품위를 유지할 수 있는 구체적인 물질적 토대를 확보할 수 있고, 이를 토대로 보다 적극적인 자유를 영위할 수 있는 방법을 모색할 수 있기 때문이다. 그것도 살고 있는 장소에 따른 차별 없이 구현되어야 가장 완전하게 구현된다. 이것이 기성 사회주의의 한계를 지적한 Henry Lefebvre의 인간 진보에 대한 해방적 관점이다.

이러한 측면에서 볼 때 근대적 재산권은 한계가 있다. 근대적 재산권(소유권)은 물건에 대한 배타적·관념적·절대적인 사적 지배를 그 내용으로 하는 것이며, 상품교환 관계를 매개로 한 물적·인적 관계이다. 현실적으로 자본주의적 소유 집중에서 잘 나타나듯이, 일부의 사람들이나 집단만이 원하는 재산을 취득한다. 따라서 재산이 취득된 이후의 관점에서 보자면, 누구나 재산권을 취득할 자유가 있음에도 불구하고, 자본주의 재산권은 누구나 실질적으로 향유할 수 있는 보편적 권리가 될 수 없다는 것이다. 적어도 기본 생활자원에 대해서는 단지 물건에 대한 사적 전유를 강조하는 근대 사적 소유권 개념보다는 해당 물건의 본래적 기능에 맞는 실질적 이용을 중심으로 하는 재산권 체계로 전환할 필요가 있다(김용창, 2019). 예컨대, 주택도 물건으로서 배타적 소유와 점유보다는 실질적 이용을 촉진하는 시공간적 기본 생활수단으로서 주거 공간 자원이라는 개념으로 보완할 필요가 있다. 이제 배타적 점유와 소유의 시대에서 공유와 접근의 시대로 재산권 체계를 전환할 필요가 있다. 기본생활서비스를 공간적 차원에서 차별 없이 보편적으로 제공받을 수 있는 권리체계를 확립하는 것이 하나의 방법이 될 수 있을 것이다.

이러한 관점에서 보자면, 현재 논의되고 있는 기본소득 관점은 공간적 관점이 가장 부족한 관계로 기본 생활자원에 대한 차별 없는 구체적 접근권을 어떻게 보장할 것인가에 대한 대안 제시가 부족하다. 이에 비해 보편적 기본서비스는 해당 서비스가 본래적으로 갖고 있는 입지적 측면이 있기 때문에 기본소득 논의에 비해서는 공간적 차원을 구현하기에 상대적으로 유리하지만 마찬가지로 구체적인 공간적 관점의 대안 제시는 여전히 결여되어 있다. 기본소득과 기본서비스 논의가 갖고 있는 단점을 보완하기 위한 접근의 이론적 전사는 독일의 사회지리학과 미국의 기회의 지리학에서 찾을 수 있다. 보편적 기본소득과 보편적 기본서비스 접근이 추구하

고자 하는 기본 목적들을 단순히 추상적 차원이 아니라 실제 생활
세계에서 달성하고자 할 때, 특히 기회 균등을 실질적으로 구현하
고자 할 때, 이러한 지리학적 접근이 가장 유용한 길이 될 수 있다.

실질 세계에서 인간으로서 마땅히 누려야 할 기본 생활자원은
다양한 공간적 차원으로 분포하고 있다. 개별 거처, 근린지역 및 대
도시 공간스케일 등의 차원에서 인공 환경이 사람 차별이 아니라
어떻게 인간 발전과 성취 및 만족을 위한 보편적 프레임으로 기여
할 것인가? 현실적으로 일상생활에 필요한 기본서비스의 공간적
장치들이 개인이나 인종, 집단, 소득계층에 따라 불공정 · 불균등
하게 분포하고 있다. 그렇기 때문에 단순히 기본소득이나 기본서
비스 충족 전략을 제시한다고 해서 실질 세계의 이러한 불평등을
극복할 수는 없다. 진정한 생활진보의 문제 설정은 지리적 공간의
관점에서 새롭게 확립되어야 한다(Lecoq, 2020).

기회의 지리(geography of opportunity)라는 관점이 본격적으로
등장한 이래 25여 년 동안 주택, 근린지역, 학군, 지역재정, 선거구,
공공편익시설, 교통, 환경, 치안 등 기본 생활자원의 공간적 격리
와 차별이 더욱 심화되었다. 균등한 기회 구현은 확실한 공염불이
되었고, 학자들의 상상 속에만 존재하는 '허깨비'가 되었다. 기회의
지리 접근은 Galster와 Killen이 1995년에 처음 제시하였다. 이들
은 모든 불평등이 본질적으로 공간적이라는 것, 즉 불평등은 지리
적 기반을 갖고 작동한다는 것에 주목하였다. 주택 정책, 재정연방
주의(fiscal federalism), 비판지리학, 후생경제학, 환경정의론 및 철
학 문헌들의 사고를 종합하여 기회의 지리라는 관점을 확립하였다
(Galster, 2017; Galster & Killen, 1995).

기회의 지리 접근은 '생활 기회의 지도화 작업을 통한 실천 작업

(opportunity mapping initiative) → 기회의 지리적 공평성(geographic
equality of opportunity) 향상 → 기회의 고립과 격리에 대한 치유와
발전 편익의 공유'라는 단계를 거쳐 실질적 기회 균등의 지리 구현
을 모색하게 된다. 좋은 복지 정책이란 기회를 실질적으로 공평하
게 만들 수 있는 공간적 장치, 즉 품질 좋은 기회의 지리(공간구조)
를 만드는 것을 의미한다(김용창, 2018; Reece, Gambhir, Ratchford,
Martin, & Olinger, 2010).

　보편적 기본서비스 개념과 공간적 구현 방법을 가장 먼저 구체
적으로 고민한 집단은 독일 사회지리학, 특히 뮌헨학파이다. 이들
의 작업은 현대 건축의 기초를 다졌고, 20세기의 가장 영향력 있
는 건축가이자 도시계획가인 Le Corbusier의 1933년 「아테네헌장
(Athens Charter)」에서 기본 아이디어를 얻었다. Le Corbusier는 네
가지의 기초수요인 거주, 휴양, 노동, 교통을 다음과 같이 도시계획
의 핵심 기준으로 제시하였다. 그의 도시계획론은 도시발전이 개
개인들의 개별적인 이해관계와 이윤 추구를 표현하는 것이 아니라
인간의 기초수요 자체를 충족시킬 수 있어야 한다고 주장하였다
(Werlen, 2000).

- 거주는 인간 신체의 보건위생 욕구들을 충족시켜야 한다.
- 도시는 휴양을 위한 충분한 공간을 지녀야 한다.
- 일자리는 인간 활동의 본능적 특성에 알맞게 배치되어야 한다.
- 교통로는 다양한 욕구 충족을 위해 토지들을 최적으로 연결하
  여야 하지만 통행이 토지를 침해하지 않도록 배치한다.

1960년대 말 뮌헨의 사회지리학자들은 구체적 사회집단의 공간

행동 분석 및 실천으로서 공간계획을 인간욕구와 연관시켜 추구
한다는 원칙을 세웠다. 이들은 Le Corbusier의 4대 도시계획 기능
들을 언급하면서 인간적 실존을 드러내는 사회지리학적 기본 형식
으로서 '인간존재기본기능(Daseinsgrundfunktion, basic functions of
human existence)' 개념을 제시하였다. 그리고 이러한 존재기본기
능은 사회계층과 상관없이 모든 사람이 향유할 수 있어야 하며, 시
공간적으로 측정 가능하고, 구체적 실현을 위한 공간적 시스템(장
치)을 제공해야 한다고 주장하였다. 최근 논의되고 있는 보편적 기
본서비스 접근보다 더 구체적인 전략을 이미 제시했다는 것을 알
수 있다. 독일 사회지리학의 존재기본기능은 인간이 생활하는 데
필수불가결한 기능을 범주별로 분류한 것이다. 노동, 주거, 급양,
여가, 교육, 공동생활이 기본적인 6대 기능이고, 여기에 각 기능을
연결시키는 교통·통신 기능을 추가하였다. 최근 제시되었던 보편
적 기본서비스 주창자들이 제시했던 범주와 크게 다르지 않았음을
알 수 있다(森川洋, 2000; 堤研二, 1992; Elkins, 1986; Werlen, 2003).

보편적 기본서비스 구현의 지리공간적 원칙

지금까지 살펴본 것처럼 인간적 삶에 필수적인 기본서비스 자원
의 분포와 접근 기회, 서비스 제공의 재정적 잠재력과 토대는 들쭉
날쭉한 불평등 지리(jagged topography of inequality)의 모습을 하고
있다는 것을 인식하게 되었다. 시장경쟁에 따라 생활서비스 접근
성의 차이에 따른 위치차액지대와 공간독점은 자본주의 공간경제
에서 본질적으로 발생할 수밖에 없으며, 그에 따른 서비스 공간의

불균등 발전은 필연적이다.

수도권 집중과 지역 불균등 발전을 본질로 하는 현재의 발전양식, 즉 좁은 국토를 더욱 좁게 쓰는 현재의 발전 시스템을 지양하고, 좁은 국토를 넓게 쓰기 위해서는 국토공간에서 기회의 지리를 확장하고 접근성의 형평성을 높여야 한다. 이를 위한 몇 가지 기본전략이 필요하다.

첫째, 보편적 기본서비스가 공간정의 실현 차원에서 보장되어야 한다. 어떤 지역도 소외되지 않는 공공서비스를 제공하여 국토 어디에서 살더라도 '기본적인 생활자원에 대해 균등한(공평한)[1] 수준의 삶의 질'을 누리는 공간정의 실현, 즉 '두루 살기 좋은 곳'의 실현을 기본 이념상으로 확립해야 한다.[2] 이를 위해서는 독일 사회지리학이나 보편적 기본서비스 접근에서 말하는 인간존재 기본서비스 자원들에 대한 공간적 접근성의 형평성, 서비스 자원의 지리적 분포의 형평성을 강화하는 이중적 전략이 필요하다. 즉, 기본서비스 자원 분포의 지리적 형평성 추구와 이의 활용을 위한 공간적 접근성의 형평성을 결합하여 추진하는 것이 중요하고, 이것이 새로운 복지 패러다임의 중심 전략이 되어야 한다.

---

1) '공평(公平)하다'의 국어사전에서 의미는 '어느 쪽으로도 치우치지 않고 고르다.'이고 '균등(均等)하다'는 '고르고 가지런하여 차별이 없다.'는 뜻이기 때문에 기본 생활자원 공급의 기본 이념으로 삼기에 아주 적합하다.

2) '두루 살기 좋은 곳'이라는 지역 정책 이념은 류우익 교수가 제시한 것이다. 구미에서 기회의 지리 논의에 앞서 일찍이 기회의 지리학 관점을 제시한 것으로 평가할 수 있다. 이러한 지역 정책 이념에는 계층적 기회 균등성과 지역적 기회 균등성을 모두 통합함으로써 계층적ㆍ지리적 위치에 따라 차별받지 않고, 생활에 필요한 기본적인 서비스와 기회들에 접근할 수 있어야 한다는 것을 의미한다고 해석할 수 있다(류우익, 1984).

기본 생활자원에 대한 보편적 기본서비스 접근이 재정 측면에서도 효과적이라는 것은 서울시의 공공와이파이 서비스 사례에서도 알 수 있다. 서울시는 통신기본권 전면 보장을 위해 2019년 10월 세계 최초로 도시 전역에 모세혈관식 자가통신망 'S-Net(스마트 서울 네트워크)' 총 4,237km 구축계획을 발표하였다. 시민들의 통신비 부담을 줄이고, 서울 전역에 스마트시티 인프라를 구축하는 것이 골자이다. 3년(2020~2022년)간 총사업비 1,027억 원을 투입하여 1인당 월 5만 2,000원(연간 63만 원 소득지원 효과), 서울시 전체로 연간 3조 8,776억 원의 사용편익을 기대하고 있다. 소득효과 외에도 공공 사물인터넷(IoT) 센서를 이용한 공유 주차, 스마트 가로등, 실종 방지 서비스 등으로 연계·확대하고 있다. 이처럼 생활기본서비스에 대한 공간적 접근은 개인적 소득 효과와 더불어 파생적인 사회경제적 편익 증대 효과도 잘 보여 준다.

또 다른 사례는 집을 기초로 하는 기본서비스 공급의 지리적 형평성 추구, 즉 기회기반 주거(opportunity-based housing) 정책 사례이다. 집을 단순한 거처나 불로소득 추구대상이 아니라 보편서비스 구현의 장소 또는 공간 단위로 설정하는 것이다. 공평한 기회의 지리를 통한 지역발전 모델에서 가장 중요한 요소 가운데 하나가 주거 기회의 보장이다. 주택의 핵심 기능이 거처를 제공하는 것이지만 살고 있는 주택의 입지는 곧 여러 가지 생활 기회에 접근할 수 있는 기본적인 거점이다. 그만큼 주택은 사람의 전체 생애에 영향을 미치는 기회들의 네트워크에서 핵심적인 구성요소이기 때문에 중요한 생활자원이면서 정책 수단으로도 활용할 수 있다.

이러한 원리에 바탕을 두고 미국 주택도시개발부(Housing and Urban Development: HUD)는 '기회를 찾아 이사 가기(Moving to

Opportunity: MTO)'라는 주택 정책 실험을 한 바 있다. 이 정책에 대한 경제학적 분석 결과를 보면, 더 나은 주거지역으로 이사할 때 13세 미만이었던 어린이들에게는 계층 이동에서 뚜렷한 상승효과가 나타났다. 이러한 연구 결과는 전국 단위의 비공간적 사회경제 정책보다는 기회의 지리 관점에서 보다 나은 거주환경으로 이주를 돕고, 기회 수준이 낮은 장소에 대한 투자를 통해 사회적 이동성을 교정하는 정책이 중요함을 알려 주는 것이다.[3]

둘째, 국민국가 형성의 핵심은 영토의 확보이다. 단순한 정치적 의미를 넘어서 영토 확보와 영토성 형성의 실질적 내용은 살 만한 공간으로서 국가 주권이 미치는 것, 즉 주권국가의 힘과 서비스가 미치는 실질적 공간이어야 한다. 방치된 공간이나 살 만한 공간이 아닌 곳은 영토로서 실질적 의미가 없는 것이나 마찬가지이며, 국가가 포기한 공간이라는 절망적 낙인만 드러낼 뿐이다. 이러한 측면에서 지역균형 발전, 특히 보편적 기본서비스가 보장되는 기회 균등의 지리는 영토성 확보의 핵심 기준이 되어야 한다. 구체적 실현을 위한 재원은 토지가격처럼 국토공간에서 모두의 노력으로 형성되는 가치임에도 사적 소유권에 기반하여 사적으로 전유되는 불로소득에 대한 국민적 공유 시스템을 통해서 마련해야 한다. 이러한 논리의 연장에서 생산물 가치와 소득의 지리적 이전에 따른 지

---

3) '기회를 찾아 이사 가기'에 대한 경제효과 분석은 미국경제분석국(National Bureau of Economic Research: NBER)에서 맡았는데, 정책 시행 후 4~7년이 경과한 중간평가에서 성인들의 소득에 미치는 근린지역 영향은 발견되지 않았다. 10~15년이 경과한 최종 평가에서도 성인집단과 청소년집단의 소득과 고용률은 별다른 차이를 나타내지 않았다. 그러나 Chetty, Chyn이 분석 자료를 기존의 2008년에서 2012년으로 연장하여 새로이 분석한 결과에 따르면, 어린이들의 성장에 미치는 영향이 크다는 것이 밝혀졌다(Chetty, 2015; Wolfers, 2016).

역 간 사회경제적 불균등 발전을 고려하여 수도권과 지방의 상생 발전을 위한 협약 등을 바탕으로 하는 수평적 지방재정 조정시스템을 기회 균등 국토 형성의 사회적 합의로 구축해야 한다. 이러한 협약의 실천수단이자 재원조달 방법으로 '기회균등국토기금'을 조성하는 것이 필요하다.

셋째, 지역 정책의 수립과 구체적 실천에서 지역 간 기회불균등에 대한 감수성 검토를 통해서 기회 균등 국토를 정책적·제도적 차원에서 일상적으로 구현할 필요가 있다. 동등한 기본서비스 실현을 기본 목표로 하는 독일의 국토 정책이 도움이 될 수 있다. 독일은 1960년대 후반 전후 복구 작업이 종료된 이후 복지국가 실현을 위한 정책의 일환으로 하부구조 설치에서 지역균형 원칙을 확립하였다. 독일「연방국토계획법(Raumordnungsgesetz)」제1조에 '지역적으로 동등한 생활 조건의 창출'이라는 원칙을 확립하였고, 지금까지 이어져 오고 있다. 2008년「연방국토계획법」에서는 주요한 서비스와 하부구조에 대해 모든 지역에서 동등한 기회를 보장해야 하고, 중심지에서 함께 묶어서 일괄 공급하도록 규정하고 있다. 이러한 국토 정책 원칙의 구현을 통해 모든 지역이 동등한 생활 조건을 갖추고, 균형 잡힌 공간질서를 유지토록 하는 원칙을 명시함으로써 기회의 지리의 형평성 원칙을 국토 정책의 핵심으로 확립한 것이다.

한국의「국토기본법」(2020)은 제3조에서 국토의 균형 있는 발전을 규정하고 있고, 특히 생활 여건이 현저히 뒤떨어진 지역의 발전 기반을 구축하도록 하였다. 특히 2020년 4월 7일 제4조의2를 신설하여 기회의 지리의 형평성을 명문화하였다.[4] 이러한 규정이 사문 규정으로 머물지 않도록 하고, 구체적인 국토계획과 지역 정책에서 정책 원칙과 수단으로 실현되기 위해서는 실체법적 제도화를 바탕으로 실질적인 구현 장치를 확립하는 것이 필요하다.

넷째, 흐름의 공간시대에 부합할 수 있도록 기본생활서비스 전달의 다중공간스케일 접근(multiscalar, multi-scale approach)이 필요하다. 오늘날 선진국의 도시화는 외곽으로 팽창하던 시대에서 돌아서서 기성 시가지를 다시 활용하는 도시화, 즉 성숙 재도시화의 단계로 들어섰다. 이러한 도시화 단계는 흐름의 공간이 일상이 되는 광역 개방 공간 체제를 근본 특성으로 한다. 따라서 과거 배타적 경계와 고정된 관리 영역을 토대로 하는 행정체계와 서비스 공급 체계는 그 수명을 다하고 있다. 주요 선진국 대도시들은 광역 대도시권 기반의 행정서비스 제공 시스템으로 전환하고 있다. 따라서 보편적 기본서비스 전달체계도 광역거점 도시네트워크 체계로 전환할 필요가 있다. 종래의 평면적인 배타적 행정구역 단위 서비스 공급망을 벗어나 서비스의 특성과 도달 범위, 공급 대상 지역의 특성에 따라 다중적 공간스케일에 입각한 공급망 구성이 필요한 것이다. 아울러 큰 정부와 서비스 전달체계의 공간적 경직성·폐쇄성에 대한 우려를 불식하고, 반대로 우파적 관점에서 시장 기반의 개인주의를 강조하는 '큰 사회(big society)' 전략의 대안으로서 지역 시민사회의 자율성과 사회적 연대 역량을 강화하는 방향의 서비스 공급체계 구성도 필요하다.

이처럼 흐름의 공간, 다중적 공간스케일, 광역 대도시권, 기초생

---

4) 제4조의2(국민의 삶의 질 향상을 위한 국토 여건 조성): 국가와 지방자치단체는 국민의 삶의 질을 향상하기 위하여 국민 모두가 생활에 필요한 적정한 수준의 서비스를 제공받을 수 있는 국토 여건을 조성하여야 한다.

활권 등의 원칙에 기초하여 기본생활서비스 공급체계를 개편하려
는 노력은 많은 도시에서 시도되고 있다. 코펜하겐 5분 도시, 파리
15분 도시, 더블린 15분 도시, 오타와 15분 도시, 런던 15분 도시,
오클랜드 20분 도시, 휴스턴 20분 도시, 멜버른 20분 도시, 포틀랜
드 20분 도시, 시드니 30분 도시 등이 사례이고, 2021년 봄 서울특
별시장 선거 당시 박영선 후보의 21분 도시 공약도 그 일환이라고
볼 수 있다. 나아가 이러한 서비스 공간체계의 변화에 맞게 정책의
비용-편익 효과를 극대화할 수 있도록 과세와 재정지출 단위를 일
치시키는 공간시스템 구축 또한 필요하다.

공간 민주주의의 실현을 위하여

지금까지 불평등의 심화와 사회경제 체제 전환에 따른 불확실성
증가 시대에 대응하기 위한 대안적 복지 접근들을 검토하였다. 대
안적 접근들은 보편적 기본소득, 기본바우처, 기본서비스 범주로
나누어 살펴보았으며, 이러한 접근들이 실제의 구체적인 삶에서
실현되기 위해서는 기회의 지리 접근과 독일 사회지리학의 존재기
본기능 접근을 수용하여 공간적 접근을 추가할 필요가 있음을 제
시하였다. 보편적 기본소득이나 보편적 기본서비스 모두 기회 균
등성을 실질적으로 구현하기 위해서는 공간적 관점에서 타당성을
입증해야 함을 주장하였다. 즉, 장소에 따른 차별이 없는 공간적 구
현이 보장되는 공간정의 접근을 채택하여야 한다는 것이다.

인간실존이나 생활에 근본적인 생활자원들에 대한 접근 기회를
공평하게 확립한다면 개인이나 사회 모두 발전 잠재력을 최대한 실

현할 수 있게 됨으로써 그만큼 불평등의 구조화를 억제하는 효과를 낳을 수 있다. 특히 사회과학 일반의 통념과는 달리, 기회의 공간적 접근이 불평등 논의에서 핵심이 되어야 한다. 불행하게도 우리나라는 생활 기회에 대한 공간적 접근성은 매우 불균등하고 공평하지 않으며, 기회의 밀도는 지리적으로 아주 편중되어 있다. 생활 기회에 대한 자본주의 지리의 구조적 불균등 발전을 고려할 때, 비공간적 관점으로 말하는 균등한 기회(equal opportunity)는 공염불과 허깨비에 불과하다.

이러한 대안적 복지 전략들이 일시적인 정치적 수사에 그치지 않으려면 일상생활의 시공간적 진보성을 구체적으로 구현하기 위한 정치 전략 또한 필요하다. 즉, 인간의 삶을 풍부하게 만들려면 정치 민주주의뿐만 아니라 공간 민주주의도 필수요건이다. 우리나라는 공간 민주주의 관점에서 보자면 지극히 서울 대도시권 공간독재이며, 서울 대도시권 이외 지역의 사막화이고, 이것에 대한 개선 노력은 지극히 명목적일 뿐이다. 일상생활의 구체적 모습은 생활공간의 시공간 지리를 통해서 구현된다는 점을 받아들인다면, 인간 생활의 해방은 생활공간상의 시공간 활동 제약과 공간적 기회 불평등을 제거함으로써 달성된다는 것을 깊이 인식해야 한다(김용창, 1995).

참고문헌

강현수(2010). 도시에 대한 권리: 도시의 주인은 누구인가? 서울: 책세상.

국토교통부(2020). 제4차 수도권 정비계획: 2020~2040.

권규상, 다무라 후미노리, 김영롱(2018). **컴팩트-네트워크 도시의 실천방안과 추진과제**. 국토연구원.

김용창(1995). 생활공간의 관점과 생활세계의 식민화. 한국공간환경연구회 편, 세계화 시대 일상공간과 생활정치(pp. 51-98). 서울: 도서출판 대윤.

김용창(2018). 한국의 지역불균등발전과 갈등구조. 강원택, 구인회, 권현지, 김용창, 주병기 공저, 사회적 갈등과 불평등(pp. 57-95). 서울: 푸른길.

김용창(2019). 자본주의 사적 토지소유의 역사적 한계와 대안적 토지 재산권의 구성. 국토계획, 54(2), 141-159.

김용창(2021). 헌법에서 토지와 국토이용 규정의 역사적 변화 및 사회적 기속성. 지리학논총, (67), 3-32.

김용창, 강현수(2018). 도시재생, 젠트리피케이션, 그리고 도시에 대한 권리. 한국도시연구소 편, 도시재생과 젠트리피케이션(pp. 432-467). 경기: 한울아카데미.

류우익(1984). 국토개발에 있어서 농촌개발의 의의. 지리학, (30), 28-40.

민보경, 변미리, 임병호, 하민지(2020). 대한민국 행복지도 연구. 국회미래연구원.

박세훈(2016). 해비타트 III「새로운 도시의제(New Urban Agenda)」의 성립배경과 의의. 공간과 사회, 26(4), 9-39.

변필성(2019). 국토에 대한 권리 보장을 위한 시론적 연구. 국토연구원.

보건복지부(2019. 11. 11.). 꼭 필요한 병원 진료 우리 지역에서 받는다!. 보도자료.

송미령, 성주인, 심재헌, 서형주(2021). 2020 지역발전지수. 한국농촌경제연구원.

유영성, 정원호, 서정희, 마주영(2021). 기본소득과 유사제도 비교연구. 경기연구원.

이상대, 김채만, 이혜령, 한아름(2017). 도시서비스 접근의 격차를 줄이는 도시권 발전 전략. 이슈&진단, (293), 1-26.

이상호(2018). 한국의 지방소멸 2018: 2013~2018년까지의 추이와 비수도권 인구이동을 중심으로. 고용동향 브리프, 2018년 7월호, 한국고용정보원.

이상호(2019). 지역의 일자리 질과 사회경제적 불평등. 고용동향 브리프,

2019년 봄호, 한국고용정보원.

이지은(2021). 기본소득과 지속가능한 소비. 기본소득, 2021년 봄호(008), 184-189.

한국건강평형성학회(2018). 지방자치시대의 건강불평등. 무엇을 할 것인가. 토론회 자료집.

한국고용정보원(2020. 7. 7.). 코로나19 이후 수도권 순유입 인구 2배 이상 증가. 보도자료.

角松生史(1999). 空間の秩序づけ Raumordnung 概念をめぐって, 能富信留, 溝口孝司編, 空間へのパースペクティヴ, 九州大学出版会, 215-243.

森川洋(2000). ドイツ語圏における第2次大戦後の人文地理学の歩み: ハンス・ボーベクからベノ・ヴァーレンに至る社会地理学を中心として, 地学雑誌, 109(3), 445-468.

堤研二(1992). ドイツ社会地理学の一系譜: 社会地理学論争の周辺, 人文地理, 44(2), 44-65.

Aalbers, M. B., & Gibb, K. (2014). Housing and the right to the city: Introduction to the special issue. *International Journal of Housing Policy, 14*(3), 207-213.

Acemoglu, D., & Robinson, J. A. (2012). *Why nations fail: The origins of power, prosperity, and poverty.* New York: Crown publishers.

Bohnenberger, K. (2020). Money, vouchers, public infrastructures? A framework for sustainable welfare benefits. *Sustainability, 12*(2), DOI:10.3390/su12020596.

Chetty, R. (2015). The impacts of neighborhoods on economic opportunity new evidence and policy lessons. Brookings Institution, https://www.brookings.edu/

Chetty, R., & Hendren, N. (2017). The impacts of neighborhoods on intergenerational mobility I: Childhood exposure effects. National Bureau of Economic Research, Working Paper No. 23001.

Christophers, B. (2009). Uneven development. In R. Kitchin & N. Thrift (Eds.), *International encyclopedia of human geography* (Vol. 12, pp. 12-17). Amsterdam: Elsevier.

Coote, A., Kasliwal, P., & Percy, A. (2019). Universal basic services: Theory and practice—A literature review. London: Institute for Global Prosperity.

Dawkins, C. J. (2016). Putting equality in place: The normative foundations of geographic equality of opportunity. *Housing Policy Debate, 27*(6), 897-912.

Elkins, T. H. (1986). German social geography with particular reference to the 'Munich School'. *Progress in Human Geography, 10*(3), 313-344.

Galster, G. C. (2017). The geography of opportunity 20 years later. *Housing Policy Debate, 27*(6), 941-943.

Galster, G. C., & Killen, S, P. (1995). The geography of metropolitan opportunity: A reconnaissance and conceptual framework, reconnaissance and conceptual framework. *Housing Policy Debate, 6*(1), 7-43.

Gordon, I. (2020). Universal basic income & universal basic services: How can we bring them together? https://www.compassonline.org. uk/universal-basic-income-universal-basic-services-how-can-we-bring-them-together.

Gough, I. (2021). Move the debate from universal basic income to universal basic services. https://en.unesco.org/inclusivepolicylab/ analytics/move-debate-universal-basic-income-universal-basic-services

Harvey, D. (2005). 신제국주의 [*The new imperialism*]. (최병두 역). 경기: 한울.

Hudson, R. (2009). Uneven regional development. In R. Kitchin & N. Thrift (Eds.), *International encyclopedia of human geography* (Vol. 12, pp. 18-23). Amsterdam: Elsevier.

Institute for Global Prosperity [IGP]. (2017). Social prosperity for the future: A proposal for universal basic services. London: UCL Institute for Global Prosperity.

Labour Party (2019). Universal basic services: The right to a good life. London: the Labour Party.

Lecoq, M. (2020). The right to the city: An emancipating concept?. Metropolitics, 3 July 2020. URL: https://metropolitics.org/The-Right-to-the-City-An-Emancipating-Concept.html

Lefebvre, H. (2011). 공간의 생산 [*La production de l'espace, Economica*]. (양영란 역). 서울: 에코리브르.

Omstedt, M. (2016). Reinforcing unevenness: Post-crisis geography and the spatial selectivity of the state. *Regional Studies, Regional Science, 3*(1), 99-113.

Pavoni, A. (2010). Looking for Spatial Justice. http://criticallegalthinking.com/2010/12/01/looking-for-spatial-justice/

Powell, J. A. (2002). Opportunity-based housing. *Journal of Affordable Housing And Community Development Law, 12*(2), 188-228.

Reece, J., Gambhir, S., Ratchford, C., Martin, M., & Olinger, J. (2010). *The geography of opportunity: Mapping to promote equitable community development and fair housing in King County, WA*. Columbus: Kirwan Institute.

Sayer, A. (2020). Rentiership, improperty and moral economy. EPA: Economy and Space, DOI: 10.1177/0308518X20908287.

Soja, E. (2010). *Seeking spatial justice*. Minneapolis, MN: University of Minnesota Press.

Standing, G. (2019a). Why 'universal basic service' is no alternative to basic income. Opendemocracy, https://www.opendemocracy.net/en/oureconomy/why-universal-basic-services-is-no-alternative-to-basic-income/

Standing, G. (2019b). 불로소득 자본주의: 부패한 자본은 어떻게 민주주의를 파괴하는가 [*The corruption of capitalism: Why rentiers thrive and work does not pay*]. (김병순 역). 서울: 여문책.

Thrift, N. J. (1983). On the determination of social action in space and time. *Environment & Planning D: Society and Space, 1*(1), 23-57.

Townroe, P., & Martin, R. (2002). *Regional development in the 1990s: The British Isles in transition*. London: Routledge.

Turok, I., & Scheba, A. (2017). 'Right to the city' and the new urban agenda: Learning from the right to housing. *Territory, Politics, Governance, 7*(4), 494-510.

UN-HABITAT (2005). Urban policies and the right to the city. *Discussion Paper, 18*, 1-20.

Werlen, B. (2003). 사회공간론: 사회지리학 이론 발달사 [*Sozialgeographie: Eine Einführung*]. (안영진 역). 서울: 한울.

Wolfers, J. (2016). Growing up in a bad neighborhood does more harm than we thought. The New York Times, March 25, 2016. https://www.nytimes.com/2016/03/27/

한국일보(2018. 9. 1.). 건강수명 불평등, 지자체 의료·복지서비스가 해법.

08

결론
−기본소득의 정치: 누가, 무엇을, 어떻게 갖나−

강원택(서울대학교 정치외교학부 교수)

문제의 제기

기본소득에 사회적 관심이 높아진 배경은 무엇보다 전 세계적
으로 나타나고 있는 계층 간 양극화, 소득 불평등의 심화와 관련
이 있다. 계층 간 경제적 격차는 커지고 있지만 경제성장이 고용
의 증대로 이어지지 않는 탈산업사회의 문제가 나타나고 있다.
여기에 이른바 4차 산업혁명의 도래와 함께 사람이 하던 일자리
를 인공지능, 로봇 등이 대체할 것이라는 '기술 실업(technological
unemployment)'에 대한 우려가 확산되고 있고, 또 한편으로는 네트
워크 플랫폼에 기반한 일자리가 증대하면서 고용의 단기성과 불안
정성을 심화시키고 있다(양재진, 2018: 48). 기본소득 도입의 논의는
이러한 상황을 토대로 하고 있다. 또 한편으로는 코로나19 사태로
인한 경제적 어려움이 지속되면서 문재인 정부의 긴급재난지원금
의 전 국민 지급의 경험 역시 기본소득에 대한 관심을 높이는 데 일
조한 것으로 보인다. 영국에서 제2차 세계대전 때 '전시 사회주의'
의 경험이 그 이후 노동당 정부의 복지국가 정책에 대한 수용성을
높였던 것처럼, 일종의 '코로나 사회주의'의 경험이 기본소득의 도
입 가능성에 대한 관심을 높였다.

그동안 우리나라에서 기본소득에 대한 논의는 주로 학계에서나
시민단체를 중심으로 이루어져 왔지만, 최근 들어 이에 대한 사회
적 관심이 높아진 것은 2022년 대통령 선거를 앞둔 정치권의 움직
임과 깊은 관련이 있다. 더불어민주당 이재명 후보가 당내 경선 전
부터 기본소득을 주요 공약으로 제시하면서 이에 대한 찬반 논란
이 후보들 사이에서 일어났고, 그에 따라 이에 대한 사회적 관심

도 높아졌다. 실제로 이 책에서 한규섭 교수의 연구는 기본소득 논의가 2017년 대통령 선거를 앞두고 정치권에서 처음 제기되었고 2020년 총선 때 다시 이루어졌음을 보여 주고 있다. 즉, 기본소득이 사회경제적 변화에 대한 국가의 정책적 대응을 둘러싼 사회적 관심의 표출이기보다, 선거 때 부상하는 '포퓰리즘적 의제'라는 것이다.

선거 경쟁에서 후보나 정당이 특정 정책에 대한 공약을 제시하고 이러한 공약의 타당성이나 실현 가능성, 우선순위 등을 두고 경쟁 정당들이나 후보들과 정치적 논쟁을 거치는 것은 대의민주주의 하에서 당연한 것이다. 이러한 과정을 거쳐 승리한 후보가 선거 때 약속한 공약을 집권 후 실천하고 그 정책 결과에 대한 정치적 책임을 이후에 국민이 묻게 되는 것이다. 이상적인 관점에서 본다면 이것을 바람직한 논의 과정으로 볼 수 있지만, 현실적으로는 이러한 기본소득의 논의가 선거 과정에서 제기되고 논의되는 것에 대한 문제점도 적지 않다.

대통령 선거에서 후보자는 선거 승리에 도움이 된다면 무엇이든 내세우려고 한다. 특히 우리나라처럼 승자독식의 대통령제에서는 설사 몇 표 차이가 나지 않는다고 해도 2등은 아무런 의미가 없다. 유권자의 관심을 끌고 또 득표에 도움이 된다면, 그로 인한 사회적 비용과 결과에 대한 충분한 검토 없이도 정책 공약을 제시할 수 있다. 우리는 이미 이전 여러 차례의 선거를 통해 이러한 경우를 보아 왔다.

그런데 선거 공약으로서 기본소득이 특히 문제가 되는 것은 이로 인한 결과에 대한 검증이 충분하지 않기 때문이다. 일부 지역에서 실험적인 형태로 진행되고 있을 뿐 현실적으로 기본소득을 국가 단위에서 실현하고 있는 곳은 없다. 우리나라에서나 외국에서 기본소득의 주창자들은 사회운동의 차원에서 제기하고 있으며, 제도권 정치가 이를 국가 정책과 관련하여 진지하게 논의한 바도 없다. 그러한 점에서 과연 이 제도의 도입이 그 의도한 목표를 달성할 수 있는지, 과연 경제적 격차나 고용 불안을 해소할 최적의 방안인지를 살펴볼 선행 자료나 경험적 근거가 없다는 심각한 결함이 있다.

또한 기본소득은 '자산 규모나 노동 여부와 상관없이 모든 국민을 대상으로 무조건적으로 개인에게 주기적으로 지급되는 현금'[1]인데, 그 원칙에 따르면 일단 시행이 되면 불가역적이고 또 그로 인한 재원 마련의 부담도 매우 커질 수밖에 없다. 기본소득의 원칙은, 첫째, 지급의 대상이 가구(household)가 아니라 개인(individual)이라는 점, 둘째, 소득이나 자산 규모, 노동 여부와 무관하게 무조건적(unconditional)으로 지급한다는 점, 셋째, 일정 금액을 주기적(periodic)으로 지급한다는 점, 넷째, 현금으로 지급한다는 점(cash payment), 다섯째, 모든 사람에게 보편적(universal)으로 지급한다는 것이다. 기본소득이 갖는 이러한 특성을 고려할 때 '모두에게 정기적으로 조건 없이 현금을 지급'하는 제도가 도입된다면 상당한 재정 부담이 생겨날 것으로 예상할 수 있다. 더욱이 재난지원금과 같은 일회성이 아니라 주기적으로 지급해야 하는 것인 만큼, 안정적인 재원 조달의 체제가 갖춰져 있지 않다면 재정 부담은 매우 커질 수 있다. 3장의 장용성 교수 팀의 '기본소득 도입의 장기 경제 효

---

1) 기본소득지구네트워크(Basic Income Earth Network: BIEN)의 정의이다. (A basic income is a periodic cash payment unconditionally delivered to all on an individual basis, without means-test or work requirement.) www.basicincome.org/basic-income

과' 분석에서는 기본소득이 소득 불평등을 개선해 주지 못하며, 임금 소득에 의존하는 저소득층에게 오히려 소득 불평등 악화로 이어질 수 있는 가능성도 제기했다. 또한 기존의 현금급여나 건강보험 등 기존 복지 체계에 비해 오히려 저소득층이 얻을 수 있는 혜택이 줄어들 수 있으며, 막대한 재정 자원의 마련 역시 심각한 문제를 낳을 수 있다는 점이 지적되었다. 그런 점에서 이 제도의 도입이 가져올 수 있는 의도한 효과의 실현 가능성, 그로 인한 비용의 문제, 그리고 의도하지 않은 결과에 대해서 폭넓은 사회적 논의가 반드시 필요하다.

하지만 선거 공약의 차원에서 기본소득 도입이 제기되면서 이에 대한 객관적인 논의는 현실적으로 어렵게 되었다. 대통령 선거에 나선 후보자가 대중의 지지와 관심을 끌기 위한 '정치적 상품'의 형태로 제시되고 있다는 점에서 기본소득을 둘러싼 논의는 타당성이나 실현 가능성에 앞서 이미 매우 강한 정파적 속성을 지닐 수밖에 없기 때문이다. 기본소득 자체의 장단점이나 그로 인한 사회적 혜택과 비용에 대한 논의가 아니라, 기본소득에 대한 찬반, 혹은 지지, 비판의 입장이 곧바로 특정 후보에 대한 찬반의 태도로 해석될 수 있다. 기본소득이라는 '정책'을 둘러싼 효과나 결과에 대한 입장이 아니라, 기본소득 '공약'에 대한 찬성과 반대의 태도 자체가 정치적 의미를 갖게 된 것이다. 국가적으로 매우 중요한 정책 어젠다가 차분하고 합리적인 토론의 대상이기보다 정파적 논쟁거리가 될 수밖에 없다는 것은 심각한 문제이다.

더욱이 특정 후보자가 선거운동 과정에서 기본소득이라는 국가 어젠다를 제시한 것은 이에 대한 이슈 소유권(issue ownership)을 갖게 된 것이다. 이 때문에 기본소득을 둘러싼 찬반 논의 자체가 선거운동에 영향을 미치게 된다. 기본소득이 유권자의 관심을 끄는 주요한 선거 이슈가 된다면 그 자체로서도 후보자들 간 정치적 유불리함을 만들어 낼 수 있다.

실제로 최인철 교수 팀이 2장에서 지적한 대로, 기본소득 논의는 이미 정치화되었다. 기본소득 태도에 대한 유권자의 정치적 성향의 차이가 나타나고 있다. 복지의 관점으로 보느냐, (반)시장경제의 관점으로 보느냐에 따라 기본소득에 대한 태도의 차이가 확인되고, 보수-진보라는 정치적 지향성의 차원에서 논의가 이루어지고 있는 것이다. 즉, 국가적으로 중요한 정책에 대한 논의가 정파적으로 흐르는 것이다. 최근 한국 정치에서 심화된 양극화된 정파적 진영 갈등은 대통령 선거에서 가장 치열하고 심각하게 나타날 수밖에 없는 것이어서, 기본소득이 선거 이후 실제 정책으로 추진된다고 해도 선거 과정을 거치면서 정파적으로 이미 채색된 정책이 되었기 때문에, 추진 과정에서도 상당한 정치적 논란과 갈등을 빚을 수밖에 없다.

사회적 타협으로서의 복지 정치

기본소득이 논의될 정도로 복지의 확대가 우리 사회에 중요한 이슈가 되었다고 해도, 복지를 실현하는 과정은 매우 '정치적'이다. Lasswell(1936)은 정치를 '누가 무엇을, 언제, 어떻게 갖는가(Politics: Who gets what, when, how?)'에 대한 것으로 정의했다. 또한 Easton(1965: 50)은 정치를 사회적 '가치의 권위적 배분(authoritative allocation of values)'이라고 규정했다. 이 두 학자의 정의는 정치가 사회적 가치의 분배와 관련된 것임을 지적하고 있다. 이러한 정치의 정의는 기본소득을 포함한 복지 정책에서 매우 분명하게 적용될 수 있다. 복지 정책은 사회적 가치의 배분과 관련된 것인데, 그 복지의 정치를 위해서는 가치의 배분에 기여 집단, 수혜 집단, 그리고 그 양자를 이어 주는 연계자가 필요하다. 복지 체제가 안정적으로 작동하기 위해서는 재정 마련을 위한 부담을 져야 하는 계층에게도 그 부담이 국가 권력에 의한 '약탈'이 아니라 부담에 상응하는 혜택이 주어져야 한다. 그런 점에서 복지 정치는 계급 간 타협을 이끌어 내는 것이 중요할 수밖에 없다.

제2차 세계대전 이후 서유럽 국가에서 복지 체제가 수립된 데에는 계급 간 제휴(class political coalition structure), 계급 동원(nation of political mobilization), 역사적 유산(historical legacy of regime institutionalization) 등 세 가지 요인이 영향을 미쳤다(Esping-Andersen, 1990: 16-18). 이 중 역사적 유산을 각 나라마다의 특수한 맥락적·상황적 요인으로 본다면, 결국 서유럽 복지체제를 이룬 주된 요인은 노동계급과 중간계급 간 타협 혹은 계급 동맹, 그리고 노동자 계급을 동원할 수 있었던 사민주의 좌파 정당의 존재이다(김영순, 2013: 196-197). 즉, 서유럽에서 노동자 계급과 중간계급의 이해관계 간의 갈등과 제휴가 복지 정치의 핵심을 이루었다. 복지국가의 유지를 위해 상대적으로 많은 세금을 내야 하는 중간계급의 경우 재분배적 복지국가에 대한 지지는 소극적이거나 조건적일 수밖에 없다. 반면, 노동자 계급은 국가복지에 의존적이며 복지 확대를 지지한다. 결국 이해관계를 달리하는 두 계급이 어떻게 복지국가의 확대를 지지하는 동맹을 구성할 수 있는가, 그리고 이 복지동맹이 얼마나 견고한가가 제도적인 복지국가를 만들어 내는가에 있어 결정적인 변수가 된다. 또한 계급 타협을 이끌어 내야 하는 사민주의 정당은 노동조합에 우호적이지만 집권을 위해서는 가능한 한 많은 표를 얻어야 하기 때문에 노동자 계급뿐만 아니라 중간 층에게도 혜택을 줄 수 있는 방안의 마련이 필요하다(김영순, 2012: 340-342). 예컨대, 계급 타협은 중간계급이 세금을 더 냄으로써 노동계급에게 복지 혜택을 부여하는 대신, 노동계급은 사회주의 혁명을 포기하고 시장경제 원리를 받아들이는 것과 같은 형태로 중간계급에게 정치적·사회적 안정이라는 '혜택'을 줄 수 있었던 것이다. 그리고 그러한 타협을 성사시키고 또 유지될 수 있도록 만드는 것은 사민주의 정당의 역할이었다.

이러한 복지국가 건설의 경험을 토대로 보면, 기본소득의 복지 정치는 제대로 실현되기 어려워 보인다. 우선, 기본소득은 '모두'에게 지급되는 것이기 때문에 재원의 마련을 위해 기여해야 하는 집단과 그 혜택을 받는 집단 간의 구분이 존재하지 않는다. 즉, 서구에서 복지국가 건설의 토대가 되었던 계급 타협 혹은 계급 동맹을 이끌어 낼 수 있는 조직화된 사회 세력이 존재할 수 없다. 기본소득은 기본적으로 개인적 혜택이기 때문이다. 즉, 기본소득 제도가 도입되면 보다 많은 세금을 지불해야 하는 계층이 생겨나지만 이들에게 그 대가로 보장해 줄 수 있는 마땅한 정치적 혜택도 찾기 어렵다. 이는 기본소득을 둘러싼 사회적 합의 도출이 쉽지 않다는 점을 시사해 준다.

또한 계급 타협을 이끌어 낸 정당의 역할도 애매하다. 기본소득이 대안적 분배체계가 되기 위해서는 이 정책을 주도적으로 이끌고 갈 정치세력이 필요하다. 민주적으로 기본소득을 실현하기 위해서는 '조직된 주체'가 반드시 필요하다(윤홍식, 2017: 104). 그러나 우선 우리나라에 스웨덴의 사민당과 같이 복지 정책을 주도하고 계급 타협을 이끌어 낼 만한 역량을 가진 정당을 찾기 어렵다. 정당 경쟁은 여전히 지역주의, 북한/안보 요인이 강조되는 이념, 세대를 중심으로 이루어지고 있기 때문이다.

더욱이 기본소득이라는 정책 자체가 정당이 개입하고자 하는 정치적 유인을 찾기 어렵게 하고 있다. 서구에서 사민주의 정당이 복지국가 건설에 적극 개입한 것은 그 정책의 실현을 통해 지지층을 공고화할 수 있었기 때문이다. 다시 말해, 복지 혜택을 받은 노동계급은 사민주의 정당과 강한 정치적 연대감을 형성했다. 그런데 기본소득은 보편적이고 무조건적이라는 특성상, 특정 정당을 지지해 준 '우리 편'에게만 차별적인 혜택을 줄 수 있는 것이 아니다. 그 정당을 지지했든 지지하지 않았든 모두 그 혜택에서 배제되지 않는다. 공공재(public goods)의 비배제성으로 인한 문제가 여기서도 발생한다. 이 때문에 모두가 그 혜택을 받는다고 해서 그 정책을 추진한 정당에게 모두가 호의적 태도를 갖는 것은 아니다. '저소득층'이 그 제도의 혜택을 받고 고마워할 수도 있지만 그들은 '계급적 정체성'을 공유한 집단으로서가 아니라 개별화되어 있는 존재이기 때문에, 과거 서구의 사민주의 정당처럼 결집력 있는 정치적 지지를 얻어 내기 어렵다. 또한 그 비용을 지불해야 하는 계층에게도 정당은 그러한 비용 부담에 대한 대가를 설득력 있게 제시하기 어렵다. 실제로 스웨덴을 포함한 서구 사민주의 정당들이 기본소득에 대해 부정적이거나 소극적인 태도를 보이고 있는(윤홍식, 2017: 103-104) 것도 바로 이 때문이다.

결국 정당이 연계적 역할을 하면서 계급 간 타협이나 동맹을 이루어 내는 방식으로 기본소득이 도입될 수 없다면, 남아 있는 방법은 포퓰리즘에 호소하는 것이다. 포퓰리즘에 대한 다양한 정의가 있지만, 가장 핵심적인 요소는 탐욕스럽고 비도덕적인 엘리트(elite) 대 순수한 대중(people)의 구분이다. 즉, 기본소득의 정치를 위해 사회를 '소수의 탐욕스러운 기득권층들'과 '어렵고 힘든 다수의 사람들'로 나누고, 다수의 힘든 사람들을 위해서 '탐욕스러운 소수'에 대한 재정 부담을 정당화하려는 방식이다. 이러한 관점에서 기본소득에 반대하는 것은 '소수의 탐욕스러운 기득권층'을 변호하거나 그들의 이익을 지키려는 것으로 간주된다. 그러나 이러한 포퓰리즘 방식은 근본적으로 사회적 타협이나 합의에 근거한 해결책이기보다 분열과 선동에 의한 방안인 만큼 지속성이나 추진력을 갖기 어렵다.

마무리: 건강한 논의의 필요성

기본소득에 대한 논의는 기술 발전과 그에 따른 사회경제적 환경의 변화에 대한 사회적 대응의 노력일 것이다. 그러나 권현지 교수의 지적대로, '결국 인류를 해방과 불안 사이 기로에 서게 만드는 것은 기술 자체가 아니라 생산과 분배를 둘러싼 사회적 관계, 정치적 관계이다'. 즉, 과학기술의 발전에 따른 노동, 고용 환경의 변화와 경제적 양극화의 문제를 풀기 위한 방안을 구상하고 실천하는 것은 기술적 과제가 아니라 사회적 과제인 것이다.

기본소득은 이러한 문제를 풀기 위해 제시된 하나의 대안이다. 이승철 교수가 6장에서 언급한 대로, 기본소득론은 새로운 사회계약과 사회연대를 추구하는 흥미로운 기획으로 주목할 만한 가치가 있다. 그러나 그것은 여전히 명쾌한 해답보다 더 많은 질문을 제기하는 기획이다. 다시 말해, 만병통치적 해결책이기보다 오히려 현실적으로 넘어서야 할 난관과 해결해야 할 과제가 많은 정책이다. 오히려 최근의 경제, 산업으로 인한 계층적 차등화로 연결되는 고리를 세금 재분배를 통한 소득보전책인 기본소득의 방식을 통해 끊을 수 있다는 것은 단순한 생각이며 기본소득이 그러한 차등화를 용인하는 정책이 될 수도 있다는 권현지 교수의 지적은 새겨들을 만한 것이다.

따라서 기본소득뿐만 아니라 문제 해결을 위한 다양한 대안이 제기되어야 하고, 이에 대해 활발한 사회적 토론이 이루어지는 것이 필요하다. 1장에서 안상훈 교수가 제시한 대로, 노동의 종말이든 일자리 없는 성장이든 그 표현이 무엇이든 미래에 대한 불확실한 예상이나 최악의 상황에 대한 성급한 전제로부터 출발해서 기본소득이라는 해결책을 제시하기보다는, 최악의 상황을 회피할 방법부터 찾는 것이 대책 마련의 합리적인 순서일 수 있다. 또한 7장에서 김용창 교수가 지적한 대로, 경제적 양극화나 불평등의 문제는 단지 계층, 계급 간의 문제만이 아니라 공간적 기회의 불평등이나 생활공간상의 시공간 활동 제약과도 관련되어 있다. 즉, 공간 민주주의 관점에서 볼 때 우리나라는 서울 대도시권의 '공간 독재'이고, 서울 대도시권 이외 지역의 '사막화'이며, 이에 대한 개선 노력이 중요하다는 지적 역시 새겨들을 만하다.

그러한 점에서 기본소득에 대한 논의는 막연한 불안감의 호소가 아니라 복지체제 전반에 대한 엄밀한 평가 속에서 기본소득제의 필요성과 의미가 다수 국민에게 받아들여져야 한다. 앞서 언급한 대로, 복지 정책은 그 과정이 그 어느 정책보다 정치적이다. 사회적 가치의 배분이라고 하는 정치 과정에는 수혜자뿐만 기여자에게도 그에 상응하는 대가가 보장되어야 한다. 제2차 세계대전 이후 서유럽에서 복지국가가 안정적으로 지속되어 올 수 있었던 것은 바로 이러한 정치적 가치 배분을 둘러싼 계급 간 타협 혹은 동맹이 이루어졌기 때문이다. 오늘날 한국의 경제 구조나 고용 환경은 전후 시기 유럽의 상황과 크게 다르며, 기본소득은 과거 서유럽에서 복지국가를 가능하게 했던 조건의 적용도 쉽지 않은 상황이다. 그만큼 이 제도의 추진에는 현실정치적 어려움이 더욱 크다.

기본소득론은, 그 논의의 출발점에서 찾을 수 있는 심각함이나 절박함을 인정한다고 해도, 현실적으로는 정파적이고 포퓰리즘적인 방식으로 논의가 진행되고 있다. 기본소득이 갖는 보편적, 무조건적, 주기적 속성을 고려할 때, 한번 이 제도가 도입되면 이로 인한 커다란 비용을 우리 사회가 지속적으로 감당해야 할 것이다. 대통령 선거 과정에서 유권자의 주목을 끌 수 있는 '행사 상품'처럼 다루어지기에는 그로 인한 사회적 비용이 너무 크다는 말이다. 보다 많은 시간이 소요되더라도 기본소득과 관련된 경험과 정보의 축적이 선행되어야 하고, 이를 토대로 이 제도 추진과 관련한 정치적·사회적 합의를 어떻게 도출해 낼 것인가에 대한 고민도 필요하다.

참고문헌

김영순(2012). 복지동맹 문제를 중심으로 본 보편적 복지국가의 발전 조건. 한국정치학회보, 46(1), 337-358.

김영순(2013). 누가 어떤 복지국가를 만드는가? 경제와 사회, 97, 192-225.

양재진(2018). 기본소득은 미래 사회보장의 대안인가? 한국사회정책, 25(1), 45-70.

윤홍식(2017). 기본소득, 복지국가의 대안이 될 수 있을까? 비판사회정책, 54, 81-119.

Easton, D. (1965). *A framework for political analysis*. Englewood Cliffs, NJ: Prentice-Hall.

Esping-Andersen, G. (1990). *Three worlds of welfare capitalism*. Princeton, NJ: Princeton University Press.

Lasswell, H. (1936). *Politics: Who gets what, when, how*. New York: McGraw-Hill Book Co.

찾아보기

인명

 A

내용

저 자 소 개

안상훈(Sang-Hoon Ahn)

스웨덴 웁살라 대학교에서 사회학 박사 학위를 받았고, 대통령자문 국민경제 자문회의 민생경제분과 위원장을 역임하였다. 현재 서울대학교 사회복지학과 교수로 재직 중이다. 대표 논문으로는 「Social investment effects of public education, health care, and welfare service expenditures on economic growth」(공동집필, 2020), 「한국인의 복지태도: 균열구조의 형성과 변화」(공동집필, 2021)가 있다. 비교사회정책, 복지국가전략, 복지정치에 관심이 있다.

최인철(Incheol Choi)

미국 미시간 대학교에서 심리학 박사 학위를 받았고, 미국 일리노이 대학교 심리학과 교수, 서울대학교 행복연구센터 센터장을 역임하였다. 현재 서울대학교 심리학과 교수로 재직 중이다. 대표 저서로는 『굿 라이프: 내 삶을 바꾸는 심리학의 지혜』(21세기북스, 2018), 『프레임: 나를 바꾸는 심리학의 지혜』(개정증보판, 21세기북스, 2021)가 있다. 비교 문화 심리학, 긍정 심리학에 관심이 있다.

이국희(Guk-Hee Lee)

광운대학교 산업심리학과에서 인지심리를 전공으로 심리학 박사 학위를 받았다. 광운대학교 사회과학대학 외래교수를 역임하였고, 서울대학교 행복연구센터 박사후연구원을 지냈다. 현재 경기대학교 교양학부 조교수로 재직 중이다. 대표 논저로는 『메모리 크래프트: 나의 미래를 지배할 기억의 심리학』(이너북스, 2019), 「Social exclusion and donation behaviour: What conditions motivate the socially excluded to donate?」(공동집필, 2019)가 있다. 가상세계와 사회적 지위, 가상세계와 행복, 가상세계와 사회적 배제에 관심이 있다.

구자일(Xyle Ku)

서울대학교 심리학과에서 석사 학위를 받았고, 육군사관학교 심리학과 강사, 육군사관학교 심리학과 조교수를 역임하였다. 현재 서울대학교 심리학과 박사과정에 재학 중이다. 대표 논문으로는 「Is prick of conscience associated with the sensation of physical prick?」(공동집필, 2020), 「The role of death anxiety on marksmanship performance: A virtual reality simulator study」(공동집필, 2022)가 있다. 건강행동 예측, 사회계층의 효과, 웰빙의 관련 요인에 관심이 있다.

장용성(Yongsung Chang)

미국 로체스터 대학교에서 경제학 박사 학위를 받았고, 미국 펜실베이니아 대학교 조교수, 미국 로체스터 대학교 교수를 역임하였다. 현재 서울대학교 경제학부 교수로 재직 중이다. 대표 논문으로는 「From individual to aggregate labor supply: A quantitative analysis based on a heterogeneous-agent macroeconomy」(공동집필, 2006), 「Optimal taxation with private insurance」(공동집필, 2021)가 있다. 경기변동, 노동경제학, 소득불평등과 최적조세에 관심이 있다.

한종석(Jong-Suk Han)

미국 로체스터 대학교에서 경제학 박사 학위를 받았고, 한국조세재정연구원 연구위원, 한국조세재정연구원 장기재정전망센터장을 역임하였다. 현재 아주대학교 경제학과 조교수로 재직 중이다. 대표 논문으로는 「국민연금의 소득재분배 효과 분석: 이질적 경제주체 생애주기 모형을 이용한 분석」(공동집필, 2019), 「기본소득 도입의 경제적 효과 분석」(공동집필, 2021)이 있다. 거시경제, 노동시장, 재정정책에 관심이 있다.

김선빈(Kim Sun-Bin)
미국 펜실베이니아 대학교에서 경제학 박사 학위를 받았고, 캐나다 콘코디아 대학교 경제학부 조교수, 고려대학교 경제학과 조교수 및 부교수를 역임하였다. 현재 연세대학교 상경대학 경제학부 교수로 재직 중이다. 대표 논문으로는 「Pareto weights in practice: A quantitative analysis across 32 OECD countries」(공동집필, 2018), 「How sticky wages in existing jobs can affect hiring」(공동집필, 2022)이 있다. 거시경제학, 노동경제학에 관심이 있다.

한규섭(Hahn Kyu S.)
미국 스탠퍼드 대학교에서 박사 학위를 받았고, 미국 UCLA 조교수와 동아일보 객원논설위원을 역임하였다. 현재 서울대학교 언론정보학과 교수로 재직 중이다. 대표 논저로는 「Red media, blue media: Evidence of ideological selectivity in media use」(공동집필, 2009), 『빅데이터로 보는 한국정치 트렌드』(공저, 한울아카데미, 2016)가 있다. 정치커뮤니케이션, 조사방법론에 관심이 있다.

김상범(Sangbeom Kim)
서울대학교에서 경제학 석사 학위를 받았고, 현재 서울대학교 경제학부 박사과정을 밟고 있다. 응용미시 경제학, 노동경제학에 관심이 있다.

노선혜(Seonhye Noh)
서울대학교에서 커뮤니케이션 석사 학위를 받았고, 현재 미국 UCLA에서 커뮤니케이션학과 박사과정을 밟고 있다. 정치커뮤니케이션, 컴퓨테이셔널 커뮤니케이션에 관심이 있다.

권현지(Kwon Hyunji)

미국 코넬 대학교에서 Employment Relations 전공으로 박사 학위를 받았고, 영국 킹스 칼리지 런던(KCL) 조교수와 한국노동연구원(KLI) 연구위원을 역임하였다. 현재 서울대학교 사회학과 교수로 재직 중이다. 대표 논문으로는 「저임금 서비스 노동시장의 젠더 불평등」(공동집필, 2015), 「연공성임금을 매개로 한 조직내 관계적 불평등: 내부자-외부자 격차에 대한 분석」(공동집필, 2017)이 있다. 전환기 산업과 노동의 변화, 노동시장 젠더 불평등에 관심이 있다.

황세원(Hwang Sehwon)

서울대학교 사회학과 박사과정을 수료하였고, 한신대학교 사회혁신경영대학원에서 사회적 경제를 전공으로 석사 학위를 받았다. 국민일보 기자, LAB2050 연구실장 등을 역임하였다. 현재 일in연구소 대표를 맡고 있다. 대표 저서로는 『말랑말랑한 노동을 위하여: 좋은 일의 기준이 달라진다』(산지니, 2020), 『코로나 0년 초회복의 시작: 파국을 뛰어넘는 새로운 시대의 상상력』(공저, 어크로스, 2020)이 있다. 노동사회학, 조직사회학에 관심이 있다.

이승철(Lee Seung Cheol)

미국 컬럼비아 대학교에서 인류학 박사 학위를 받았고, 미국 미시시피 대학교 인류학 및 동아시아학 조교수를 역임하였다. 현재 서울대학교 인류학과 부교수로 재직 중이다. 대표 논문으로는 「사회적인 것을 계산하기: 사회적 가치 지표(SVI) 개발의 하부정치」(2022), 「Magical capitalism, gambler subjects: South Korea's bitcoin investment frenzy」(2022)가 있다. 한국의 신자유주의와 사회적 경제, 일상의 금융화에 관심이 있다.

김용창(Kim Yongchang)

서울대학교에서 지리학 박사 학위를 받았고, 세종대학교 산업경영대학원 조교수, 대통령소속 국가건축정책위원회 위원을 역임하였다. 현재 서울대학교 지리학과 교수로 재직 중이다. 대표 논문으로는 「자본주의 사적 토지소유의 역사적 한계와 대안적 토지재산권의 구성」(2019), 「부동산 불로소득 자본주의 체제와 탈취에 바탕을 둔 축적의 특성」(2021)이 있다. 토지주택론, 도시지역정책론, 경영지리학에 관심이 있다.

강원택(Kang Won Taek)

영국 런던정치경제 대학교(LSE)에서 정치학 박사 학위를 받았고, 한국정치학회장, 한국정당학회장을 역임하였다. 현재 서울대학교 정치외교학부 교수로 재직 중이다. 대표 저서로는 『한국 정치의 결정적 순간들: 독재부터 촛불까지, 대한민국은 어떻게 만들어졌는가』(21세기북스, 2019), 『한국의 선거 정치 2010-2020: 천안함 사건에서 코로나 사태까지』(푸른길, 2020)가 있다. 한국정치, 선거, 정당에 관심이 있다.

기본소득의 사회과학
The Social Science of Basic Income

2022년 12월 20일 1판 1쇄 인쇄
2022년 12월 30일 1판 1쇄 발행

엮은이 • 안상훈
펴낸이 • 김진환
펴낸곳 • (주)**학지사**
　　　　04031 서울특별시 마포구 양화로 15길 20 마인드월드빌딩
대표전화 • 02-330-5114　　팩스 • 02-324-2345
등록번호 • 제313-2006-000265호

홈페이지 • http://www.hakjisa.co.kr
페이스북 • https://www.facebook.com/hakjisabook

ISBN 978-89-997-2625-5　93330

정가 24,000원

출판미디어기업 **학지사**
간호보건의학출판 **학지사메디컬** www.hakjisamd.co.kr
심리검사연구소 **인싸이트** www.inpsyt.co.kr
학술논문서비스 **뉴논문** www.newnonmun.com
교육연수원 **카운피아** www.counpia.com